KB003390

또라이들의 전성시대 3

이 책을 소중한

_____님에게 선물합니다.

_____ 드림

다르게 생각하는 C급 인생들이 세상을 바꾼다

또라이들의 전성시대3

김태광 · 허갑재 외 53인 지음

위닝북스

세상을 바꾸는
또라이로 살아가라!

'또라이'란 무엇인가? 우리는 법이나 제도를 어긴 것은 아니지만 사회적인 약속이나 일반적으로 지켜 왔던 상식에서 벗어나는 말과 행동을 하는 사람을 또라이라고 칭한다. 즉, 부정적인 시각을 갖고 바라보는 것이다.

그런데 사실 그들은 기존의 방법과 관습에서 벗어났을 뿐이다. 아인슈타인, 에디슨 등 세상을 바꾼 사람들 역시 처음에는 모두 또라이 취급을 받았다. 기존의 틀을 과감히 깨고 새로운 도전을 했기 때문이었다. 하지만 그들은 남들의 시선에 굴하지 않고 결국 자신의 꿈과 가치를 현실로 만들었다. 이처럼 또라이들은 주변 사람들의 반대에도 자신의 길을 포기하지 않으며 꿈을 현실로 만들어 낸다. 그렇게 그들은 점차 '또라이'에서 '리더'가 되어 세상을 향해 나아간다.

1~3차산업혁명 시대를 거쳐 4차산업혁명이 도래했다. 앞으로는 한 번도 맞닥뜨려 본 적 없는 유형의 문제들이 파도처럼 밀려올 것이다. 그러니 우리는 또라이 정신으로 무장한 리더가 되어야 한다. 그래야 이 세상을 더욱 살기 좋은 곳으로 가꿀 수 있다.

이 책에는 55명의 저자가 또라이에서 리더로 나아가는 과정이 담겨 있다. 이들은 뛰어난 스펙을 가진 것도, 엄청난 부를 가진 것도 아니다. 자신 안에 잠들어 있는 '또라이' 기질을 십분 발휘해 이 시대의 리더가 되고자 노력하는 사람들일뿐이다. 당신도 이들처럼 '세상을 바꾸는 또라이'를 꿈꾸며 도전하길 바란다. 한 번뿐인 인생, '평범하게'가 아닌 '특별하게' 살기 원한다면.

2018년 6월
이지현

CONTENTS

또라이들의 전성시대 3

2025년까지 2,000명의
저자, 코치, 강연가 배출하기

김태광 〈한책협〉 대표이사, 대한민국 대표 책 쓰기 코치, 출판 기획자, 초·중·고등학교 16권 교과서 글
수록, 제1회 대한민국 기록문화대상, 대한민국 신창조인대상, 도전한국인대상 수상

저술과 강연을 통해 수백 명을 작가와 강연가, 코치, 컨설턴트로 만들었으며, 지금까지 200여 권의 책을 집필했다.
2011년 제1회 '대한민국 기록문화대상' 최고기록부문 '책과 잡지분야'를 수상했고, 2012년 '대한민국 신창조인대상',
2013년 '도전한국인대상'을 수상했다. 현재 네이버 카페 〈한국 책쓰기 성공학 코칭협회〉를 운영하고 있다.

• Email vision_bada@naver.com

나는 22년 동안 '책 쓰기'에 전념해 왔다. 그 결과 마흔두 살인 현재 펴낸 책이 200권 가까이 된다. 16권의 초·중·고등학교 교과서에 나의 글이 수록되어 있으며, JTV 〈행복플러스〉, KBS1 〈아침마당〉에도 출연하는 기쁨을 맛볼 수 있었다.

나는 6년간 네이버 카페 〈한국 책쓰기 성공학 코칭협회(이하 한책협)〉를 운영해 오고 있다. 작가 양성 프로그램 중 하나인 〈책 쓰기 과정〉을 통해 650여 명의 사람들을 작가, 강연가, 코치로 양성했다. 이번 달에 4명의 수강생이 출판사에 원고를 투고했다. 이들

은 투고한 지 10분도 채 안 되어 여러 곳으로부터 계약하고 싶다는 연락을 받았다. 현재 이들 모두 계약을 앞두고 의견을 조율 중이다. 이뿐만 아니라 지난달에만 총 20여 명의 수강생들이 계약에 성공했다. 이제 나는 2025년까지 2,000명의 작가를 배출하는 것을 목표로 하고 있다.

다음은 얼마 전 출간된 나의 저서 《가장 빨리 작가 되는 법》의 한 부분이다.

"사람들은 나에게 '베스트셀러 제조기', '미다스의 손' 출판기획자라고 말한다. 〈한책협〉 출신 수강생들이 출판사에 원고를 투고하면 흥미로운 일들이 일어난다. 보통 원고를 투고하면 계약 의사를 담은 답신을 받기까지 약 1~2주 정도가 걸리는데, 〈한책협〉 출신 작가들은 아침에 투고하고 오후에 계약하곤 한다. 마치 우리의 투고를 기다렸다는 듯이 말이다. 실제로 출판사들은 〈한책협〉에서 코칭받은 것을 먼저 알고 반긴다. 그러고는 '앞으로도 잘 부탁드린다'라며 인사말을 건네곤 한다. 자신들의 출판사와 계약하게끔 선한 영향력을 끼쳐 달라는 것이다. 내가 6년 전 〈한책협〉을 설립할 때 세운 비전이 있다. 바로 '〈한책협〉에서 글쓰기를 배운 사람들은 모두 여러 출판사의 인정을 받으며 갑의 위치에서 계약을 한다'라는 것이었다. 지금의 〈한책협〉은 공히 '대한민국 1등 책쓰기 성공학 교육회사'라고 할 만하다."

현재 〈한책협〉에는 수많은 책 쓰기 코치들이 있다. 이들 중 대부분이 〈1일 특강〉, 〈책 쓰기 과정〉을 수료한 제자들이다. 그들도 나름 최선을 다해 코칭하지만 나처럼 단 10일~2주 안에 원고를 써내고 출판사와 계약하는 성과를 올리진 못한다. 내가 진행하는 수업 방식은 그들과 다르기 때문이다. 나는 수강생들이 보내온 자기소개서를 미리 읽어 보고 수업에 들어간다. 1주 차에는 수강생 각자에게 알맞은 주제를 정해 주고, 2주 차에는 출판사들이 좋아하는 제목과 목차의 장 제목뿐만 아니라 꼭지 제목들까지 만들어 주고 있다. 내가 수강생들에게 만들어 준 책 제목과 목차가 출판 계약 후 그대로 출간되는 경우는 너무나 흔하다. 그동안 100여 권의 책이 내가 만든 제목 그대로 출간되었는데 그중 몇 권을 소개할까 한다.

정현지 작가의 《학교에 배움이 있습니까》, 박혜경 작가의 《나는 에티하드 항공 승무원입니다》, 이순희 작가의 《나는 동대문 시장에서 장사의 모든 것을 배웠다》, 조자룡 작가의 《1년 만에 중국어 통역사가 된 비법》, 이은지 작가의 《여자아이 강하게 키우기》, 임원화 작가의 《스물아홉, 직장 밖으로 행군하다》, 오광조 작가의 《불안감 버리기 연습》, 김운영 작가의 《남편을 보면 아내가 보인다》, 정성원 작가의 《취업하려고 이력서 1,000번 써봤니?》, 김슬기 작가의 《이기는 독서》, 이주현 작가의 《내 아이를 위한 생각 수업》, 김미옥 작가의 《13세 전에 완성하는 독서법》, 김혜경 작가의

《하브루타 부모 수업》이 그것들이다.

〈한책협〉에서 배운 사람들은 하나같이 지식 창업을 하고 있다. 지식과 경험, 삶의 깨달음과 어떤 분야에 대한 원리와 비법을 사람들에게 비싼 돈을 받고 파는 것이다. 이들 중 한 달에 수천만 원에서 수억 원에 이르는 수익을 올리는 이들도 많다. 그 가운데 대표적인 예를 든다면 신상희 작가는 《SNS 마케팅이면 충분하다》를 펴내고 〈한국SNS마케팅협회〉를 운영하며 억대 수입을 올리고 있다. 최정훈 코치는 《1인 지식 창업의 정석》을 펴낸 뒤 1인 창업을 준비하는 작가들에게 자신의 지식과 경험, 비결을 전수해 주며 월 2,000만 원가량의 수익을 올리고 있다. 김서진 작가는 《돈이 없을수록 부동산 경매를 하라》를 출간하고 〈한국경매투자협회〉를 운영하고 있다. 유튜브에서 독서법을 주제로 한 영상을 올리며 인기를 얻고 있는 김새해 작가도 몇 년 전 〈한책협〉을 만나 〈공동저자 과정〉을 통해 책 쓰는 법을 알게 되었고 《내가 상상하면 꿈이 현실이 된다》를 펴냈다. 지금은 코치로 활동하며 큰 수익을 올리고 있다. 베스트셀러 《9등급 꼴찌, 1년 만에 통역사 된 비법》의 저자인 장동완 작가는 〈한책협〉의 특강을 듣고 과거에 포기했던 책 쓰기에 다시 도전해 작가의 꿈을 이루었다.

임원화 작가는 《하루 10분 독서의 힘》을 펴내고 〈한책협〉에서 코치로 활동하다가 1인 기업가로 독립해 활동하고 있다. 허지

영 작가는 항공사에서 근무하다 퇴직한 후 블로그 쇼핑몰을 운영하면서《나는 블로그 쇼핑몰로 월 1,000만 원 번다》를 펴냈다. 책 출간 후 그녀의 삶은 완전히 달라졌다. 이나금 작가는《나는 쇼핑보다 부동산 투자가 좋다》를 펴내고 청담동에서 〈직장인을 위한 부동산 투자 연구소〉를 운영하고 있고, 지인 관계인 이지연 작가와 박경례 작가는 책을 쓰기 위해 〈한책협〉을 찾았다가 각각《나는 부동산 투자가 가장 쉽다》,《부자가 되고 싶다면 부동산 투자를 하라》를 펴냈다. 그 뒤로 〈30대를 위한 부동산 연구소〉를 운영하며 자신이 갖고 있는 부동산 지식과 경험과 비결로 평범한 사람들을 부자로 만드는 데 도움을 주고 있다. 그 결과 연 수억 원대의 수익을 올리며 최고의 삶을 살고 있다. 생식전문회사에서 연구원으로 근무하고 있는 신성호 작가는《하루 한 끼 생식》을 펴내고 강연 등으로 바쁜 나날을 보내고 있으며, 임동권 작가는《10년 안에 꼬마빌딩 한 채 갖기》를 펴낸 뒤 TV에 출연했는가 하면 코치, 컨설턴트, 강연가로도 활발하게 활동하고 있다. '아빠 육아' 전문가로 잘 알려진 양현진 작가도 〈책 쓰기 과정〉을 수강하고《아빠 육아 공부》를 펴낸 뒤 TV 방송 출연, 대통령 직속 자문위원단으로 초빙되는 등 활발하게 활동하고 있다.

나는《가장 빨리 작가 되는 법》에서 다음과 같이 말했다.

"나는 그동안 단기간에 수백 명의 사람들을 작가, 코치, 강연가로 만들었다. 그래서 나는 자신 있게 말할 수 있다. 어떤 코치에게 배우느냐에 따라 단 1~2개월 만에 원고를 쓰고 출판 계약을 할 수 있을 책을 펴낼 수 있다고 말이다. 작가는 타고나는 것이 아니라 만들어진다. 작가는 특별한 사람만이 될 수 있다는 생각은 스스로 기회를 빼앗는 위험한 생각이다.

몇 년에 걸쳐 고생 끝에 작가가 되고 싶다면, 고작 1~2권의 저서를 출간한 코치에게 배우면 된다. 하지만 단 몇 개월 만에 내 이름으로 된 책을 펴내고, 코치, 강연가, 1인 기업가가 되기 위한 원리와 방법, 노하우를 배우고 싶다면 〈한책협〉의 김태광 대표 코치를 찾아오면 된다. 나는 당신이 어떤 스펙을 지녔든 베스트셀러 작가로 만들어 줄 자신이 있다."

나는 2025년까지 2,000명의 작가, 코치, 강연가를 배출할 것이다. 많은 이들이 나와 〈한책협〉을 만나 많은 이들로부터 인정과 존경을 받으며 눈부신 인생 2막을 살기를 바란다.

눈치 보지 않는 진짜 내 인생 살기

허갑재 '갑수학' 대표, 학원 강사 코칭 전문가, 수학강사, 동기부여 강연가

'갑수학'의 대표이자 수학을 가르치는 강사다. 또한 학원 강사들에게 성공적인 강의기술을 가르치는 코치로도 활동하고 있다. 저서로는 《버킷리스트 15》가 있으며, 현재 '최고의 수학강사가 되는 법'을 주제로 개인저서를 집필 중이다.

• Email huhkapjae@daum.net
• Facebook nasca99
• Blog blog.naver.com/wuwnrl21
• Instagram kappyhuh

"갑재야, 다시 한 번만 생각해 보면 안 되겠니?"

"아버지, 믿어 주세요. 반드시 성공하겠습니다."

그렇게 나는 태어나서 처음으로 아버지와 술잔을 기울였다. 아버지는 말없이 나의 술잔을 채워 주시며 막내아들의 '또라이짓'을 승낙하셨다.

나는 나름의 대기업, 코오롱의 원가영업팀에서 3년을 일했다. 번듯한 직장에 말끔한 양복을 입고 다니는 아들을 아버지는 매우 자랑스러워하셨다. 내가 코오롱에 합격하던 날, 아버지는 나에

게 "잘했네."라는 한마디를 건넬 뿐 별다른 내색을 하지는 않으셨다. 하지만 당신의 전화기에 불이 나도록 이곳저곳에 전화를 걸어대시며 아들의 합격 소식을 전하셨다. 그렇게 나는 어른들이 흔히 말하는 모범생으로 살아왔다. 그런데 그런 내가 3년 만에 사직서를 제출했다. 내가 하고 싶던 진짜 꿈, 수학을 가르치는 강사가 되고 싶었기 때문이다.

나는 언제나 모범생이 되어야 한다고 생각했다. 그저 부모님과 어른들이 정해 놓은 규율만을 따르고, 정해진 틀 안에서 노력하는 것이 전부라 여겼다. 그렇게 성실하게 노력하는 것 이외에 다른 길은 없다고 생각했다. 회사에서 성실히 10년, 20년 일하다 보면 언젠가는 보상을 받고 부자가 될 것이라 믿었다. 내가 믿었던 것은 오로지 '성실함'뿐이었다.

코오롱에 다니면서도 마찬가지였다. 나는 정말 성실하게 살았다. 출근은 오전 9시까지였지만, 나는 무조건 2시간 전쯤 회사에 도착했다. 그저 선배들보다 한 발자국 더 뛰고, 한 시간 더 일해야만 성공할 수 있다고 생각했다. 그렇게 열심히 하는 것만이 미덕이라 여겼다.

그러던 나의 생각이 조금씩 바뀌기 시작했다. 회사의 여러 부장급 선배들은 회식 때마다 회사생활의 지침에 대해 일장 연설을 늘어놓았다.

"너희는 그저 이 회사의 머슴들일 뿐이야. 그저 똑똑한 머슴, 멍청한 머슴으로 나뉠 뿐이지. 다른 생각 하지 말고 그냥 하라는 대로 해."

회식에 참여한 선배 직원들 모두 부장님의 훈계를 웃어넘기며 쓴 술잔을 기울였다. 그날따라 술이 더 쓰게 느껴졌다. '내가 이러려고 학자금 대출을 받아 대학을 다녔나?'라는 생각이 들었다. 그 순간, 나의 꿈이 무엇이었는지 기억이 나지 않았다. 분명 예전엔 있었는데 회사를 다니면서 잊힌 기분이었다. 회사에서는 꿈을 이야기할 일이 없었기 때문이었다. 그렇게 집으로 오는 버스 안에서 깊은 고민에 빠졌다. 라디오에서는 프라이머리의 '독'이 흘러나왔다. 그날따라 그의 가사가 내 마음을 깊게 후볐다.

"급히 따라가다 보면 어떤 게 나인지 잊어 가 점점.
멈춰야겠으면 지금 멈춰.
우린 중요한 것들을 너무 많이 놓쳐."

그날 이후로 나는 본격적으로 퇴사를 준비하기 시작했다. 회사에서 퇴근하면 무작정 가방을 싸 들고 독서실로 향했다. 내가 다니는 독서실엔 수능을 준비하는 고등학생들이 많았다. 그들 틈에서 나는 넥타이도 풀지 않은 양복 차림으로 《수학의 정석》을 꼬박 풀었다. 양복 차림에 넥타이도 풀지 않은 청년이 독서실에서 수학책을 풀고 있으니, 학생들은 내가 어지간히 신기했던 모양이다. 어느 날 한 학생은 나에게 대뜸 "형은 몇 수생이세요?"라고 물었다. 나는 그냥 취미생활이라고 답해 줬다. 열심히 공부하는 동생들이 기특해서 초콜릿 한 무더기를 사다가 전부 다 돌린 적도 있다.

그렇게 독서실에서 밤늦게까지 공부하고 회사에 출근하면 정말 고단했다. 하지만 나의 꿈 퍼즐의 조각을 맞춰 나간다는 생각에 마음만은 너무나 행복했다. 동료 직원들이 나에게 "무슨 좋은 일이 있길래 그렇게 웃고 다니느냐?"라고 할 정도였다. 꿈을 좇는 삶이 이렇게 행복할 줄은 몰랐다.

그러나 실제로 퇴사한다는 것은 보통 일이 아니었다. 퇴사에 필요한 것은 든든한 여유자금이 아니라 충동적이고 순간적인 용기였다. 막상 사직서를 제출하려고 하니 덜컥 겁이 나곤 했다. '다음 달 월급이 안 들어오면 카드 대금은 어떡하지?', '월급이 안 들어와도 생활비를 충당할 수 있을까?'라는 생각에 하루하루가 불안했다.

게다가 회사는 적절한 타이밍에 '적절한 상여금'을 지급해 줬다. 일이 힘들 때면 '더러워서 퇴사하겠다'던 동기들도 상여금이 입금되면 언제 그랬냐는 듯이 쥐 죽은 듯 회사를 다녔다. 나 역시 그럴 때마다 '한 달만 더 다닐까?' 하는 생각이 머릿속을 가득 채웠다. 나의 퇴사가 생각보다 조금 늦어진 것도 다 이러한 이유 때문이다. 하지만 나는 결국 용기를 내어 사표를 던졌다.

"회사는 전쟁터지만 밖은 지옥이다."라는 말이 있다. 퇴사를 생각하는 직원들을 독려하기 위해 선배들이 주로 쓰는 멘트다. 하지만 이 말에는 모순이 있다. 그런 이야기를 하는 선배들은 '회사 밖이 정말로 지옥인지 경험해 보지 못한 사람들'이라는 것이다. 우물 안에 사는 개구리가 우물 밖 세상을 그릴 수 없는 것과 같다. 사람은 누구나 보이지 않는 대상에 대해 두려움을 갖게 마련이다. 그들도 마찬가지였으리라.

나는 이제 '회사 밖 지옥'을 충분히 경험해 보았다. 불처럼 뜨겁거나 얼음장처럼 차가울 것만 같았지만 그렇지 않다. 정말로 '살 만'하다. 그래서 퇴사를 막연히 두려워하는 사람들에게 이렇게 이야기해 주고 싶다. '당장 다음 달 카드 값에 대한 걱정을 버려야 노예 인생에서 벗어날 수 있다'라고. 그리고 밖은 '지옥'이 아니라 당신이 주체가 되는 '무대'라고.

번트를 치는 자세로는 절대 홈런을 칠 수 없다. 번트 자세는 공을 맞힐 확률은 높지만 절대로 장타를 만들지 못한다. 홈런을 치기 위해서는 반드시 '풀스윙' 자세가 필요하다. 과거의 나는 반드시 공을 맞혀야 한다는 부담감에 항상 번트 자세로 살아왔다. 대기업이라는 울타리는 매달 꼬박꼬박 월급을 넣어 주며 나의 번트 자세에 힘을 실어 주었다. 하지만 나는 이제 완벽히 배팅 자세를 고쳤다. 잔뜩 힘이 들어간 어깨에 힘을 빼고 풀스윙을 할 수 있는 자세를 잡은 것이다.

학원 강의를 하다 보면 학생들은 나에게 항상 이렇게 묻는다.

"선생님, 대기업은 월급을 많이 주지 않나요?"

"선생님, 대기업인데 왜 그만두셨어요? 잘린 거 아니에요?"

나의 대답은 항상 같다. '눈치 보지 않고 진짜 내 꿈을 이루는 인생을 살기 위해서'라고 말이다. 나는 학생들을 가르칠 때 가장 행복하다. 그리고 그때야말로 '풀스윙'을 할 수 있는 자세가 나온다.

나는 수학 강사다. 하지만 나는 내가 가르치는 학생들에게 단순히 수학만을 가르치지 않는다. 학생들보다 조금 더 살아오면서 느낀 것들 그리고 단순히 입시와 취업을 넘어서는, '진짜 꿈'을 찾는 과정들에 대해 상세히 이야기해 준다. 줄곧 모범생으로만 산다고 해서 성공이 보장되지 않는다는 것을 나의 학생들에게도 알려 주고 싶다. 그리고 모범생을 벗어나는 '진짜 또라이'만이 인생의 승리자라는 것을 그들에게 보여 줄 것이다. 그것이 바로 나의 의무다.

치유의 메신저 되기

김소정 **미술치료사, 부모교육 코치, 동기부여가, 강연가**

미국에서 미술심리치료학 석사학위를 취득한 뒤 미국 뉴욕시 시립미술관, 롱아일랜드 요양병원, 뉴저지 주 맹인센터 등에서 미술치료사로 근무했다. 현재는 귀국해서 미술심리치료학 박사과정을 밟고 있는 동시에 미술치료사로서 자녀의 심리문제로 고통 받고 있는 부모들을 대상으로 상담을 진행하고 있다. 또한 부모와 자녀의 마음을 치유하고 성장을 돕는 치료사로서 육아에 관한 책을 집필 중이다.

· Email dsj2064@gmail.com   · C·P 010.4947.1491

살다 보면 생각보다 꿈을 이루었다는 사람들을 만나기가 쉽지 않다. 사람들은 흔히 술자리에서 자신이 어렸을 적 가졌던 꿈들을 푸념처럼 이야기하곤 한다. 도대체 그 사람들에게 무슨 일이 있었던 걸까? 왜 그 꿈들을 이룰 수 없었을까? 어떤 사람들은 부모님의 바람대로 안정된 직장에 들어가기 위해 자신의 꿈을 포기한다. 또한 어떤 사람들은 돈이 너무 없어서 이루고 싶은 꿈이 있어도 이루려는 시도조차 하지 못한다.

그럼 나는 과연 내 꿈을 이루었는가? 지금 이루기 위해 노력하는 사람인가? 아니면 현실에 안주하는 사람인가? 여러 가지 질문을 나 자신에게 해 본다.

어렸을 때 나는 꿈도 많고 그만큼 욕심도 많은 아이였다. 그럴 수밖에 없는 게 나는 4남매 중 둘째로 태어났다. 무엇이든 가질 수 있는 기회가 많지 않았다. 언니는 언니라고 모든 특권들을 누렸다. 동생들은 어리다고 쉽게 많은 것을 얻을 수 있었다. 그렇지만 중간에 낀 나는 내 것을 얻기 위해서 언니, 동생들보다 더 열심히 노력해야 했다. 그러다 보니 자연스럽게 하고 싶은 것도 많고 욕심도 많이 아이가 되었다.

잘 살던 우리 집이 힘들어진 것은 아빠의 사업 실패 때문이었다. 기울어진 집안에서 내 것을 챙기기는 더더욱 쉽지 않았다. 하지만 나에게는 꼭 이루고 싶은 꿈이 있었다. 그것은 바로 미대를 가는 것이었다. 미술에 소질이 많았던 나는 미술학원을 다니지 않아도 어렸을 때부터 미술대회만 나가면 상을 휩쓸었다. 그래서 어렴풋이 내가 잘하는 것을 마음껏 할 수 있는 미대에 가야겠다고 생각했다.

하지만 아빠의 사업 실패로 그 꿈을 이루기 힘들어졌다. 미술대학을 간다는 건 미술학원을 다니고 비싼 미술용품들을 사야 한다는 것과 같은 말이었다. 그것들은 그 당시의 우리 형편으론 감히 생각도 할 수 없는 것이었다. 하지만 한번 내 머릿속에 들어

온 꿈은 내보내기 힘들었다.

나는 항상 어떻게 하면 내 꿈을 이룰 수 있을지 고민했다. 그만큼 절실했던 것이다. 하지만 집안 사정을 알고 있었기에 차마 직접 말할 수가 없어 일기장에 내 꿈을 적어 엄마가 잘 볼 수 있는 곳에 두었다. 그렇게 하면 엄마가 나를 불쌍하게 여겨 미술학원에 보내 줄 것 같았기 때문이었다. 그리고 일기장을 본 엄마는 결국 나를 미술학원에 보내 주었다. 그렇게 나는 미대에 진학하게 되었다.

이렇게 나는 꿈 하나를 이루었다. 아직도 전화로 내 대학교 합격 결과를 확인하던 날이 생생하게 기억난다. 미술학원에서 나는 미친 듯이 울었다. 그동안 나의 힘듦과 노력을 한꺼번에 보상받는 느낌이었다.

그런데 꿈은 참 이상하다. 꿈을 이룬다고 해서 끝나는 것이 아니었다. 이루어진 꿈을 통해 새로운 꿈이 만들어지는 것이었다. 미대를 가면 내 꿈은 다 이루어졌다고 생각했지만 금세 또 꿈이 생겼다. 꿈에 꿈을 만들어 가며 나는 현재 많은 꿈들을 이루었고 미술치료사로 일하고 있다. 물론 힘들었던 중간 과정을 글로 쓰려면 몇백 장으로도 부족할 것이다. 하지만 나는 결국 이루었고 또 다시 꿈을 꾸고 있다.

물론 꿈이고 뭐고 다 집어던지고 싶은 적도 많았다. 하지만 나는 내가 진짜 원하는 삶을 찾기 위해 노력했다. 남들은 나를 보고 할 일 없이 논다고 생각했을 수도 있다. 그렇지만 그 시간은 정말 나에겐 나를 다시 한번 생각하게 해 주었던 값진 시간이었다.

꿈을 향해 가는 여정에서 쉼표를 찍을 때가 필요하다고 생각한다. 간혹 사람들은 그 공백기를 견디지 못해 자신의 꿈을 포기하기도 한다. 좌절해 한참을 일어나지 못하는 사람들도 많다. 나는 그럴 때마다 내가 성공한 모습을 상상했다. 그러면 다시 일어설 힘이 생겼다. 《왓칭》에서는 "의지보다 강한 이미지를 이용하라."라고 이야기하고 있다. 아마 나는 힘들 때마다 강한 이미지를 이용해 그 힘듦을 이겨 냈는지도 모른다.

나는 내 일을 사랑한다. 사람들이 나로 인해서 좋게 변화하는 것을 보는 것만큼 치료사로서 신나는 일은 없다. 이 일을 하면서 나는 많은 사람들이 회복하고자 할 때 놀라운 잠재력을 보여 준다는 것을 알게 되었다. 나는 이것을 더 많은 사람들에게 알려 주고 싶다. 치유의 메신저가 되는 것이다.

먼저 나는 1인 기업을 설립할 것이다. 그래서 사람들에게 도움을 줄 수 있는 다양한 프로그램을 만들어 메신저로서의 역할을 할 것이다. 나는 나의 경험과 지식을 사람들에게 나눠 주고 그들의 마음이 치유될 수 있게 선한 영향력을 주는 사람이 될 것이다.

그 꿈들을 이루기 위해 나는 지금 책을 쓰고 있다. 결코 쉬운 결정은 아니었다. 나는 책을 한 번도 써 본 적이 없다. 그렇다고 글쓰기를 잘하는 것도 아니다. 그래서 나는 이게 큰 도전이라고 생각한다. 내 꿈을 향한 큰 도전.

누구나 꿈을 이루기 위해서는 큰 결정들을 해야 할 때가 있다. 누군가 지지해 주는 사람이 있으면 좋겠지만 나를 반대하는 사람들만 있을 수도 있다. 거기에서 내가 결정해야 할 선택들은 큰 도전이다. 결과가 나쁘다면 많은 사람들이 나를 공격할 것이다. 그런데 결과가 좋아도 어차피 그건 마찬가지다. 사람들의 질투는 만만치 않기 때문이다.

그래서 우리는 꿈을 이루기 위해서는 남들에게 또라이로 보일 만큼 행동해야 한다. 남들이 말리더라도 나의 길을 가는 그런 사람이 되어야 된다. 남들은 우리를 또라이로 볼지도 모르지만 우리는 우리의 길을 갈 뿐인 것이다. 우리가 꿈을 이루면 그들은 분명 우리를 인정하고 존경하기까지 할 것이다.

한번 미쳐서 살아 보는 인생도 복 받은 삶이다. 그래서 나는 미치기로 했다. 또라이가 되기로 한 것이다. 내가 책을 쓸 거라고 아직 주위 사람들에게 말하지 않는 큰 이유는 반대하는 사람들이 분명 있을 것이기 때문이다. 나도 인간인지라 그들의 말을 듣고 흔들릴 수도 있다. 내가 가야 할 길을 체크해 보며 불안해할 수 있다. 나에게 나쁜 에너지를 줄 상황에 나를 굳이 노출할 필요는 없다.

나는 내 전문성이 담긴 책을 써서 우선 나란 존재를 알릴 것이다. 나는 준비된 사람이라고 이야기하는 것이다. 이것이 나의 소명이라고 생각한다. 나는 이제까지 내가 원하는 것을 다 이루었다. 그 과정은 꿈을 이룬 사람들이라면 알 것이다. 힘들고 외로웠으며 끝나지 않을 것 같은 이 생활을 포기도 하고 싶었을 것이다. 왜 이렇게까지 해야 하는지 의문도 품었을 것이다.

　　하지만 나는 결국 미술치료사가 되었다. 이제는 상처를 지닌 많은 이들에게, 당신도 치유될 수 있다고 알리고 누구나 그렇게 될 수 있는 큰 잠재력을 지니고 있다고 말해 주고 도와주고 싶다. 나는 내가 이 일을 하게 될 것이라는 것을 믿는다. 이제까지 힘든 시기를 헤치고 여기까지 왔다. 꼭 내 꿈이 다시 한번 이루어지리라 믿는다. 오늘도 치유의 메신저가 될 나를 상상하며 꿈을 위해 달릴 것이다.

또라이 정신으로 성공하는
억대 연봉 학원 강사 되기

서동범 '학원강사스킬연구소(ETS)' 소장, 학원 강사 코치, 일산 수리학당 대표강사,
오르비옵티머스 온라인 강사

고려대학교 생명과학과를 졸업한 후, 의대에 가리는 주변의 강권에도 학원강사의 길로 뛰어들었다. 현재는 억대의
연봉을 달성한 5년 차 강사다. 강사들을 대상으로 '빠르게 억대 연봉 강사가 될 수 있는 노하우'에 대해 컨설팅을
진행하고 있다. 저서로는 《버킷리스트 15》가 있다. 또한 학원강사의 강의 스킬과 성공학을 주제로 한 개인저서 출간을
앞두고 있다.

• Blog blog.naver.com/tjehdqja88   • C·P 010.6201.4711
• Facebook etskill   • Instagram s.dongbeom

대학교에 재학할 당시, 졸업하기 위해서는 전공실험을 3개 이
상 이수해야 했다. 그중 독특한 실험이 하나 있었다. 바로 동식물
분류학 실험이었다. 오지의 산이나 섬으로 가서 채집활동을 하고,
표본을 만드는 독특한 수업이었다. 졸업이 얼마 남지 않았던 나는
따분한 실험보다 실제로 몸으로 체험할 수 있는 이 수업이 재미있
겠다고 생각했다. 그렇게 나는 전라남도에 있는 한 섬으로 출발했
고, 그곳에서 한 여학생을 만났다.

그 여학생은 엄청난 또라이였다. 말 그대로 정말 하는 행동이

유별났다. 왜 저런 행동을 하는지 이해가 되지 않을 정도였다. 식물을 채집하기 위해 섬의 외곽으로 나갔을 때였다. 4명 정도씩 팀을 이루어 신기해 보이는 식물들을 채집하는 시간이었다. 그때 그녀는 나와 같은 조에 있었다.

서둘러 채집을 마쳐야 쉴 수 있었기 때문에 우리 조는 분주히 식물을 채집하기 시작했다. 그렇게 한 시간여가량 흘렀을까. 우리 팀이 채집을 마치고 돌아갈 채비를 하고 있었다. 그런데 그녀가 보이지 않았다. 그렇게 갑작스레 조원을 잃어버린 우리는 거의 한 시간여 동안 그녀를 찾아 숲속을 헤맸다. 나중에는 교수님까지 합류해 그녀를 찾기 시작했다.

그러다 어둑해지기 직전 우리는 100년 정도 된 듯한 큰 나무 밑동에 등을 기대고 편하게 잠들어 있는 그녀를 발견했다. 나중에 들어 보니 그녀는 신기한 곤충을 찾아 우리 조에서 빠져나와 길을 헤매다 피곤한 나머지 나무에 등을 기대고 숙면을 취했다고 한다. 그때 당시 정말 어이없어했던 기억이 난다.

이런 행동들 말고도 그녀는 매우 순수하고 하는 행동이 어린아이 같았다. 매우 호기심이 많았으며, 궁금한 것은 다 풀어야 직성이 풀리는 성격이었다. 결국 또라이라고 생각했던 그녀는 교수의 강력한 추천으로 예일대학교에 입학했다.

알고 보니 그녀는 고등학교를 자퇴한 뒤 자신이 하고 싶은 실험을 하기 위해 서울대학교 연구실에 들어갔다고 한다. 대학교에서도 그녀는 '신경이 끊어져 사지를 쓰지 못하는 많은 사람들에게 힘이 되어 주고 싶다'라는 비전을 이루기 위해 노력했다. 그녀는 또라이였지만 사실 엄청난 열정 바보였던 셈이다.

나도 근래 들어 이러한 또라이의 계열로 접어 들어가고 있다. 하루 종일 일하고도 새벽에 글을 쓰기 위해 카페에 가는가 하면, 배움을 위해 버는 돈보다 훨씬 더 많은 돈을 쓰고 있다. 이렇게 의식이 바뀌게 된 이후로 느끼게 된 것이 있다. 내가 무한히 솟아나는 열정의 샘을 가지고 있다는 사실이다.

사실 처음 수학 강사를 시작하려 했을 때도 나는 또라이 소리를 많이 들었다. 전공이 생명과학인데 무슨 수학 강사를 하느냐는 이야기였다. 대학교의 많은 동기들은 전공을 살려 의대에 진학하거나 대학원 연구실에서 공부해 연구소 박사나 교수의 길을 밟았다. 하지만 나의 선택은 달랐다. 어렸을 적에는 생명과학이라는 과목을 매우 좋아했지만, 대학에 들어온 이후 나의 꿈은 다른 곳에 가 있었다. '누군가를 가르쳐서 그들을 성공의 길로 이끌고 싶다'라는 비전은 나를 학원 강사의 길로 인도했다.

하지만 이렇게 선택한 수학 강사의 길은 처음부터 순탄치 않았다. 부모님의 반대에 부딪혀 여러 번에 걸쳐 부모님과 대치해야 했다. 다섯 번에 걸친 실랑이 끝에 부모님은 내가 수학 강사가 되는 것을 허락하셨다. 학원일 또한 쉽지 않았다. 내가 원하는 대로 강의가 되지 않았다. 단순히 수업만 잘한다고 되는 것도 아니었다. 가르치던 10여 명의 학생들이 시험이 끝나자 우르르 학원을 나가 버리기도 했다. 또한 함께 일하던 강사와 사이가 좋지 않아 퇴사를 고민하기도 했다. 특히 학원에 들어오고 나서부터 3~4년간은 고생은 고생대로 하는데도 내 월급은 항상 제자리였다.

그렇게 반복된 정체와 위기는 나에 대한 의심으로 이어졌다. '진정으로 나의 길이 맞을까?'라는 생각을 하루에도 수십 번 반복했던 것 같다. 이렇게 혼란스러워하는 나를 보신 부모님께서는 다시 회사에 들어가거나 공부해 볼 것을 권유하셨다. 이때가 나에게 가장 큰 위기였던 것 같다. 나는 혼란에 빠졌다. '다른 길을 알아볼까?'라는 생각을 진지하게 하기도 했었다.

그러던 어느 날이었다. 오랜만에 대학교 친구를 만나 학교에서 밥을 먹고 캠퍼스를 걷고 있었다. 그런데 웬걸, 한 학생이 캠퍼스 중앙에서 "나는 이 대학교의 신입생이 될 것이다!"라며 큰 소리로 외치고 있는 것이 아닌가. 뭐라고 하는지 궁금해 나의 발걸음은 그 학생 쪽으로 향했다.

소리의 근원은 올해 고등학교 3학년이 되는 한 학생이었다. 그 학생이 외치는 말을 듣는 순간 나는 갑자기 머리를 얻어맞은 듯 제자리에 멍하니 서 있었다. 그리고 다가가서 그 학생에게 말을 걸었다.

"나는 07학번의 서동범 선배야. 우리 학교에 온 것을 환영해. 내가 도울 것이 있다면 언제든지 도와줄 테니 이 번호로 연락해."

그 학생은 그 이듬해 우리 학교에 입학했다. 실제로 나와 연락이 되어 학교에서 밥도 사 주었다. 그 학생은 우리 대학에 들어오고자 하는 마음이 컸다. 그런 나머지 캠퍼스에서 다른 사람의 시선은 아랑곳하지 않고 이 대학교의 신입생이 되고자 하는 자신의 포부를 자신감 있게 외쳤던 것이다. 이때 나는 내가 큰 목표와 포부를 가지고 처음 학원 강사의 길로 접어들었을 때가 생각났다. 지금 내가 나약해진다면 절대로 지금보다 더 나아질 수 없다는 것을 깨달았다.

그 사건 이후 나는 다시 마음을 굳게 다잡았다. 다시 한번 미쳐 보기로 작정했다. 10으로 안 된다면 20으로, 20이 안 된다면 50의 노력과 열정을 투자해서 1등으로 우뚝 서 보자란 각오를 다졌다. 그렇게 열정을 다한 노력을 시작한 그 이듬해, 나에게는 엄청난 변화가 일어나기 시작했다. 많은 학생들이 나의 수업을 좋아했다. 그리고 나의 열정에 많은 학부모님들이 감사의 문자를 보내주시기 시작했다.

학원에서 가장 어린 강사였던 나는 이제 더 이상 초보강사가 아니었다. 학생 수가 늘어나자 항상 나를 깔보던 다른 강사들도 나를 더 이상 무시하지 않았다. 나의 열정은 더욱더 타올랐고, 그 이듬해 나는 억대 연봉 강사로 우뚝 설 수 있었다.

지금 나는 억대 연봉 강사다. 많은 강사들이 좀 더 쉽게 성공적인 강사가 되게끔 돕는 강사 코치로서도 활동하고 있다. 단순히 노력과 열정만으로도 성공할 수는 있다. 그러나 나는 여기에 내가 겪었던 시행착오와 실패 경험을 덧붙여 더욱더 빠르게 억대 연봉 강사가 될 수 있는 방법을 제시해 주고 있다. 그렇게 많은 강사들을 도와주고 있다. 나는 캠퍼스에서 소리치던 그날의 그 학생을 아직도 잊을 수 없다. 나에게 진심으로 큰 영감을 준 그 학생은 진정한 또라이 정신을 실천하고 있었다. 그는 자신을 믿었으며 확실한 자기 목표를 위해 남의 시선은 신경 쓰지 않았다. 결국 이러한 또라이 정신 덕분에 그는 원하는 목표를 달성했다.

이제는 평범하게 생각하고 평범하게 노력해서는 절대로 성공할 수 없다. 오늘 이 순간부터라도 또라이로 살아가라. 나의 생각을 남과 다르게 메이킹 해라. 그리고 그것에 당신의 열정이란 포장지를 씌워라. 이제는 성공의 표준이 바로 당신이 되게끔.

마음이 두근거리는
새로운 도전 계속하기

양현진 '좋은아빠육아연구소' 대표, 아빠육아 전문가, 자기계발 작가, 강연가, 위험관리 전문가

세 아이와 행복한 일상을 누리고 있는 직장인 아빠다. '좋은아빠육아연구소'를 운영하며 많은 사람들에게 육아 코칭 및 강연활동을 하고 있다. 바쁜 직장인 아빠들을 위해 바로 적용할 수 있는 실전 놀이법을 공유하고, 행복한 가정을 만들기 위한 방법을 제시하고 있다. 저서로는 《아빠 육아 공부》, 《인생을 바꾸는 감사일기의 힘》, 《꼭 이루고 싶은 나의 꿈 나의 인생1, 2》, 《실전 정보보호 개론》 등이 있다.

• Email lufang3@naver.com   • Blog blog.naver.com/lufang3
• Cafe gpplab.co.kr

군대 제대 후 대학교에 복학했다. 그 무렵 학교 선배 형이 프로그램 개발자가 필요하다면서 연락해 왔다. 이제 막 시작하는 신생 업체였는데 2주 동안 일할 사람이 필요하다는 것이었다. 돈이 없는 복학생인지라 흔쾌히 승낙했다. 군대에서 굳어 버린 머리를 쥐어짜며 코딩 책을 들여다보면서 주어진 일을 해 나갔다. 그렇게 2주 동안 나에게 주어진 업무량을 겨우 끝낼 수 있었다.

적은 보수를 받고 나가려는데 몇 달 더 일할 수 있겠냐는 제의가 들어왔다. 그 당시에는 리포트, 시험, 발표수업 등 할 일이 많

왔다. 고민이 되었지만 등록금도 벌 수 있겠다는 생각에 두 번째 제안도 받아들였다.

낮에는 학교에 다니고 밤에는 사무실에 가서 코딩 작업을 했다. 2~3시간 잠자고 다시 학교에 가는 생활을 반복했다. 밤에 잠을 못 자니 학교 수업 때는 졸기 일쑤였다. 교수님이 내준 리포트나 발표 준비는 마감일에 겨우 맞추며 아슬아슬하게 줄타기를 하곤 했었다. 그래서 친구들은 다들 날 좀비라고 불렀다. 바쁜 일상 탓에 늘 기력이 없고 앉기만 하면 자고 있었기 때문이다. 1년 정도 그런 생활을 하다 보니 대학교 등록금 정도는 벌었지만 몸이 많이 망가지는 것을 느꼈다. 게다가 회사 사정도 안 좋아졌을뿐더러 마침 졸업 논문도 써야 했기 때문에 자연스럽게 일을 그만두게 되었다.

"너는 욕심이 너무 많아. 한 가지만 해."

그 당시 친구가 나에게 한 말이다. 그 순간 나 자신을 한번 되돌아보았다. '내가 과연 욕심이 많은 걸까' 곰곰이 생각해 보니 경험에 대한 욕심이 있었다. 이것저것 다 경험해 보고 싶은 욕심 말이다. 내가 해 보지 않은 것에 대한 궁금증, 가슴의 떨림을 따르고 싶었던 것이다. 그렇게 이것저것 경험해 보려는 나를 이상하게 보는 사람들도 있었다. 편하게 살면 되지 왜 그렇게 고생을 하느냐는 것이었다.

대학교 4학년 때 회사에 취직했다. 신입 연구원으로 회사에 첫 발을 내디딘 것이었다. 당시만 해도 낮에 일하고 밤에는 편하게 잘 수 있다는 것이 그렇게 행복할 수 없었다. 게다가 월급까지 꼬박꼬박 들어오니 부자가 된 느낌이었다. 더욱이 주말에 일하지 않아도 된다는 현실에 가장 큰 감사함을 느꼈다.

그래서 주말에는 학원을 다니며 국제 자격증 공부를 했다. 주변 친구들에게 같이 공부하자고 하니 주말은 쉬고 싶다며 의지를 보이지 않았다. 할 수 없이 혼자 학원을 다니며 국제 자격증을 취득했다. 그 당시에는 알지 못했다. 가슴이 떨리는 일들을 했을 때 나중에 어떤 달콤한 결과가 주어지는지 말이다.

이때 취득한 국제 자격증 덕분에 더 좋은 조건으로 이직할 수 있었다. 이직 이후에도 추가로 국제 자격증을 취득하고 야간에는 대학원을 다니며 논문을 썼다. 그러던 어느 날, 졸업을 앞둔 시점이었다. 직장 동료가 대기업의 경력직 채용 공고가 났는데 지원해 보라고 했다. 과연 내 실력이 어디까지 통할지 궁금해졌다. 지원 마감일이 당일 3시까지여서 부랴부랴 지원서를 작성해 마감 5분 전에 전송했다.

지원서를 낸 후로 그것에 대해 까맣게 잊고 있었는데 면접을 보러 오라는 연락을 받았다. 면접을 보러 가서 대기실에 앉아 있는데 지원자 중 내가 가장 나이가 어렸다. 어쩐지 잘못 온 것 같기도 하고 다른 사람들의 들러리로 온 것은 아닌지 혼란스러웠다.

하지만 '이왕 왔으니 보여 줄 수 있는 것은 다 보여 주자!'라고 다짐하며 마음을 비우고 면접을 봤다. 그로부터 며칠 후 합격 통지서를 받았다.

점이 모여 선이 되고, 선이 모여 면이 되고, 면이 모여 도형이된다. 지금 내 가슴이 시키는 행동들이 어떤 결과를 가져올 것인지 그 누구도 모른다. 성공할 수도 있고 실패할 수도 있다. 그렇지만 실패하더라도 괜찮다. 세상에 허튼 경험은 단 하나도 없기 때문이다. 우리가 경험하는 모든 것들은 그 나름대로 의미를 지니고있다. 지금 당장은 실패하는 것처럼 보일지라도 사실은 내가 목적하는 방향으로 가는 더욱 빠른 길일 수도 있다.

낮에는 학교를 다니고 밤엔 일했던 경험, 주말을 반납하며 공부해서 국제 자격증을 땄던 일, 일하면서 사기를 당해 돈을 못 받았던 일, 내 간의 일부를 잘라 아버지에게 이식해 줬던 일들은 모두 내 인생의 한 점이다. 그 점들이 모여 더 강한 지금의 나를 만들었다.

현재 나는 회사를 다니고 있고, 퇴근 후 세 아이의 아빠로서육아를 하고 있다. 아이들 기저귀를 갈고 목욕시키고 밀도 있게놀아 주기 위해 노력한다. 밤에는 아이들을 재우고 방에서 조용히나와 책을 쓴다. 틈틈이 강연을 하고, 칼럼 쓰기, 방송 출연, 자문활동을 하고 있다. 〈좋은아빠육아연구소〉를 운영하며 육아 정보를 나누고 시간을 쪼개 상담을 하는 중이다.

지금은 이렇게 활발한 활동을 하고 있지만 육아 책을 쓰기 전에는 잠시 망설였다. '나는 공대 출신인데 육아 관련 서적이라니?', '할 일 없는 아빠로 보이지는 않을까?', '나도 현새 육아로 힘든데 육아 책을 쓰는 게 맞을까?' 하는 두려움과 걱정이 밀려왔다. 지금 당장 회사 일로도 바쁜데 괜한 일을 하는 건 아닌지 망설여질 때도 있었다. 하지만 그럴 때마다 〈한책협〉의 김태광 대표 코치님의 적극적인 응원과 코칭을 받으며 힘을 얻을 수 있었다. 부정적인 생각이 들 때마다 그 감정에 빠지지 않고, 어떻게 하면 가능하게 만들 수 있을지에 대해 생각하게 되었다. 그 덕분에 원고를 끝까지 쓸 수 있었고 《아빠 육아 공부》라는 책을 출간하게 되었다.

지금 행동하는 점들이 나를 어디로 데려갈지 모른다. 이 점들이 선이 되고, 면이 되고, 도형이 되면서 지금보다 더 가슴 떨리는 결과가 만들어질 것이라고 확신한다. 그래서 나는 실패에 대한 두려움은 없다. 당장의 실패가 나를 더 탄탄하게 만들고, 성공으로 가는 지름길이 될 것임을 알기 때문이다. 성공하지 못하는 가장 큰 이유는 단 한 번도 실패하지 않으려는 마음 때문이다. 사실 우리에게 실패라는 것 자체도 존재하지 않는다. 경험만이 있을 뿐이다.

새로운 도전은 항상 주저하게 되게 마련이다. 두려움 때문이다. 지금 당장 먹고살기 힘들고, 해야 할 일들은 산더미처럼 쌓여 있고, 하루하루 살아가기 바쁘다. 이런 상황에서 가슴 떨리는 일을 마주해도 스스로를 의심한다. '과연 될까?', '실패하면 어떻게 하지?', '내 주제에 무슨⋯'이라고 생각하며 스스로 한계를 지어 버린다. 실패에 대한 두려움으로 시도조차 못하는 것이다. 그렇게 자신에게 성공할 기회를 주지 않고 이전처럼 하루하루를 살아간다. 그러다 보면 두려움은 더 커지고 자신이 원하던 꿈과 행복과는 멀어지게 된다.

스스로에게 성공할 수 있는 기회를 줘야 한다. 두려움과 의심에서 벗어나 자기 자신을 믿어야 한다. 대부분 가만히 있는 것을 '안정'이라고 생각한다. 그러나 그 반대다. 가만히 있는 것은 '후퇴'를 의미하고, 말썽은 '성장'을 의미한다. 나는 가슴의 떨림, 재미, 흥미, 설렘을 따라 새로운 도전을 멈추지 않을 것이다. 이러한 도전이 결과적으로 인생을 더 풍요롭게 해 줄 것이기 때문이다.

내 인생의 멋진 꿈을 향해 도전하기

김은숙 육아 코칭 전문가, 육아 코치, 자기계발 작가, 동기부여가

두 아이를 키우면서 얻은 경험과 노하우를 바탕으로 서투른 초보엄마도 아이와의 공감과 소통을 통해 좋은 엄마가 될 수 있다는 자신감을 심어 주고자 한다. 중요한 성장 발달 시기에 있는 아이를 위해 아낌없이 사랑을 표현하는 방법을 알려 줄 육아 관련 저서 출간을 곧 앞두고 있다. 또한 초보엄마를 위한 '좋은 엄마가 되는 육아법' 관련 저서를 현재 집필 중이다. 저서로는 《버킷리스트 13》, 《또라이들의 전성시대 2》, 《꼭 이루고 싶은 나의 꿈 나의 인생 2》, 《나를 세우는 책 쓰기의 힘》이 있다.

• Email dmstnr4434@naver.com

"생각하는 대로 살지 않으면 사는 대로 생각하게 된다."

이 문구를 보면서 '나는 여태껏 생각하는 대로 살아왔는가?' 라고 스스로에게 의문을 던져 본다. 되돌아보면 항상 나 자신의 생각보다 타인의 생각대로 이끌려 살아왔던 날들이 더 많은 것 같다. 내 인생의 주인공은 나인데 나 자신의 꿈을 외면하고 포기한 채 바쁘게 살아왔다. 많은 사람들이 나처럼 꿈이 없이 사는 대로 생각한다. 이들은 과거와 같은 오늘을 힘겨워하며 삶을 살아가

게 된다.

어릴 적 나는 부끄러움도 많고 내성적이어서 나서는 것을 무척 싫어하는 아이였다. 초등학생 때도 선생님께서 발표를 시키시면 아주 조그만 목소리로 자신감 없이 발표했었다. 친구들이 자신감 넘치게 발표하는 것을 보면 참 부러웠다. 나도 뭐든 똑 부러지게 잘하고 싶은데 용기가 나지 않았다. 발표할 차례가 되면 가슴이 콩닥콩닥 뛰기까지 했다. 어디론가 숨고 싶은 심정이었다.

하지만 늘 내 마음속에는 당당해지고 싶은 욕구가 있었다. 어렸을 적의 나는 남들 앞에 나서는 것은 싫어하지만 관심 있는 것에 도전하는 것을 좋아했다. 학창시절 교회에서 피아노를 치는 것이 꿈이었다. 그때 친구는 피아노 학원을 다녀서 교회에서 반주를 맡았었다. 나도 친구처럼 피아노를 치고 싶은 욕심에 부모님께 어렵게 허락을 받았다. 우리 형편에 안 된다는 것을 알면서도 교회에서 반주하는 것을 상상하며 배웠다. 하지만 겨우 몇 달을 배우다가 학원비가 부담되어 다니지 못하게 되었다. 집이 가난하면 하고 싶은 게 있어도 제대로 배울 수 없다는 것을 느꼈다.

가난이라는 걸림돌 때문에 우리 가족에게는 힘든 날들이 연속되었다. 부모님께서 열심히 일하시고 아껴도 잘살 수는 없었다. 그 모습을 보고 자란 나는 커서 꼭 돈을 많이 벌어야겠다고 다짐했다. 그러다 고등학교를 졸업하고 신협에 취직하게 되었다. 그런데 막상 내가 직접 돈을 벌어 보니 생각처럼 돈이 많이 모이지 않았다. 신협에 오시는 조합원들 중에는 큰 목돈을 예금하시는 분들이 많았다. 그분들을 보면서 '어떻게 하면 저렇게 많은 돈을 모을 수 있을까'라는 생각을 한 것도 여러 번이었다.

나도 돈을 많이 모아서 통장 잔액은 몇백만 원을 유지하고 예금은 몇억 원을 넣어 놓고 이자를 연금처럼 받아 보고 싶었다. 그 당시만 해도 금리가 높아서 돈이 돈을 버는 시대였다. 직장생활을 얼마나 열심히 하면 많은 돈을 벌 수 있을까 생각해 봤지만 명쾌한 답은 없었다. 승진을 해도 매달 받을 수 있는 월급에는 한계점이 있었다. 그전까지는 돈을 모으기 위해서는 더 아껴야 한다고, 하고 싶고, 갖고 싶은 것이 있어도 참아야 한다고 생각하며 살았다. 하지만 직장생활을 몇 년간 한 후, 직장을 아무리 열심히 다녀도 부자로 살 수 없다는 것을 깨달았다.

평범한 사람이 잘살기란 정말 어렵다는 것을 느꼈다. 뭔가 다른 돌파구를 찾아야만 했다.

"생각하는 대로 살지 않으면 사는 대로 생각하게 된다"

바로 그때 이 문장이 떠올랐다. 당장 살아가는 데 급급해서 나는 사는 대로 생각하며 살아왔다. 그렇기 때문에 내 인생에 큰 변화가 없었다. 그저 '여기에서 더 이상 어떻게 잘살아! 더 나빠지지만 않으면 되지'라고 생각했다. 그러다 〈한책협〉을 알게 되면서 내 삶에 많은 변화가 오기 시작했다. 생각의 틀을 깨고 세상을 다시 바라보니 '나는 그동안 우물 안 개구리같이 살았구나'라는 생각이 들었다.

〈1일 특강〉을 들으며 꽉 막힌 나의 사고가 변화하게 되었다. 살면서 나를 위해 책 한 권 읽기도 힘들었는데 자기계발을 위해 무언가를 하고 있다는 것이 너무 감사하기만 했다. 그러고 나서 〈책쓰기 과정〉을 이수하고 공동저서를 출간하며 작가가 되었다. 평소에 작가들을 보며 자신의 책을 쓴다는 것은 대단한 일이라고 생각했다. 그랬던 내가 3권의 공동저서를 썼으며 현재는 좋은 엄마가 되는 교육법을 담은 개인저서를 집필 중이다. 새로운 인생 2막을 준비하고 있는 것이다.

내 나이 마흔이 넘어서 새로운 것을 시작하지만 앞으로 살아가야 할 시간들이 더 많기에 도전한다. '청춘은 육십부터'라는 말도 있듯이, 지금도 늦지 않았다고 나 자신에게 이야기해 주고 싶다. 꿈을 꾸고 목표가 생기니 모든 것을 긍정적으로 바라보게 된다. 새로운 에너지가 나에게서 솟아난다.

나의 첫 책이 출간되었을 때 기쁜 마음에 친구에게 보여 주었다. 친구는 책을 보면서 너무 신기해했다. 그러면서 "이제 김은숙 작가님이라고 불러야 하겠네!"라고 했다. 그 말을 들으니 어깨가 으쓱해지면서 기분이 참 좋았다. 친구는 자신도 글 쓰는 것을 좋아하는데 자신의 이야기를 책으로 펴낼 생각은 해 보지 못했다고 했다. 나는 그 친구에게 평범한 사람일수록 책을 써서 자신을 브랜딩 해야 한다고 했다.

보통 사람들은 성공해야 책을 쓸 수 있다고 생각한다. 나도 그렇게 생각했다. 하지만 지금은 성공해서 책을 쓰는 것이 아니라 책을 써야 성공한다는 〈한책협〉의 김태광 대표 코치님의 말에 깊이 공감한다.

나는 누군가의 메신저가 되고 우리나라의 최고 스타 강사가 되는 것이 꿈이다. 꿈을 생생하게 꾸고 열정적으로 행동하면 반드시 그 꿈이 이루어진다는 것을 확신한다. 상상만 해도 신나고 즐겁다. 지극히 평범하기에 주위 친구들이나 지인들이 나의 꿈에 대해 들으면 또라이라고 할 것이다. 아무런 스펙도 영향력도 없는 내가 메신저가 되려고 한다면 누가 너의 말을 들어 줄 것이냐고 비아냥거릴지도 모른다. 하지만 그들은 변화하고 있는 나의 모습을 알지 못한다. 나는 남들과 똑같은 평범함은 이제 거부한다. 대신 또라이 정신으로 담대하게 도전할 것이다.

나는 나의 경험과 지식을 나누며 남을 돕는, 메신저로 살아가려 한다. 지금 나는 살면서 한 번도 꿈꾸어 보지 못한 메신저의 삶과 스타 강사를 꿈꾸고 있다. 어릴 적의 나는 굉장히 소심했던 아이여서 많은 사람들 앞에 서면 주눅이 들어서 제대로 말도 못 했다. 그랬던 내가 지금은 스타 강사를 꿈꾸고 있다.

내 인생에 도전할 무언가가 있다는 것이 감사하다. 앞으로 나는 끊임없는 자기계발을 통해 지금보다 더 나은 삶을 살아갈 것이다. 앞으로 5년 뒤, 10년 뒤 나의 변화된 모습에 모두가 깜짝 놀라게 될 것이다. 나의 꿈을 응원한다.

희망을 심어 주는
동기부여 강연가 되기

김은화 부동산 코치, 동기부여가, 강연가, 자기계발 작가

부동산 임대업에 종사하며 부동산 코치로 활동하고 있다. 또한 여러 번의 시련을 극복한 경험을 통해 많은 사람들에게 희망과 용기를 주는 메신저로서 살아가고 있다. 또한 인생에서 얻은 수많은 경험과 지식을 바탕으로 개인저서를 집필 중이다. 저서로는 《보물지도 11》, 《나를 세우는 책 쓰기의 힘》, 《꼭 이루고 싶은 나의 꿈 나의 인생 2》가 있다.

• Email dmsghk0010@naver.com

많은 사람들이 모두 행복하게 살 수 있다면 좋겠지만, 이 세상에는 어렵고 힘들게 살아가는 사람들이 너무나 많다. 나는 형편이 어렵거나 불행한 삶을 살아가는 주위의 사람들을 보면 마음이 너무 아프고 눈물이 난다. 왜 가진 것이 없는 사람들이 더 힘들고 불행하게 사는 걸까.

회사생활을 하다 보면 여러 동료들을 만나게 된다. 요즘 주위에는 이혼한 사람들도 많고 결혼하지 못한 사람들도 많다. 또한

병든 부모님을 돌보면서 결혼을 포기하고 살아가는 사람도 있다. 이 사람의 이야기를 들어 보니 돈이 없어 결혼은 엄두도 못 낸다고 한다.

결혼해서 가정을 이루게 되면 가정을 책임져야 한다. 하지만 모아 둔 돈도 없이 월급만으로 병든 부모님과 가정을 이끌고 갈 수가 없다. 이런 환경에 '누가 평생의 반려자로 나를 선택할까?'라는 생각을 하며 미래에 대한 희망 없이 하루하루를 살아간다. 이런 사람들에게 삶은 짐이 되어 버린다. 많은 사람들은 발전적인 삶을 포기하고 현재의 삶에 만족한다.

나에게도 태어나서 가장 힘들고 아팠던 기억이 있는데, 그것은 오로지 돈 때문이었다. 돈은 나에게 엄청나는 시련과 고통을 주었다. 무언가를 시작하려 하면 돈은 나의 길을 가로막는 장애물로 나타났다. 결혼하고 난 뒤에도 여러 시련을 겪으면서 삶을 포기하고 싶다는 생각을 하기도 했다. 하지만 나에게는 아이가 있었다. 절박함 속에서도 나와 같은 삶을 살아갈 아이를 생각하니 포기할 수가 없었다. 온 힘을 살아가는 데 쏟아부으면서 다시 일어서기로 결심했다.

그 선택은 바로 부동산 투자였다. 부동산에 투자를 하며 내 인생을 새로 설계하기로 마음먹었다. 나는 저축과 적금으로 돈을 모아서는 결코 부자가 될 수 없다는 것을 잘 알고 있었다. 쥐꼬리만 한 월급으로 나의 인생을 바꾸기란 불가능해 보였다. 하지만 부동산은 종잣돈만 마련하고 나면 그다음부터는 이야기가 달랐다. 그래서 열심히 종잣돈 모으기에 돌입했다. 소비지출을 최소한으로 줄이고 쓸데없이 낭비되는 돈을 차단했다.

그렇게 어렵사리 모은 종잣돈 2,000만 원으로 아파트와 땅을 사서 자산을 만들었다. 누군가는 부동산에 투자한다고 하면 "부동산 투자는 적은 돈으로 할 수 없어. 돈이 많아야지!"라고 한다. 이런 사람들은 대부분 부동산 책 한 권도 읽어 보지 않은 사람들이다.

진정한 부자는 돈이 모일 때까지 기다리지 않고 적은 돈이라도 그것을 어떻게 굴릴지 고민한다. 이들의 이야기를 경청하고 배우는 자세가 필요하다. 나 역시 앞서 성공한 사람들의 이야기를 귀 기울여 들었고 그들을 따라하려 노력했다. 그 결과 종잣돈을 적게나마 모을 수 있었고, 그 종잣돈은 희망의 씨앗이 되어 나에게 꿈을 가지게 해 주었다.

부동산에 대한 부정적인 생각이 행복한 자유를 포기하게 한다는 사실을 알아야 한다. 돈에 대해 욕심을 가진 자가 되어야 돈에 대한 생각을 긍정적으로 바꾸기가 쉽다. 돈에 대한 욕망이 있어야 부자가 될 수 있는 방법을 생각하게 될 것이기 때문이다. 돈 때문에 힘들다고 불평불만을 가지기 이전에 내가 무얼 해야 돈을 가질 수 있는지 깊이 고민하고 생각해 보아야 한다.

김은화

많은 사람들은 부동산 투자를 하지 못하는 여러 이유를 댄다. 돈이 없어서, 잘 몰라서, 두려워서 등등. 나는 그런 이유에 다 해당되는 사람이었다. 하지만 돈을 많이 벌고 싶은 욕망과 가난에서 벗어나고 싶은 절박함이 그런 이유를 이겨 내게 했다. 지금 내가 무얼 원하는지, 무엇이 제일 급한지 자신을 바로 볼 수 있어야 한다. 나는 내 인생에서 가장 절실하게 필요한 돈에서 해방되기 위해서 부동산 투자를 했다. 누구나 할 수 있는 것이 부동산 투자이지만 아무나 할 수 있는 것은 아니다. 부동산에 대한 긍정적인 마인드가 매우 중요하다. 부동산으로 부자가 되겠다는 확신과 믿음이 있어야 한다.

현재 나는 〈한책협〉에서 부동산에 대한 개인저서를 집필하고 있다. 책을 쓰면서 부동산에 대한 잘못된 인식이 돈 없는 서민들을 더 힘들게 하고 있다는 생각이 들었다. 나 또한 어려운 환경과 시련을 겪었다. 많은 사람들이 일어설 수 있는 환경에 있음에도 참담한 현실에서 벗어나려고 행동하지 않는 모습을 볼 때면 안타깝다.

삶의 방향을 제대로 찾지 못하는 사람들에게 꿈과 희망을 주고 싶다. 김태광 대표 코치님께서는 그런 내 꿈을 펼칠 수 있게 많은 도움을 주었다. 내 삶을 기적과 같이 바꾸어 준 고맙고 감사한 분이다. 나는 부끄러움과 자신감 부족으로 남들 앞에 나서기를 꺼려하는 소심한 사람이었다. 하지만 〈한책협〉을 만나고 밝고 긍정적이며 자신감 넘치는 사람으로 바뀌었다.

얼마 전에 나에게서 컨설팅을 받고 싶다는 한 통의 전화를 받았다. 한참을 부동산에 대해 이야기하던 중 상내방은 나에게서 강한 에너지를 느낄 수 있다고 말해 주었다. 내가 좋아서 하는 일인데 상대방에게 좋은 인상을 주었다는 생각에 참 행복했다.

지금의 나의 모습을 만든 것은 부동산 투자다. 나에게 자신감과 행복을 심어 준 계기가 되었다. 이 모든 것은 내가 스스로 선택한 삶이다. 현재의 내 삶에서 벗어나고 싶다는 생각이 기적과도 같은 삶의 변화를 가져왔다. 이제는 힘든 사람들을 보면 눈물만 흘리는 사람이 아닌 도움을 주는 사람이 되고 싶다.

어릴 적, 내 책을 쓰고 싶다는 생각을 한 적이 있다. 친구들은 그런 나를 이해하지 못했다. 유명한 사람들만 책을 쓸 수 있다고 생각했기 때문이었다. 하지만 인생에는 정답이 없다. 내가 꿈만 꾸었던 일이 이렇게 현실로 다가왔지 않은가.

내가 쓴 책이 사람들에게 포기하지 않고 시련을 이겨 낼 수 있도록 동기부여를 해 주는 책이 되었으면 한다. 나는 지금도 또라이 같은 생각을 한다. 두려움으로 부동산 투자를 망설이는 사람들 앞에서 동기부여가로서 강연하는 것이 나의 목표다. 부동산 컨설팅을 통해 어렵게만 생각하던 부동산 투자를 좀 더 친숙하고 재미있는 투자로 만들어 주어 부자가 될 수 있게 돕고 싶다. 돈을 모으기만 하던 과거의 틀에서 벗어나 돈을 굴릴 수 있는 사람이 되어야 한다. 앞으로 나는 돈을 굴리는 부동산 투자를 통해 부자가 될 수 있도록 돕는 동기부여가로서 많은 사람들에게 희망을 심어 주며 살아갈 것이다.

워런 버핏과 점심식사 하기

양은정 '양은정부동산컨설팅그룹' 대표, 금융자산관리사, 국내재무설계사, 공인중개사,
매경부동산자산관리사

우연한 기회에 부동산 관련 서적을 접하고 부동산 세계에 뛰어들었다. 부단히 노력해 온 결과 현재는 금융과 경제를
아우르는 부동산 전문가로 당당히 자리매김했다. '평범한 사람도 부자가 될 수 있다'를 모토로 다양한 강의 활동을
이어 나가고 있으며 사람들에게 부와 경제적 자유를 전파하는 리치 멘토로서 활약 중이다. 현재 부동산 투자 관련
개인저서를 집필 중이다.

• Email goodjob7744@gmail.com   • Facebook yejrealtyconsulting
• Instagram yang_eunjung

누군가 나에게 "10년 뒤 무엇을 할 것인가?"라고 질문했을 때,
나는 '1조 원 클럽을 만들 것'이라고 대답했다. 상대방은 살면서
'조'라는 단위를 처음 들어 봤다며 놀란 표정을 지었다.

그의 흔들리는 동공이 나를 과거로 돌아가게 했다. 그 옛날,
내가 상상할 수 있는 돈의 단위는 현재의 그보다 한참 작았을 것
이다. 그러다가 부동산 세계에 들어오고 몇 년 뒤 나는 강남에서
빌딩을 중개하는 사람이 되었다. 그러면서 돈에 대한 나의 단위가
기하급수적으로 커지기 시작했다.

회사에서는 월요일 오전마다 직원들의 한 주 브리핑이 있었다. 처음에 나는 얌전히 듣고만 있었다. '어디의 ○○빌딩 거래가 얼마만큼 진행되었고 무엇이 문제인데… 지금 잠시 보류 중이고… 이번에 건물주를 만난다거나… 거래 임박인데… 갑자기 가격을 다운시키는 바람에…'와 같은 이야기들이 내 머리를 어지럽히고 있었다. 50~60억 원으로 살 수 있는 것은 고작해야 꼬마빌딩이었다. 그들은 몇백억, 몇천억 원대의 빌딩들을 아무렇지도 않게 이야기하고 있었다. 그럴 때마다 나는 '과연 내가 이곳에 적응할 수 있을까'라고 생각했다. 말로만 듣던 강남 테헤란로의 웅장한 빌딩 이름들이 허공에서 흩어지고 있었다.

빌딩 가격은 상상 이상이었다. 물론 그전까지 '저 빌딩은 얼마일 거야'라고 감히 생각해 본 적도 없다. 그런데 몇백억 원이 우스운 빌딩들을 일상으로 만나고 부자들과 거래하다 보니 이 빌딩들이 내 것 같고, 이 스트리트도 내 것 같은 기분이 들었다. 몇십, 몇백억 원의 단위가 편안해진다. 예전에 인기리에 방영되었던 드라마 〈신사의 품격〉에는 스트리트를 가진 부자 여사장님이 나왔다. 그 당시 그저 멋있고 멀게만 느껴졌던 그녀의 세상이 더 이상 낯설지 않게 다가온다는 것이 너무 신기하고 재미있었다.

어느 날 신문을 보다 '이제 우리의 경제단위가 조로 넘어가고 있구나'라는 것을 느낀 적이 있다. 주요 회사들의 매출이 이미

1,000억 원은 우습게 넘고 있었다. '조'라는 단위는 단지 일상에서만 만날 수 없는 숫자일 뿐이었다. 그즈음은 수출이 우리 경제를 밀어 올리며 확장시키고 있었다. 주식시장을 꿈틀거리게 만들고 있었다. 그 당시 나는 어디 있었냐 하면, 주식 하는 친구들과 금요일 강의를 들으며 한 주간의 투자종목을 뽑고 있었다. 지난주에 묶인 종목 이야기도 하면서 말이다.

사람들이 피부로 느끼는 체감 경기는 여전히 힘들었고 경제가 어렵다는 말을 달고 살았다. 그러니 뉴스에서 들리는 말들은 남의 이야기 같았을 것이다. 언론에서는 "2017년 우리나라 수출액은 5,739억 달러이며 단일 품목으로선 반도체가 처음으로 연간 수출액 900억 달러를 돌파했다."라며 요란하게 떠들고 있었다. 코스피 지수도 무섭게 오르고 있었다. 어디까지 갈 것인지 다들 내기하는 분위기였다.

이런 생각 속에 있던 나에게 그 친구가 갑작스럽게 물어 왔던 것이다. 거기에서 툭 튀어나온 대답이 "'1조 원 클럽'을 만들 것이고 그들의 자금을 운용한다. 특별한 클럽이 될 것이다."였던 것 같다. 그 후에도 이 단어가 좋아서 입에 달고 살았더니 관심을 보이는 사람들이 생기기 시작했다. 가입하고 싶다면서. 그러자 나는 내가 뱉어낸 '1조 원 클럽'을 구체화해야겠다고 생각에 날개를 달고 있었다. 흥분되고 설레었다. 그런데 문득 '어떻게 거기까지 갈까?'라는 생각에 이르렀다.

양은정

예전에 진짜 세계를 움직이는 집단에 대한 이야기를 들은 적이 있다. 그들은 돈과 권력으로 세상을 주무르는 사람들이라고 했다. 그들의 결정으로 굵직한 세계 역사가 바뀌고 수정되고 있다고 했다. 그러니까 '1조 원 클럽'을 그런 콘셉트로… 아이고, 갑자기 머리가 아파 온다.

그러다 나는 또 상상을 하기 시작한다. 워런 버핏을 떠올린다. 모든 투자 서적에 등장하는 워런 버핏. 내가 투자 책을 쓰고 싶어서 언젠가 읽어 봤던 참고도서에도 대부분 언급되었던 이 사람. 투자를 다루지 않는 책에서조차 언제나 언급당하는 이 사람. 부자이든 아니든, 누구나 알고 있는 이 놀라운 사람.

그는 이야기한다. "투자를 잘하는 데 꼭 천재가 될 필요는 없어요. 투자는 IQ 200인 사람이 IQ 100인 사람을 이기는 게임이 절대 아닙니다.", "회사가 가장 어려운 시기일 때가 그 회사를 사야 하는 가장 좋은 때입니다.", "사람들이 공포감에 빠져 있을 때 더 욕심을 부려야 합니다." 등등. 그때 나는 생각한다. '워런 버핏과 점심식사를 해야겠다. 그러면서 고민되는 것들을 물어 봐야겠다'라고.

신문을 집어 든다. 눈에 띄는 기사가 있다. 〈월스트리트〉 1면 표지에 "'1조 원 클럽' 창시자 양은정, 워런 버핏 회장과 점심식사"라고 쓰여 있다. 뉴욕 스미스 앤 월런스키 스테이크 전문점에서 그를 만나기로 했다. 즐거운 상상이다.

실제로 워런 버핏은 매년 그와의 점심식사를 자선경매에 내놓는다. 지난 1999년부터 진행된 일이다. 엄청난 고가임에도 그와의 점심식사는 경쟁이 아주 치열하다. 2016년 이베이에서 진행되었던 버핏과의 점심식사 경매 최고가는 40억 원. 경매 낙찰금은 노숙자를 위한 자선재단 글라이드에 전액 기부되고 있다.

세계 최고의 투자가를 꿈꾸는 사람들이라면 아마도 그의 생각을 탐낼 것이다. 투자가는 생각을 돈으로 바꾸는 사람이기 때문이다. 그러므로 그 가치에 돈을 투자하는 것이다. 지금 우리가 부자가 아니더라도 부자라면 어떤 선택을 할지, 최고의 투자자가 아니더라도 최고의 투자가라면 어떤 생각을 할지 그려 봐야 하는 것처럼.

내가 좋아했던 영화 〈미드나잇 인 파리〉를 떠올려 본다. 이 영화에서 주인공 길은 홀로 파리의 밤거리를 배회한다. 그러다 종소리와 함께 홀연히 나타난 차에 올라타게 된다. 그러곤 1920년대를 대표하는 예술가들과 만나는 놀라운 경험을 하게 된다. 매일 밤 그는 동경하는 예술가들을 눈앞에서 만나며 그들과 생각을 이야기하고 공감한다. 헤밍웨이를 만나고 피카소를 만나고 그 둘의 연인인 애드리아나도 만나게 된다. 이 얼마나 행복하고 놀라운 이야기인가?

최근에 방영되었던 tvN 드라마 〈도깨비〉. 도깨비와 저승사자를 소재로 하여 놀라울 정도로 세련되고 감성적으로 그려 낸 드라마다. 이 드라마를 보면 사랑하는 사람을 언제 어디서든 소환하는 장면이 나온다. 이 드라마를 최근에서야 몰아치기로 본 친구가 말하길, 자신도 도깨비처럼 소환능력이 있으면 좋겠다고 한다.

우리는 왜 이런 이야기에 흥분할까? 그것은 '상상의 힘' 때문이 아닐까? 예전에 공상과학 영화를 보면 그게 과연 이루어질까 생각했다. 하지만 결국 이루어지지 않은 것보다 이루어진 것들이 더 많다. 수년 전에 우연히 본 TV 화면에 작은 노트 같은 물체가 있었다. 그곳에 영화의 포스터가 작은 네모들로 그려져 있었다. 그것을 누르면 바로 그 영화를 볼 수 있다고 했다. 나는 말했었다. "에이 거짓말. 어떻게 그게 가능해."라고. 하지만 지금은 너무 당연한 일이라 말할 거리조차 안 된다.

올해 들어 나는 생각해 보기 시작했다. '나는 어디까지 가능할까? 어디까지 꿈꿔도 되는 것일까?' 나를 제한하는 것은 오직 자신뿐임을 나는 이미 알고 있다.

몸 살리기 또라이 되기

오경아 　주택관리사, 명상가, 자기계발 작가, 동기부여가, 직업상담사

주택관리사로서 활발하게 활동 중이다. 또한 무한한 마음의 세계를 탐험하는 명상을 통해 많은 이들이 진정한 삶의 주인공이 될 수 있도록 상담 활동을 펼치고 있다. 각자가 타고난 재능을 펼칠 수 있도록 돕는 것이 목표다. 현재 '감정'에 대한 개인저서를 집필 중이다.

　　24년 전, 건강진단 결과 심장판막증이 의심되니 정밀검사를 받아 보라는 소견이 나왔다. 사회생활을 시작한 지 몇 년 되지 않은, 20대의 팔팔한 나이였다. 그러나 여느 20대처럼 에너지가 충만한 청년이 아닌, 항상 피곤에 전 채 잠이 모자라는 생활을 하던 중이었다.

　　정밀검사 결과 심실중격결손(좌우 심실 사이의 벽에 구멍이 생기는 것으로 영유아기에 자연적으로 구멍이 메워지는 게 보통이다)이라고 했다. 수술하지 않으면 언제 어떻게 될지 모른다는 진단을 받았다. 나는

회사에 병가를 내고 수술했다. 수술 후 결혼과 출산을 하면서 몸은 그 어느 때보다 약해졌다. 마트를 다녀오면 장 본 물건을 그대로 놓고 한두 시간 누웠다가 일어나야 할 정도였다.

항상 날이 서 있는 나의 몸은 회사생활도 육아도 가정생활도 어느 것 하나 내 마음대로 할 수 없게 만들었다. 그런 상황에 나의 마음마저 지쳐 갔다.

운동을 해야 조금이라도 건강하게 살아갈 수 있을 것 같았다. 하지만 한 발짝 떼기도 힘든 몸으로 운동을 시작한다는 건 어불성설이라는 생각이 들었다. 그렇게 하루하루를 보내던 중 한 한방병원을 소개받게 되었다. 약을 처방받아 복용하자 '몸이란 게 이렇게도 되는구나' 하는 생각이 들 정도로 힘이 났다. 저녁 먹는 시간도 힘들어하던 내가 늦은 밤에도 초롱초롱 앉아 심야 TV 프로를 보면서 아이들의 티셔츠를 뜨개질하게 되었다. 아마 각성제나 환각제를 먹어도 이렇게 신세계가 보이지는 않을 것 같다는 생각이 들었다.

그렇게 힘이 나다 보니 새벽 운동을 시작했다. 아침 5시에 알람이 울리면 아파트 뒤편 야트막한 산에 올랐다. 차가운 아침 바람을 이겨 내는 것에도, 등산로의 묘지를 지나면서 느끼게 되는 두려움에도 차츰 익숙해져 갔다. 아침 운동이 익숙해질 무렵 운동도 하고 용돈도 벌어 보자는 심정으로 신문과 우유 배달을 2년 정도 했다.

그렇게 운동을 시작해서 10여 년이 지나자 등산에 관심이 생겼다. 매일 산에 오르지만 동네 뒷산이 아닌, 이름난 산을 가 보고 싶었다. 그래서 등산동호회를 따라다니다 보니 지리산 종주라는 걸 알게 되었다. 종주하는 방법에는 여러 가지가 있었다. 하지만 가장 만만하게 다녀올 수 있을 듯한, 성삼재에서 출발해 천왕봉을 거쳐 백무동으로 하산하는 약 35km 코스에 도전하고 싶었다.

그런데 말이 등산이지 이건 시작하면 어떻게든 해내야 한다는 데 생각이 미치자 겁부터 났다. 그래도 나는 착실하게 준비를 해 나가기 시작했다. 지금도 그렇지만 무언가를 시작하면 중도에 그만둔다는 것은 생각하지도 않는다.

퇴근 후 매일 러닝머신을 한 시간 정도 뛰기 시작했다. 매일매일 쉬지 않고 운동하는 나를 두고 몸을 혹사시킨다며 만류하는 친구도 생겨났다. 시속 9km로 한 시간을 뛰다 보면 별의별 생각이 다 들고 몸에 통증이 느껴졌다. 가슴의 통증은 물론, 종아리, 허벅지, 아랫배 등의 통증이 수시로 덮쳐 왔다. 통증은 가쁜 숨을 몰아쉬는 나를 더 가쁘고 지치게 했다. 운동 후면 모든 에너지가 다 빠져나간 듯 손수건으로 땀을 닦는 것도 힘들었다. 정말 포기하고 싶었다. 가쁜 숨을 몰아쉬며 볼품없이 뛰고 있는 내가 대견하기도 했지만 처량하게 느껴지기도 했다.

그러나 몸이 아플 때마다 느꼈던 감정과 통증을 다시 느끼고 싶지 않았다. 나는 침대에 누우면 침대 속으로 몸이 꺼져 들어가는 듯한 느낌을 받았었다. 또한 그때는 음식에 대한 욕구가 전혀 없었다. 그렇게 한 달 이상을 지내다 보면 '이러다가 정말 무슨 일 나겠구나' 싶은 생각이 들었다. 그래서 억지로 밥알을 삼키곤 했었다. 그런 고통들에서 이제 겨우 빠져나오기 시작했는데 다시 그 속으로 들어가 내 삶을 망치고 싶지 않았다. 그래서 포기하지 않고 아침의 새벽 운동과 퇴근 후의 러닝머신 뛰기를 계속하다 보니 조금씩 지구력이 붙고 자신감도 생겼다.

처음 지리산 종주는 등산동호회에서 1박 2일로, 지금은 할 수 없는 야영을 위해 텐트를 가지고 갔다. 두 번째로는 우리 가족 넷이서 지리산 종주에 나섰다. 초등학생과 중학생이었던 아이들은 검도를 꾸준히 해 왔다. 그 결과 무리 없이 걷는 데 비해 엄마인 내가 제일 느리고 힘들어했다.

아이들과 세석산장 근처 비탈에 비닐을 깔고 텐트에서 밤하늘을 바라보았다. 그때 본 별 이야기를 지금도 가끔 추억하며 말하곤 한다. 몇 번의 1박 2일 지리산 종주를 하던 중 무박 종주라는 게 있다는 걸 알았다. 정말 갈수록 태산이란 말이 딱 맞는 듯하다. 이제 다시 지리산 무박 종주라는 꿈이 생긴 것이다.

작은 물병 2개와 초코바 몇 개, 김밥 한 줄 정도를 넣을 작은

색을 메고 뛰듯 그렇게 걸어서 지리산 종주를 마치는 것이다. 생각만 해도 신나지만 그만큼 부담이 커지는 꿈이었다. 무박 종주에 성공했던 남편의 도움을 받아 함께 무박 종주에 나섰다. 혼자 간다는 건 나에겐 아직 무리인 듯했기 때문이다. 누군가 함께해 주는 사람이 있으면 할 수 있을 것 같았기 때문이다. 남편과 나는 함께 성삼재를 출발해 천왕봉에 올랐다. 그러곤 "한국인의 기상 여기서 발원하다."라고 새겨진 표지석 앞에 섰다.

그리고 2013년 9월 21일, 홀로 전주역에서 새벽 2시 5분에 출발해 구례구로 향하는 기차에 올랐다. 어둠을 뚫고 새벽 4시 성삼재에서 출발해 6시 삼도봉을 거쳐 9시 30분에 선비샘에 도착했다. 거기에서 물을 보충하고 낮 12시에 장터목산장에 도착했다. 그리고 여세를 몰아 천왕봉으로 직행했다.

그런데 나의 에너지가 점점 고갈되어 가는 느낌이 올라왔다. 다리는 자꾸만 바위와 돌멩이에 부딪혀 튕기기 시작했다. 몸에서는 당분이 떨어질 때 느껴지는 허함이 지속적으로 올라오면서 두 다리가 떨려 왔다. 그렇게 운동을 하고 준비했던 몸이지만 체력에 한계를 느끼기 시작했다. 발걸음이 차츰차츰 느려지고 뜨거운 햇살이 나를 바싹바싹 태우는 느낌이 들었다. 이젠 어떻게든 천왕봉을 올라 보고 돌아가야 한다는 일념이었지만 몸이 지치니 의식도 조금씩 흐려지는 느낌이었다.

혼자서, 그것도 자진해서 온 지리산 무박 종주다. 그런데 여기서 구급 헬기를 불러야 하는 걸까 몇 번씩 생각했다. 그러면서 거의 기어가다시피 천왕봉에 오른 시간이 오후 1시다. 추석 연휴가 끝나 가는 휴일이어서 그런지 등산객이 많았다. 간단하게 인증 샷을 찍고 남아 있던 간식으로 배를 채웠다. 그러곤 다시 내려갈 준비를 했다.

아! 정말 나는 미친 걸까? 운동에 미치고 산에 미친 걸까? 장터목에서 백무동으로 내려가는 길에는 참으로 많은 돌계단이 있다. 이젠 다리와 무릎이 너무 아파서 똑바로 걸을 수가 없다. 앞으로 걷는 것이 아니라 옆으로 계단을 내려갔다. 가도 가도 산의 이정표의 거리는 줄어들지 않았다. 옆에 의지할 만한 사람이 있으면 부여잡고 울고 싶었다.

그래도 힘이 된, 잘하고 있다는 남편의 응원문자를 받으며 백무동에 도착한 것은 오후 4시 30분이다. 남편과 함께했던 무박 종주보다 무려 2시간 이상을 단축해서 내려왔다. 나 스스로 대견스럽다는 생각도 들었다. 하지만 너무나 지치고 힘드니 백무동 매표소 앞에서 그냥 쓰러져 눕고만 싶었다. 다행히 옆쪽에 나무 데크와 물이 흘러가는 수로처럼 족욕을 할 수 있는 시설이 있었다. 나는 바로 등산화와 양말을 벗고 발을 담갔다. 이렇게 내 생애 미친 짓이라 쓰고 버킷리스트라 읽는 홀로 지리산 무박 종주를 무사히 마쳤다.

나를 잘 알지 못하는 친구들은 처음부터 내가 무박 종주를 할 수 있는 체력으로 중무장한 삶을 살았을 것이라 생각한다. 그러나 나는 살기 위해 운동을 시작했다. 쇠도 씹어서 소화시킬 수 있다는 20대보다 사십 중반을 넘어선 지금 더 활기차게 삶을 즐기고 있다. 그럴 수 있는 건 결정적으로 보약을 먹고 운동을 시작하고 건강해지고 싶다는 마음으로 운동에 집중했기 때문이다.

나는 몸이 약해서 운동이 힘들고 어렵다는 사람들에게 그럼 보약이라도 먹고 걷기부터 시작해 보라고 권유한다. 허약한 몸을 건강하게 만드는 길은 꾸준한 운동과 적당한 영양 공급이라는 걸 내 몸으로 직접 배웠고 실천했기 때문이다.

내 그릇의 크기를 스스로 정하기

성실애 '초등독서코칭협회' 대표 코치, 워킹맘 메신저, 자기계발독서 전문가, IT QA 전문가,
토목구조 SW 기획자

엄마 경력 8년 차, 직장인 경력 12년 차로 두 아들을 키우는 워킹맘이다. 독서를 통해 아이들과 소통하고 독서를
통해 끊임없이 자기계발을 하고 있다. 토목공학 석사학위와 국제 SW Testing 자격증을 취득할 만큼 자신의 일에도
적극적이다. 현재는 '초등독서코칭'을 통해 아이의 꿈을 찾고 워킹맘들의 꿈 실현을 돕기 위해 개인저서를 준비 중이다.

• Email sungsil0822@naver.com   • Blog blog.naver.com/sungsil0822

사람은 누구나 정해진 그릇을 가지고 있다고 한다. 그 그릇에
는 보통 긍정성을 지향하는 인성, 능력, 품격, 부 등 모든 것이 들
어 있다. 그 그릇의 크기는 사람마다 정해져 있으니 자기 주제를
파악하고 분수에 맞게 살라고 한다. 적당히 채우라 한다. 지나치
게 채우면 넘치는 법이고 모든 불행은 스스로 만족함을 모르는
데서 비롯된다고 한다.

나는 늘 그 그릇의 둘레를 벗어나 무엇을 시도하거나 계획하
지 않았다. 항상 내 그릇 안에서 계획하고 시도했기 때문에 실패

도 없었다. 부모님이 지어 주신 이름처럼 내 그릇 안에서 성실하게
만 열심히 살면 충분히 성공한 삶을 살 수 있다고 생각했다. 남편
과 나는 자주 이런 이야기를 한다. 둘 다 번듯한 직장도 다니고,
애들을 봐 주시는 부모님도 계시고, 아이들도 건강하게 잘 자라고
있으니 우리처럼 행복한 가정이 없다고. 더 이상 무엇을 바라는
것은 사치라고 생각했다.

대학에 진학할 때, 내가 갈 수 있는 대학을 미리 마음속에 정
해 두었다. 우리 집 형편으로는 서울 국립대를 꿈꿔야 했지만, 내
실력으로는 어림없다 판단했다. 대학 원서를 넣을 때도 내 형편에
맞는 지방의 국립대 딱 한 곳에만 지원했다. 거기가 안 되면 그냥
전문대에 진학해서 빨리 돈을 벌러 사회에 나가자는 심정이었다.
다행인지 모르겠으나 지방의 국립대에 합격했고, 이모 댁에서 비
교적 편하게 학교를 다닐 수 있었다. 어쩌면 이 결과는 당연했다.
도전보다는 내 눈높이에 맞춰 실현 가능한 목표를 세웠기 때문이
었다. 그래서 실패는 존재하지 않았다. 아니 어쩌면 실패가 두려웠
는지도 모른다.

대학 졸업 후 직장을 구할 때에도 나는 확신이 있었다. 면접을
볼 때도 입사할 수 있다고 확신했다. 당연히 결과는 합격이었다.
어떤 다른 더 좋은 직장이나 사업 등은 꿈도 꾸지 않았다. 그래서
그 회사를 10년 넘게 다니고 있다. 물론 즐겁게 일하고 있음은 당

연하다.

보통은 바로 놓인 그릇 안에서 생각하지만, 가끔은 그릇을 거꾸로 엎어 두어 단 한 방울의 물도 담지 못하는 경우도 있다. 그런 경우에는 부정성이 하늘을 찌르고, '나는 왜 이 모양일까?'라는 자괴감에 빠지기도 한다.

나는 초·중·고·대학·대학원, 그리고 직장에 다니는 12년 동안 딱 한 번 지각했다. 주말부부를 하며 두 돌이 안 된 아이를 혼자 키울 때도 지각이 없던 나였다. 결벽이라고 할 정도로 시간 약속을 철저하게 지키려 노력한다. 예약한 미용실이나 식당에 5분이라도 늦을 것 같으면 꼭 예약 시간 전에 5분 늦는다고, 미안하다고 전화한다.

그런 내가 아이를 1학년에 입학시키고 선생님과 상담하게 되었다. 그날 회사의 눈치를 보며 잠깐 나왔다 들어가야 했기 때문에 차를 가지고 출근했다. 여느 때와 마찬가지로 여유 있게 집에서 나왔는데 앞 도로의 차사고로 인해 도로 중간에서 빼도 박도 못하게 되었다. 결국 20분 지각했다.

그날은 어찌나 속상하고 나 자신에게 화가 나던지. 정말 눈물이 날 정도로 짜증이 났다. 이런 날은 하루가 편치 않고 나에게 주어진 모든 의무가 부담스러워 도망가고 싶어진다. 그러나 이내 곧 그것 또한 내가 먹은 마음 때문이라는 것을 깨닫는다. 그러곤 엎어진 그릇을 뒤집어 다시 차곡차곡 정해진 그릇에 담아 간다. 이게 여태껏 내가 살아온 방식이다.

부모님께서 지어 주신 이름처럼 나에게 주어진 환경 안에서 성실하게 살면 모든 것이 순탄하고 성공할 수 있으려니 생각했다. 그러나 그 성공의 잣대 또한 나의 정해진 그릇 안에서 본 것이다. 그런지라 더 이상의 큰 그림을 그려 보지도 못한 채 우물 안 개구리처럼 그릇 안을 들여다보고 있었다.

작년 봄, 아이를 초등학교에 입학시키고 첫 부모 참관수업이 있는 날이었다. 평소 다른 아이들과 비교해 특이한 점이 없었던 아이였기에 기대를 한껏 품고 교실에 들어섰다. 수업이 시작되면서 나는 얼굴이 붉어지기 시작했다. 자기 자리에서 떠나지는 않았지만 수업에 참여하지 못하는 아이 때문이었다. 아이는 자신만의 세계에 빠져 있는 듯이 행동했다. 큰 트림 소리를 내거나 뒤의 친구의 수업을 방해하는 모습을 보였다.

그날 회사로 돌아가는 차 안에서 얼마나 울었는지 모른다. 한 번 생각한 것은 바로 실행에 옮겨야 직성이 풀리는 나는 그날 바로 팀장님께 사표를 내겠다고 했다. 남편과 구체적인 상의도 없었다. 나는 무엇보다도 내 일을 지키는 것이 중요하다며 어떤 상황에서도 일을 놓지 않으려고 두 몫, 세 몫을 하며 일했다. 하지만 그때는 아이가 가장 중요했다.

다행히 팀장님은 일에 대한 나의 의지를 바라봐 주었고, 육아휴직 3개월로 조율해 주셨다. 그렇게 얻어 낸 육아휴직 첫날, 아이를 학교에 보내고 목욕을 가서 5만 원을 주고 때를 밀고 마사지를 받았다. 다음 날은 점심도 안 먹고 아이가 학교에서 돌아오기 직전까지 잠을 잤다. 그날 저녁 남편에게 내가 아무것도 안 하고 지낸 이틀을 후회한다고 이야기했다. 4년을 연애하고 8년을 살아오며 나를 지척에서 보아 온 남편은 뜻밖에 이런 이야기를 했다.

"넌 좀 그럴 필요가 있어. 며칠은 잠시 아무것도 안 하고 있을 필요가 있어. 그걸 잘못했다고 생각하지 마, 잘했어."

그 말에 눈물이 핑 돌았다. 그랬다. 나는 모든 일을 내 몫으로 돌렸다. 내가 하고 싶은 일과 의무를 다하기 위해 24시간을 48시간처럼 살아왔다. 시간의 한계는 성실함으로 극복할 수 있었다. 일에 대한 의지는 몸이 아플 새도 없게 만들었다.

그 성실함을 모두가 알고 있었는지, 약속된 육아휴직 3개월이 채 채워지기 전에 회사의 요구로 조기 복귀하게 되었다. 그러곤 다시 내 일을 열심히 하고 있다. 물론 엄마 노릇도 놓치지 않으려 애쓴다.

이런 성실함과 시간의 한계를 어길 수 있는 나에게 더 이상 정해진 그릇의 크기는 중요하지 않다. 이제 그 정해진 그릇을 부수고 새로 내 그릇의 크기와 모양을 정해 보려 한다. 더 이상 실패가 두려워 꿈과 목표를 정해진 범위 안에 가두는 오류를 범하지 않으려 한다.

엄마, 아내, 딸, 며느리, 회사원에 이어 작가를 꿈꾼다. 이 꿈은 초등학교 시절부터 가지고 있었다. 그러나 내 그릇 안에 담기에는 너무 부담스러운 꿈이었다. 예전부터 글쟁이는 배고프다고 했고, 나는 돈을 벌고 싶었다. 그러나 지금 나는 그 꿈을 실현하기 위해 그릇에 넘치는 투자를 나에게 했다. 그 투자가 앞으로 내 그릇의 크기를 키우는 기반이 될 것이라고 믿는다.

예기(禮記)의 학기(學記)편에 "玉不琢 不成器 人不學 不知道(옥불탁 불성기 인불학 부지도)."라는 말이 있다. '옥은 쪼지 않으면 그릇이 되지 못하고, 사람은 배우지 않으면 도를 모른다'라는 뜻이다. 나의 그릇은 아직 원석의 옥 그대로다. 그 옥을 깨고 다듬어서 나의 그릇을 만들어 간다. 그 그릇의 크기는 내가 어떻게 깨느냐에 달렸고, 그 그릇의 모양도 내가 정한다.

이제 나는 그 그릇 안에 정해진 양만큼만 담기를 거부한다. 그릇이 크면 절대 넘치는 법이 없다고 한다. 그릇의 크기를 키우고 내 꿈을 더욱 크고 멋지게 키워 나갈 것이다. 여전히 하루를 48시간으로 살며 성실함으로 무장한 절차탁마(切磋琢磨)의 정신으로 오늘도 내 그릇을 만들고 채워 간다. 내일 아침 일어나는 일이 기대되는 오늘을 산다.

또라이로 멋진 삶 살아가기

김희량 청소년수련관 관장, 자녀교육 코칭 전문가, 동기부여가, 자기계발 작가

보육학, 청소년지도학, 교육학을 전공하고 현재는 청소년수련관 관장으로 근무하고 있다. 또한 많은 사람들이 동기부여를 통해 자기계발을 할 수 있도록 도움을 주는 동기부여가로도 활동 중이다. 저서로는 《버킷리스트 15》가 있으며, 13년간 유치원 교사와 어린이전문서점을 운영했던 경험을 바탕으로 내 아이를 위한 독서코칭법을 주제로 개인저서를 집필 중이다.

· Email youth5love@naver.com

아들을 바라시던 부모님은 둘째 딸인 나를 아들처럼 키운다고 매번 이발소에서 머리를 상고머리로 잘라 주었다. 누가 봐도 남자아이였다. 옷도 가방도 늘 검정색 아니면 청색이었다. 그래서인지 나는 동네에서도 항상 남자아이들과 어울려 딱지치기, 구슬치기 등을 하며 놀았다. 얼마나 극성스러웠는지 온 동네를 돌며 따 들인 딱지와 구슬의 양이 한 양동이를 가득 채우고도 남을 정도였다.

그렇게 말썽꾸러기였던 나는 고등학교에서도 말썽꾸러기였다. 그렇지만 반장, 부반장을 맡으며 제법 인정받으면서 여고시절을

보냈다. 그런데 형편이 좋지 않았던 우리 집은 내가 고등학교를 졸업하고 난 후에도 나아질 기미가 보이지 않았다. 그래서 직장을 다닐까 고민했었지만 아버지 몰래 엄마를 졸라 빚을 내서 겨우 대학을 들어갔다. 나는 다양한 아르바이트를 하면서 꾸준히 학교를 다니려 했다. 하지만 사회 경험이 전혀 없던 나에겐 아르바이트도 정말 쉬운 것이 아니었다. 결국은 첫 등록금만 내주면 내가 알아서 다닌다고 큰소리쳤던 대학도 스스로 포기하고 직장생활을 결심했다.

나는 가난이 싫었다. '이렇게 돈을 벌어서는 절대 가난을 면치 못하겠구나!'라는 생각이 들었다. 그래서 나는 어린 나이에 돈을 많이 벌 수 있는 직장을 찾아 나섰다. 그러나 사회는 내가 생각하는 것처럼 녹록지 않았다. 여기저기 수없이 직장을 알아보았지만 내 마음에 드는 직장은 없었다. 나는 자존심이 굉장히 강한 아이였다.

어느 날 높은 급여를 제시하며 사무, 영업, 총무직원을 모집한다는 출판사 공고가 떴다. 일단 나는 사무직을 택해서 들어갔다. 그런데 알고 보니 모두가 영업직이었다. 처음엔 속았다는 기분에 그만둘까도 생각했다. 하지만 직장을 구하는 것이 더 이상은 힘에 겨웠던 나는 '일단 뭐든 해 보자!'라는 마음으로 영업일을 시작하게 되었다. 처음엔 자존심도 상하고 누구에게 들킬까 봐 두렵고 창피했다.

그렇게 한 달이 흘러 월급날이 되었다. 그런데 영업을 잘하는 직원들은 일반 직장인의 5배 이상의 월급을 받아 가는 것이었다. 나는 적잖이 놀랐다. 그러곤 '아! 여기에서 열심히 하면 나도 돈을 벌 수 있겠다'라고 생각했다. 나는 그때부터 눈이 뒤집히기 시작했다. 그날 이후로 2시간 전에 출근해서 '하루 1,000명 이상 고객 만나기', '최우수 사원 되기' 등 나만의 결심을 다졌다. 또한 "할 수 있다! 하면 된다! 안 되면 되게 하라!"를 하루에 백 번 이상 외쳤다. 내 머릿속엔 오로지 돈을 벌어야겠다는 생각뿐이었다.

그러자 점심시간도 아까웠다. 발바닥은 부르터 물집이 잡혔다 굳기를 반복했다. 뿐만 아니라 굳은살이 갈라져서 피가 나기도 했다. 그래도 나는 오로지 돈 생각뿐이었다. 정말 피나는 노력 끝에 나는 3개월 만에 최우수 직원이 되었다. 나는 그 후로도 지칠 줄 모르고 질주했다. 그 결과 9개월 만에 주임과 대리를 제치고 과장으로 승진했다. 이어 부장, 본부장까지 정말 세상이 온통 내 세상이었다.

그 후로도 몇 년을 원 없이 돈을 벌었다. 그렇게 해서 부모님께 생활비를 드리는 것은 물론, 내 이름으로 된 땅도 사고, 내 차와 부모님 차까지 사 드렸다. 여동생이 시집갈 때도 온 집 안 가재도구를 풀세트로 구입해 주기도 했다. 나는 '나의 사전에 앞으로 가난이란 없다!'라고 생각했다. 나는 세상을 다 얻은 기분이었다.

그렇게 교만이 하늘을 찌를 무렵, 하필 IMF 직전 지인의 사업을 떠맡음으로써 나는 엄청난 쓰나미를 겪게 되었다. 정말 벼랑 끝이 어딘가 싶을 정도로 나락으로 떨어졌다. 그동안 모아 놓았던 돈을 까먹는 건 고사하고 남의 빚까지 떠안게 되었다. 정말 세상이 온통 암흑천지였다. 그 순간 나는 기도원으로 도망쳤다. 그곳에 있으면서 내가 할 수 있는 일은 아무것도 없었다.

인생을 포기할까도 여러 번 생각했다. 하지만 모든 것을 잃은 나에게 달랑 남겨진 세 살 난 딸. 나는 사랑하는 딸의 얼굴을 보며 하염없이 울고 또 울었다. '나는 이렇게 죽지 않는다. 나는 다시 일어선다!' 이 말을 수없이 가슴으로 외치며 새롭게 마음을 가다듬었다. 사회생활 경험도 없이 뭣 모르고 돈만 벌어 하늘 끝까지 교만해졌던 나. 나는 이렇게 지옥 구경을 한 후에야 인생을 다시 되돌아보게 되었다. 그리고 주변의 도움과 창업지원 대출을 받아 겨우 9평 남짓한 작은 어린이전문서점을 운영하게 되었다. 그 후 생활은 조금씩 안정되기 시작했다.

그때부터 나는 중도에 포기했던 대학공부를 다시 시작했다. 나는 나이도 많고 금전적으로도 여유롭지 못했다. 그래서 친구의 권유를 받아들여 사이버대학에 진학해 사회복지학과 청소년지도학을 공부했다. 어릴 적부터 선생님이 꿈이었던 나는 아이를 키우면서 사회복지관, 청소년수련시설, 청소년단체 등에서 다양한 활동을 해 왔던 터라 청소년 지도라면 자신이 있었다. 그러나 사람들이 혹시 사이버대학이라고 우습게 생각할 것이 저어되었다. 그래서 최선을 다해 공부했다. 그 결과 4년 내내 장학금을 받았으며, 3,000여 명의 재학생 가운데 최우수성적으로 졸업하게 되었다.

청소년들과 어울리기에는 내 나이가 적지 않았기 때문에 젊은 지도사들 못지않은 노하우가 있어야 했다. 매사에 도전정신이 매우 강한 나는 마술지도사 자격증부터 레크리에이션 지도사, 풍선아트, 학교폭력 상담사, 포트폴리오, 미술치료 상담사 등 60여 개의 자격증을 취득했다. 그러나 취직을 하려니 근무 경력이 없어 어디에도 높은 직급으로는 갈 수 없었다. 나는 일단 서울이 아니라도 괜찮다고 생각했다. 그렇게 해서 서울 근교에 있는 청소년수련시설에서 계약직 청소년지도사로 근무하게 되었다.

처음 그곳에 근무할 때만 해도 주말 청소년 이용 인원이 50명 안팎에 그쳤다. 나는 '이렇게 좋은 시설의 이용 인원이 왜 이것밖에 안 되지?' 하며 의아해했다. 그러자 나의 도전정신이 발동했다. 바로 슈퍼맨 복장에 내 얼굴을 새겨 넣은 명함 4,000장을 만들었다. 홍보를 하기 위함이었다. 지금 생각해도 우스운 이야기이지만 그때 당시 우리를 관리하는 팀장님은 "이걸로 선거 나가냐?"라며 어이없어했다. 그러나 그런 열정은 1년도 안 되어 주말 하루 이용 인원 200명 이상이라는 결과로 나타났다.

그렇게 2년이 지나 많은 칭찬과 인정을 받으며 무기계약직으로 전환되었다. 나는 이곳을 다니면서 자기계발을 위해 대학원 석사과정을 마치고 박사과정에 들어갔다. 그 무렵 이 지역에서도 후배 지도사들이 배출되기 시작했다. 나는 '더 이상 여기에서 안주할 수 없다'라는 생각에 과감히 사표를 던지고 지역 후배에게 내 자리를 물려주었다.

나는 다시 큰 수련시설로 옮겼다. 또 계약직에서 시작해 팀장을 거친 후 5년 만에 관장자리까지 오르게 되었다. 나는 그동안 무엇을 하든지 남들이 보면 정말 '또라이'라고 할 만큼 미친 듯이 살았다. 출판사에서 영업을 할 때도, 어린이전문서점을 운영할 때도, 학교공부를 할 때도, 청소년지도사로 근무할 때도….

이제 나는 내가 살아온 경험을 바탕으로, 그간 쌓아 온 나만의 노하우로 청소년, 직장인, 워킹맘, 전업주부 등 나름 열심히 살아가는 많은 사람들에게 동기부여가로서 엄청난 에너지를 전파할 것이다. 남들이 또라이라고 해도 좋다. 나는 앞으로도 작가로서, 강연가로서 많은 도전을 할 것이다. 그럼으로써 새로운 것들을 만들어 내고 더 많은 사람들에게 꿈을 주고 꿈을 이룰 수 있도록 돕는 멋진 인생을 살아갈 것이다.

또라이들의 전성시대 3

12~22

안로담 김빛추 박은선 곽희철

장영익 이해주 이창미 최정훈

손성호 지승재 이인해

꿈을 찾는 이들에게
선한 영향력 끼치기

안로담 '한국필라테스코칭협회' 대표, '리셋 필라테스' 대표, 재활 필라테스 전문가,
클래식 필라테스 해부학 강사

두 번의 디스크 수술의 경험으로 올바른 운동과 건강한 몸의 중요성을 깨닫게 되었다. 통증으로 힘들어하는 많은
사람들에게 자신의 몸에 대해 정확히 알고 올바른 운동법을 알리는 필라테스 코치로서 활동하고 있다. 또한 운동
지도를 통해 얻었던 지식과 경험을 바탕으로 세상에 선한 영향력을 펼치는 메신저로서의 삶을 꿈꾼다.

· Email resetpilates@naver.com　　· Blog blog.naver.com/latingirl00
· C·P 010.2769.9834　　　　　　　· Instagram pilates_rodam.an

"안로담 씨, 수술하셔야 합니다."

이 무슨 날벼락 같은 소리인가? 15년 전에 허리 수술을 했었
는데 또 수술하라니! 나는 절대 수술만은 하지 않겠다며 병원을
뛰쳐나왔다.

중·고등학생 때부터 시달려 왔던 허리 통증. 허리 통증을 고치
려고 정형외과, 한의원, 민간요법 등 모든 방법을 동원해 보았지만
소용없었다. 매일같이 "나는 왜 이렇게 허리 때문에 고통 받아야

할까?"라며 한탄할 만큼 나는 허리 때문에 참 힘든 시간을 보냈었다.

어느 날, 동아대학교에서 근무하고 있던 시절, 자루걸레로 사무실 바닥을 청소하는데 상상하지도 못할 일이 벌어졌다. 허리가 왼쪽으로 회전된 상태에서 그대로 90도로 꺾여 버린 것이다. 그렇게 119에 실려 가서 병원에 입원을 했고 결국에는 수술까지 하게 되었다. 의사도 어린 나이에 이렇게 허리가 꺾인 경우는 처음이란다.

"행복은 우리 자신에게 달려 있다."

아리스토텔레스가 한 말이다. 20대 때 내 인생의 화두는 '어떻게 하면 행복한 삶을 살 수 있을까'였다. 나는 '행복이란 자신이 좋아하는 일을 하면서 그에 따른 경제적 보상을 받는 것'이라 규정했다. 집안 사정으로 대학 진학을 포기하고 동아대학교에 입사해서 7년을 근무하는 동안 나는 행복한 적이 없었다. 항상 갈구하는 무언가 있었지만 무엇을, 어떻게 해야 할지 몰랐다. 그러면서 내가 잘하고 좋아하는 일이 무엇일까 항상 고민했다. 그러다가 오랜 고민 끝에 나는 댄스 강사가 되어야겠다고 결심했다.

그렇게 오랜 방황 끝에 꿈을 찾은 참이었는데 몸이 고장 나 버린 것이다. 나에게 왜 이런 시련을 주시는지 하늘이 원망스러웠다. 하지만 포기할 내가 아니었다. 방황하던 20대 시기 나를 잡아 주었던 건 '산'이었다. 10년 동안 산을 다니며 배웠던 것은 강인한 정신력과 근성이었다.

수술 15일 후 의사에게 댄스 강사가 되려 한다며 강사 트레이닝을 받겠다고 했다. 그 말을 들은 의사는 나보고 미쳤다고 했다. 하지만 나는 혹독한 트레이닝을 받고 강사 자격증을 취득했다. 그러곤 낮에는 대학교에서 근무하고 밤에는 댄스 강사를 했다.

회사 몰래 댄스 강사를 하는 것도 힘들었지만 무엇보다 잠이 부족했다. 하루 4~5시간밖에 못 자고 에너지 소모가 많으니 체중이 44kg까지 빠졌다. 하지만 좋아하는 일을 하는 것이기에 누구보다 행복했다.

그렇게 얼마간을 더 살다가 아버지가 하늘나라로 가신 후, 본격적으로 꿈을 따르기로 했다. 집안 어른들의 반대를 무릅쓰고 학교를 퇴사하고 피트니스 업계로 전향했다. 그 이후 대학교에도 진학하고 강사를 가르치는 강사가 되어 무대를 종횡무진하게 된다.

프랭클린 아담은 이렇게 말했다.

"해 보지 않고는 당신이 무엇을 해낼 수 있는지 알 수 없다."

세계여행을 하게 되면 세계적인 댄서들과 함께 춤을 춰 보고 싶은 꿈이 있다. 그래서 취미로 살사를 배우게 되었다. 배운 지 3개월 만에 대회반에 입성했다. 그리고 그해 살사 컴피티션 단체전에서

준우승을 차지했다.

그럼에도 불구하고 아쉬워 그다음 해에 또 도전했다. 하지만 체력과 몸을 만들기 위해 무리하게 웨이트 트레이닝을 한 것이 화근이었다. 과유불급(過猶不及)이라 했던가. 수업과 필라테스 자격증 준비, 개인 운동 그리고 밤늦은 살사 연습을 동시에 하다 보니 잠이 항상 부족했다. 그런데도 50kg이나 되는 플레이트를 메고 스쿼트를 하다 또 허리를 다치게 되었다.

디스크가 터졌음에도 무리하게 계속 연습을 진행했다. 좋아서 하는 춤이었지만 괴로웠다. 그해 단체전 1등을 거머쥐었지만 후유증은 굉장히 컸다. 1년 동안 발바닥까지 저려 오는 통증으로 두 다리로 서는 것도 움직이는 것도 힘든 상황에서 일을 계속했다.

결국 허리가 또 한 번 예전처럼 꺾여서 병원에서 수술 진단이 내려졌던 것이다. 수술만큼은 하고 싶지 않았기 때문에 허리라도 폈으면 좋겠다는 생각으로 시술을 받게 되었다. 하지만 통증은 전혀 개선되지 않았다. 너무나 고통스러워 차라리 죽는 것이 더 낫겠단 생각을 할 정도였다. 병원 치료도 효과가 없었다.

나는 절망했다. '19년 동안 운동을 가르쳤고 필라테스를 가르치는 강사인데 내 몸 하나 건사하지 못하는구나'라는 생각에 절망감이 밀려왔다. 동시에 내 몸은 내가 낫게 하겠다는 절박함으로 재활 공부에 매달렸다. 5년가량 주말에도 쉬지 않고 재활 강의를 들었다. 그러면서 정확한 이론과 실기를 내 몸과 클라이언트들에게 적용시켰다. 그렇게 나만의 임상을 만들어 갔다. 그 결과 탄생한 것이 '내 몸 살리는 리셋(reset) 운동'이다.

지금은 허리가 아파도 병원에 가지 않는다. 클라이언트들도 아프면 병원보다 나를 먼저 찾아온다. 그것이 가능한 이유는 '결과'가 아닌 '원인'을 해결하는 운동을 하기 때문이다.

지금 생각해 보면 나는 정말 또라이가 맞다. 그렇게 아프면서도 '위기가 곧 기회다', '이 위기는 훗날 분명 스토리가 될 것이다', '절박함과 결핍이 내 성장의 밑거름이 될 것이다'라는 믿음으로 버텼으니. 그러한 또라이 정신이 있었기 때문에 지금의 내가 있지 않나 생각해 본다.

나는 지금 또다시 또라이에 도전 중이다. 이러한 나의 스토리를 바탕으로 만들어진 '내 몸 살리는 리셋 운동'을 통증으로 고통받는 사람들에게 적용해 건강과 희망을 전해 주고 싶다. 건강한 대한민국을 꿈꾸는 보디경영 멘토로서 꿈과 희망을 찾는 이들에게 선한 영향력을 전달하고 싶다.

도전정신이 충만한 삶 살기

김빛추 '파초 Radiance Light House' 대표, 치유 예술가, 치유 영어 코치, 치유 강연가

치유의 힘으로 개개인이 성장하고 행복할 수 있도록 돕는 1인 치유 예술 기업 '파초 Radiance Light House'를 운영하고 있다. 명상과 치유를 통해 우리 모두 아름답고 강한 영혼이라는 것을 깨닫게 한다. 저서로는 《버킷리스트 14》가 있다. 현재 '모든 답은 내 안에 있다'라는 주제로 개인저서를 집필 중이다.

• Email amazoness66@naver.com   • C·P 010.2393.2171

  참 세상 오래 살고 볼 일이다. '또라이'라고 돌 맞으면서도 다른 방법이 없어 '또라이'로 살아온 내가 30여 년이 흘러 '또라이'를 주제로 한 글을 쓰고 있다니…. 내가 사는 방법은 예전이나 지금이나 똑같은데 세상이 바뀐 걸까? 10년이면 강산도 변한다는 격세지감을, 30년이 지나 온몸으로 느끼고 있다. 또라이들에겐 또라이들만의 기질이란 게 있는 것 같다. 절대로 세상과 타협할 수 없는 자신만의 고집이랄까? 그리고 그 고집으로 자신만의 색깔과 향기를 내는 또라이들. 그러한 또라이들의 전성시대가 진정 도래

한 것인가?

나는 1966년생이다. 여자를 천시하는 사회 분위기 속에 태어났다. 그것이 무엇보다도 나를 한국에서 또라이가 되게 했다. 나는 한국에서 여성의 발목을 잡고 있는 족쇄를 파괴라도 해 버리듯이 살았다. 예닐곱 살 정도로 기억하는 나이부터 귀가 닳게 들어 온 "여자는 큰 소리 내어 웃으면 안 된다. 여자는 다소곳해야 한다. 암탉이 울면 집안이 망한다." 등등의 말들. 여자이니까, 여자의 일생이라든지, 무얼 할 때마다 듣게 되는 고놈의 여자, 여자 소리…. 할머니의 인생으로부터 대물림된 엄마의 인생까지. 여자라는 틀에 갇혀 숨죽이며 사는 그런 삶을 나는 내 대에서 끊어 버리기로 작정했다.

스물여덟 살에 청상과부가 되어 평생을 살아온 엄마. 그런 엄마는 남편 없이 혼자 살아온 한보다는 배우지 못한 한을 더 가슴에 사무쳐 했다. 내 또래에도 여자가 많이 배우면 안 된다고 했을 당시였으니 1942년생인 엄마 세대는 말해 무엇 하겠는가?

엄마는 전쟁 통의 틈바구니에서도 또래 친구들에 비해 공부를 잘했다고 했다. 공부를 계속 하고 싶었다고 한다. 그렇지만 유복자인 막내 삼촌만을 목숨처럼 여기는 외할머니의 반대로 중학교를 가지 못하셨는데, 엄마는 그것을 지금도 철천지의 한으로 여기신다. 그래서 엄마는 우리가 어렸을 적부터 "아들, 딸 가리지 않고 자식에게만큼은 배우지 못한 한을 물려주지 않을 거야."라고 항상 입버릇처럼 말씀하셨다. 그렇지만 딸인 내가 중학교 3학년 때, 대학을 가기 위해 인문계 고등학교를 선택했을 때 흔쾌히 허락하신 것은 아니었다.

초등학교 졸업인 엄마의 입장에선, 그리고 아버지도 없는 환경에선 딸을 상업고등학교만 졸업시켜도 엄마로서의 할 몫을 다했다고 생각하셨을 수도 있다. 더군다나 오빠가 실업계 고등학교를 다니고 있는데 딸인 내가 대학을 간다고 하는 것이 썩 내키지는 않았을 것이다. 그리고 내가 정작 대학을 가게 되었을 때 엄마는 주위 친척들로부터 "아버지도 없는데 딸을 대학을 보내? 미쳤네!"라는 말을 들어야 했다. 나는 엄마의 이 말에 "내가 벌어서 대학 다녔잖아. 엄마가 보낸 것 아니잖아." 하면서 서운한 마음을 내보이곤 했다.

그러나 정작 나의 서운한 마음보다는, 내가 대학을 들어간 이후 딸을 둔 엄마의 가슴앓이가 더 컸을 것이다. 전라도 광주에서 올라와 서울 소재권 대학을 다니면서 딸이 보여 준 행태는 또라이 중 '상또라이'였기 때문이다.

똑같은 여자이지만 엄마와 딸로서 심심찮게 벌였던, 성(性)에 대한 세대 간격을 보여 주는 블랙코미디 같은 한 장면이 떠오른다. 20대는 누구나가 그렇듯이 친구관계가 끈끈할 때다. 나도 친구가 부르면 시간과 장소를 불문하고 나갔다. 하루는 밤 12시가 다 되어 가는데 내가 좋아하는 언니에게서 급한 도움 요청 전화가 왔다. 학교 앞에서 카페를 하면서 신춘문예 등단을 꿈꾸던 언니였다.

"순임(나의 개명 전 이름)아! 그 구두닦이 아저씨 있잖니? 그 아저씨가 또 카페 홀에 드러누워 행패를 부리고 있구나. 네가 좀 와 주면 안 될까?"

평소와 같이 차분하고 가라앉은 말투였지만 언니의 다급함이 전해졌다. 나는 전화를 받자마자 밤 12시가 다 되어 가는 것도 아랑곳하지 않고 튀어 나갔다. 가 보니 그 아저씨는 스탠드에 칼을 꽂고 홀에 대자로 누워 있었다. 그러더니 나를 보자 "어? 순임이 왔구나!" 하시며 쑥스러운 듯 자리를 털고 일어나 나가셨다.

학교 앞에서 깡패 같은 모습을 보이는 그 아저씨에게 보통 사람들은 거리를 두고 있었다. 그러나 나는 그런 아저씨와 격의 없이 친하게 지냈다. 나에게는 똑같은 사람으로 보였으니까. 이런 내 마음이 그에게도 전해졌는지 그의 행패는 내가 오기만 하면 바로 끝났다. 언니는 "저 아저씨에게는 네가 쥐약이야." 하며 늦은 시간에 나를 부른 것을 미안해하면서 맥주 한 잔을 권했다.

그 언니 하면 '품위와 교양의 이지적인 성인군자'라는 글귀가 떠오른다. 그러나 문학인답게 그 범주 안에서만 머무르는 사람은 아니었다. 삶의 후미진 곳도 보려고 하는 가슴 따뜻한 문학인이었다. 그래서 내가 좋아하고 유일하게 존경했던, 나보다 열한 살 연상의 언니였다. 그 당시 아무에게도 고개를 숙일 수 없었던 나는 그나마 그 언니를 지켜보며 세상을 조금씩 긍정해 가고 있었다. 그래서 간 김에 언니와 늦게까지 이런저런 이야기를 나눴다. 그러다가 늦은 새벽에야 집에 들어갔다.

그런데 엄마는 그 시간까지 잠을 못 주무시고 나를 기다리고 계셨다. 그리고 대문을 열어 주지 않고 대문 너머로 나에게 물을 퍼부으셨다. "아들은 늦게까지 들어오지 않아도 죽지만 않고 들어오면 되는데, 딸년이 늦게까지 들어오지 않으면 기다리는 어미는 숨이 넘어간다, 이년아!" 하면서 욕과 함께 물을 퍼부으셨다. 그러면 나는 질세라 "왜 딸을 걱정해? 아들들은 나가서 무슨 짓거리를 해도 살아서만 오면 괜찮다는 것 아니야? 아들들을 잘 키우면 딸을 걱정할 일이 없지. 그러니 아들 가진 부모들이 아들을 제대로 키워 봐. 그러면 그 아들들이 딸들을 보호해 주지."라며 대들었다. 엄마로서는 기가 찰 노릇이었다.

나는 1980년대 우리나라 유교권에서 통용되던 여성과 남성이라는 인습의 편견에 정면으로 대항했다. 이런 다소곳하지 못한 딸로 인해 엄마 또한 딸의 도전을 받아야 했다. 어떻게 보면 시대와 사회를 향한 소모전이라 할 수도 있었다. 그러나 그 당시 그 시대를 깨기 위한 것이든, 나를 깨기 위한 것이든, 이런 또라이 도전정신으로 나는 매 10년마다 새로운 인생으로 갈아탔다. 남들은 아파트 평수를 갈아탈 때 나는 새롭게 인생을 갈아탄 것이다.

1980년대, 나의 20대에는 누구나 무엇이 되어야 한다고 생각했다. 그러나 이런 또라이 도전장을 내밀고 보니 한국에서 할 만한 것이 없었다. 그렇다면 차라리 아무것도 되지 않겠다며 세상을 돌아다녔다.

1996년, 30대에 외국에서 공부하고 일하며 1달러짜리 동전 하나만으로도 충만한 나의 존재를 만끽했다. 과거나 미래에 저당 잡혀 사는 한국에서의 여자의 삶이 아닌, '지금 순간'을 온전히 즐기는 한 인간으로서의 온전함을 체험했다.

40대에는 대구에 정착했다. 그곳에서 나는 한 인간으로서의 온전함을 가지고, 자라나는 학생들과 함께했다. 월 1,000만 원 이상의 순수익을 올리며 돈을 버는 가치와 베풂의 가치를 체득했다. 한국에서의 성에 대한 편견, 지역에 대한 편견, 돈에 대한 편견, 종교에 대한 편견에 대해 내 한 몸 돌아다니며 적어도 내 안에서는 통합을 이루어 냈다.

그리고 50대가 되어 〈한책협〉을 만나면서 그 통합을 책으로 엮어 내는 작가의 길에 들어섰다. 이 길에 들어서면서 나 같은 또라이 작가들을 보는 기쁨이 쏠쏠하다. 〈한책협〉에는 다양한 또라이 작가들이 있다. 그중 일찍이 20대부터 자신의 색깔과 향기를 피워 내고 있는 작가들을 보면 나의 20대가 겹쳐지면서 흐뭇하고 대견하다.

나도 새로운 인생 제2막을 준비하며, 1인 기업가의 방향으로 나아가고 있다. 지금 순간의 삶을 즐기는 '존재형 인간'이다 보니 남들의 기준이나 시선이 아닌 오로지 나의 방향과 속도로 가고 있다. 내가 나아가고자 하는 방향을 알고 그 길에 들어섰으니 순간, 순간을 음미하며 꾸준히 나아가면 되는 것이다. 계속되는 나의 또라이 도전정신으로 새로운 10년을 어떻게 갈아탈지 자못 설레고 기대된다.

행복과 성공을 이루고
자유롭게 살기

박은선 자기계발 작가, 동기부여가, 강연가, 행복 메신저

간호조무사로 근무하며 평범하게 살던 중 과감히 사표를 던지고 새로운 꿈에 도전했다. 그 과정에서 많은 시련을 겪었고 자존감이 낮아지기도 했다. 이를 회복하기 위해 스스로에 대해 공부하고 부단히 노력해 극복할 수 있었다. 이때의 경험을 살려 아픔을 겪는 많은 이들이 행복한 삶을 살 수 있도록 돕는 메신저가 되고자 한다. 저서로는 《버킷리스트 14》가 있으며, 현재 자존감에 관한 주제로 개인저서를 집필 중이다.

• Email healing_es@naver.com

학창시절, 커다란 목표나 꿈이 없었기 때문에 대학교를 대충 골라서 갔다. 진심으로 가기를 원해서 간 학교, 학과가 아니었다. 그럼에도 불구하고 대학을 간 이유는 그저 고등학교 졸업자에 대한 좋지 않은 시선과 낮은 급여 때문이었다. '적어도 대학교는 졸업해야 한다'라는 주변 인식도 한몫했다.

좋아서 간 대학이 아닌 탓에 졸업 후, 철없는 상태로 사회에 내동댕이쳐졌다. 특별한 삶을 살고 싶었지만 무엇을 해야 할지 몰랐다. 고민 끝에 간호조무사를 선택했다. 노동력에 비해 임금도 적

었을뿐더러 서비스직이기 때문에 힘들어도 억지로 웃어야 했다. 모든 상황이 만족스럽지 않으니 일도 금방 싫증이 났다. 그랬기 때문에 한곳에 오랫동안 다니지 못하고 여기저기를 옮겨 다녔다.

한곳에 오랫동안 성실히 다니지 못하는 모습은 누구에게든 좋게 보일 리 없다. 하지만 한편으로는 좋은 경험이기도 했다. 새로운 일을 할 때 두려움은 항상 생기지만, 그 두려움은 결국 사라진다는 것을 깨달았다. 도전이란 절대 두려워할 일이 아니라는 것을 배운 것이다. 주변 사람들을 보면 항상 직장을 그만두고 싶어 한다. 불만투성이다. 그럼에도 불구하고 새로운 시작이 두려워 감히 그러지 못한다.

나는 늘 행복에 대해 고민했다. 당시에는 하루하루가 견디기 힘들다 보니 그랬던 것 같다. 나는 하기 싫은 것은 견디지 못하는 성격이었다. 심할 때는 숨을 제대로 쉬지 못하고, 배가 아프고, 머리가 아팠다. 머리보다 몸이 먼저 반응했다.

그렇다면 내가 행복해지기 위해서 무엇을 해야 할까? 나는 자유로운 삶을 원했다. 자유롭게 하고 싶은 것을 모두 하고 살려면 우선 경제적인 부분이 받쳐 줘야 한다. 그러나 많은 돈을 벌려면 그만큼 나의 시간을 투자해야 했다. 그러면 반대로 나의 시간을 자유롭게 쓸 수 없게 된다. 그래서 조금만 벌어도 시간이 넉넉했으면 좋겠다고 생각했다. 돈보다 취미생활을 할 수 있는 자유로운 시간이 더 좋았다. 말은 그렇게 했지만 돈이 부족한 게 현실이다 보니 늘 불안할 수밖에 없었다.

옆에서 지켜보는 가족들도 나를 많이 걱정했다. 언니는 간호학과를 졸업해 곧바로 대학병원에서 일했다. 현재는 결혼해서 보건 교사로서 안정적인 삶을 살고 있다. 순탄했던 언니와 달리 나는 이것저것 도전과 실패를 경험하는 등 편안한 삶을 뒤로하고 하고 싶은 것을 하면서 살았다. 돈을 좀 모았다 싶으면 하고 싶은 것을 위해 쓰느라 통장의 잔고가 바닥났다. 안정적인 삶도 좋지만 더 크게 성장할 수 있는 기회가 생기면 그 기회를 놓치고 싶지 않았다.

늘 마음 한편에서는 언젠가 꼭 자유롭게 살리라는 다짐을 했다. 조금만 일해도 많은 돈을 벌 수 있는 방법이 어딘가에는 반드시 있을 것이라 믿었다. 그러던 중 우연한 기회에 〈한책협〉을 알게 되었다. 그리고 김태광 대표 코치님과의 만남을 시작으로 새로운 꿈을 꾸게 되었다. 처음 수강한 〈1일 특강〉에서 "왜 하루에 10만 원만 벌어야 하는가?"라는 대표 코치님의 물음에 찔끔했다. 사실 나는 저 정도도 감지덕지라고 생각했던 때가 있었기 때문이다. 하루에 10만 원에 20일이면 200만 원이다. 200만 원만 벌어도 다행이라고 생각했을 정도로 한 달 급여가 쥐꼬리만 했던 것이다.

대표 코치님과의 만남을 통해 돈에 대한 인식이 달라졌다. 나도 충분히 내가 생각했던 것보다 더 많은 부를 이룰 자격이 있다고 믿게 되었다. 그러자 더 큰 욕심이 생겼다. 기존에 가졌던 꿈보다 더 큰 꿈을 갖게 되었다. 전혀 생각지도 못했던 작가라는 꿈에 강연, 코칭까지 할 수 있는 1인 기업가로 나아가기로 결심했다.

사실 이 도전은 무척 두려웠다. 어릴 적부터 내성적이고 소심한 탓에 나의 생각을 제대로 말하지 못했기 때문이다. 그렇게 살아오다 보니 어느 순간 나의 모든 생각을 하찮게 여기게 되었다. 나의 의견이 받아들여지지 않을지도 모른다는 두려움, 이상하게 보이지 않을까 하는 두려움, 버벅거릴지도 모른다는 두려움 등이 말을 머뭇거리게 만들었다. 의사소통은 관계에 크나큰 영향을 미친다. 모든 것은 관계로부터 오기 때문에 정말 중요하다. 그렇기 때문에 늘 변화하고 싶은 마음이 있었지만 그만큼 두려움도 컸다.

〈한책협〉을 만나 새로운 꿈을 가진 이상 그 두려움도 모두 이겨 내야 한다. 두려웠던 것을 꿈으로 바꾸고, 도전하는 이 길이 쉽지만은 않을 것이다. 하지만 할 수 있게 될 거라고, 이겨 내라고 마음이 나를 부추긴다. 두려움이 클수록 극복한 후의 기쁨은 어마어마할 것이라고 생각한다. 두려움이 사라진 자리에는 행복만이 깃들 것이다.

내가 이룬 꿈을 가지고 당당하게 세상에 나설 것이다. 나에게 도움을 주었던 많은 사람들에게 이제는 내가 도움을 주고 싶다. 앞으로 나는 겁먹고 꿈을 뒤로한 사람들에게 도전할 수 있는 힘을 줄 것이다. 아픔을 가진 사람들을 치유하고 행복할 수 있도록 도울 것이다. 그렇게 선한 영향력을 끼치는 메신저가 되는 것이 꿈이다.

내가 하고 싶은 것을 하면서 자유롭게 산다는 것은 정말 행복한 일이다. 자신에게도 떳떳하고, 자랑스럽다. 사람의 에너지는 모두에게 전달된다. 그렇기 때문에 가족 중 단 한 사람의 성공과 행복만으로도 가족의 분위기가 바뀔 수 있다. 나의 주변을 행복으로 물들일 것이다.

편안함에 머무르며 주어진 대로 불평불만만 하면서 살기보다 이왕 태어난 인생, 멋지고 폼 나게 그리고 행복하게 살아 볼 것이다. 주변에서 정신 나갔다고 할지언정, "그래, 나 또라이야!" 하면서 자신의 길을 가다 보면 그들이 갈 수 없었던 행복한 길을 걷고 있을 것이다. 나의 꿈을 버팀목으로 삼고 꿋꿋이 나아갈 것이다. 앞으로 새로운 도전을 하고 행복을 꿈꾸는 모든 사람들을 응원한다.

박은선

15

열정적인 또라이로
제2의 인생 살아가기

곽희철 선거연수원 초빙교수, 강연가, 토론&회의 진행 코치, 동기부여가

총 다섯 번 직장을 옮기면서 다양한 실무를 경험했다. 관공서 관련 업무를 하던 중, 목소리가 좋으니 강의를 해 보는 것이 어떻겠냐는 권유를 받아 강사 일에 뛰어들었다. 지금은 강의에 열중하면서 틈틈이 교재 연구에 몰두하고 있는 강사다. 우연한 기회에 〈한책협〉을 만나 글쓰기 공부도 병행하면서 개인저서를 집필 중이다.

나의 첫 번째 꿈은 권투선수였다. 당시 가장 인기 있는 스포츠는 권투, 프로 레슬링 그리고 고교야구였다. 특히 TV 앞에 식구들, 친구들, 동네 이웃들이 함께 모여 앉아 한마음으로 응원하던 것이 권투다. 1970년대의 유명한 권투선수로는 홍수환, 유제두, 염동균 선수 등이 있다. 사실 선수들의 이름이 정확히 기억은 나지 않는다. 그땐 내가 너무 어렸기 때문이다. 그러나 TV를 보며 열광했던 기억만은 생생하다. 그렇게 열광하며 나는 처음으로 '나도 세계 챔피언이 되어 TV에 나올 거야!'라는 꿈을 꾸었다. 특히

1980년대를 주름잡았던, 대한민국이 낳은 세계 챔피언이었던 파마머리 장정구, 작은 들소 유명우, 돌주먹 문성길. 이들은 나의 우상이었다.

아버지는 인천에서 목장을 하셨다. 목장 규모가 커서 목부로 일하는 사람도 두 분이나 있었다. 술을 좋아하시는 나이 든 아저씨 그리고 아마추어 권투선수에서 프로 권투선수로의 진입을 꿈꾸는 젊은 형님이었다. 이 두 분을 곁에서 지켜보며 초등학교 시절을 보냈다.

그중에서도 나는 당연히 권투 하는 형님을 좋아했다. 형님은 평일에는 일하느라 바빴다. 그래서 주말이 되어서야 형님은 나에게 줄넘기와 권투 자세를 조금씩 알려 주곤 했다. 나는 형님이 가지고 있는 샌드백을 치며 노는 것을 좋아했다.

나도 개인적으로 샌드백을 가지고 싶었다. 그래서 쌀자루에 볏짚과 보온덮개(하우스에 뒤집어씌우는 보온용 덮개)를 넣고 샌드백을 만들었다. 집 앞 비닐하우스에 걸어 두고 주먹을 날려 보았는데 샌드백이 너무 가벼워 날아다니는 바람에 고민했던 기억이 난다.

그리고 체력을 기르기 위해 나는 주먹 쥐고 팔굽혀펴기를 매일 300개씩 했다. 한 1년 정도 하니까 정말 힘이 자랐고 주먹에 힘이 붙었다. 또한 하체 단련을 위해 나는 우리 집 바로 뒤에 위치한, 인천에서 제일 높다는 계양산을 매주 오르내렸다. 이때가 초등학교 4학년 때다. 힘이 붙은 나는 학교 체육 수업에서 두각을 나타냈다. 특히 반에서 팔씨름대회를 할 때면 1위를 했다.

우연히 이 소식을 접한 옆 반 선생님이 나를 부르신 후 말씀하셨다. "우리 학교에서 씨름단을 창단하려고 한다. 네가 씨름을 하면 좋겠구나! 너 참 힘이 세다고 들었다. 팔씨름보다 더 재미있는 씨름을 하자. 알았지! 내가 너의 담임선생님에게 이야기하마!"라고 하셨다.

권투선수가 꿈이라고 대답하자 선생님께서는 웃으시면서 "운동은 다 마찬가지다. 어느 운동이든 해 두면 도움이 된다. 우리 학교에는 권투부가 없으니 일단 씨름부터 하면서 체력을 길러 보자."라고 하셨다.

사실 나는 친구들에 비해 결코 체격이 크지 않다. 우리가 생각하는 씨름선수의 몸은 더구나 아니다. 그렇다고 너무 왜소한 편도 아니다. 권투하기에 적합한 맞춤형 보통 체격이다. 그런데도 친구들과 씨름 연습을 할 때면 아무리 몸무게가 많이 나가는 친구일지라도 들배지기로 다 넘겨 버렸다. 가끔은 그때의 희열과 열정이 그립다.

나는 권투 선수를 꿈꾸었지만 국가공무원으로 첫 직장생활을 시작했다. 공무원을 꿈꿔서 공무원이 된 것은 아니었다. 그저 공무원 시험을 준비하고 있던 동생을 위해 함께 시험에 응시해 보라는 아버지의 권유를 따랐을 뿐이다. 그렇게 공무원이 된 것이다.

요즘은 공무원 되기가 대단히 어렵다. 청년들에게 공무원이 아니면 달리 도전할 만한 안정된 직업이 없기 때문이다. 게다가 그 당시에는 공무원 시험을 응시하는 데 나이제한 규정이 엄격해서 지금처럼 경쟁률이 높지 않을 때였다. 그런데 요즘은 나이제한규정이 풀려서 공무원 시험 응시생이 날이 갈수록 높아져만 가고 있는 상황이다. 아마 지금 시험을 준비하는 사람들이 들으면 돌 맞을 이야기지만 나는 딱 한 달 공부하고 공무원시험에 합격했다. 그것도 지원자 중에서 상위권으로 말이다. 이렇다 보니 나의 실력이 뛰어나서 공무원이 된 것이라기보다는 시대가 나를 공무원으로 만들어 준 것이다. 지금 공무원 공부를 다시 하라면 한 달 만에 합격 할 수 있을까? 참으로 격세지감(隔世之感)이 아닐 수 없다.

나는 합격통지서를 받고 부·처·청을 선택해야만 했다. 이때 성적순으로 부·처·청이 결정되므로 임용성적이 중요하다. 나는 성적이 상위권이었으므로 어디든지 지원할 수 있었다. '이번 기회에 아버지의 그늘에서 벗어나 보자'라고 결심한 나는 집에서 제일 멀리 떨어진 모 청에 1순위로 지원해 합격했다.

집에서 출퇴근하기엔 역시 먼 거리였다. 나는 방을 얻어서 자취생활을 시작했다. 아버지의 간섭에서 완전히 해방된 것이다. 처음부터 독립하고 싶은 욕구에서 출발한 공무원생활이다. 나는 내가 누릴 수 있는 자유를 한껏 즐겼다.

이런 못난 자식의 꼼수에도 아버지는 내가 멀리서 고생한다고 생각하시며 승용차까지 사 주셨다. 뜻밖의 선물로 나는 어린 나이에 내 차를 가질 수 있었다. 이로 말미암아 더더욱 자유로운 영혼이 되었다. 동기들과 매주 강릉에서 시작해 전국 각지로 여행을 다녔던 것이다. 덕분에 들어오는 돈보다 나가는 돈이 항상 더 많았지만 그래도 행복했다. 웃음도 많았다. 한껏 자유로웠다.

나의 첫 꿈은 권투선수다. 그리고 나의 첫 직업은 공무원이다. 짐작하겠지만 꿈과 직업이 일치하지 않는다. 첫사랑이 결혼으로 이어지는 경우가 적듯이 대부분 꿈과 직업이 일치하기란 대단히 힘들다. 첫 입사가 1991년이니 지금으로부터 27년 전이다. 그곳에 계속 머물렀다면 27년 차 직장인이 되어야 하는 셈이다.

그런데 공무원생활을 7년만 하고 그만두었으니 그 나머지 20년의 인생은 어떠했을까? 언젠가 전화통화에서 동생이 나에게 이런 말을 한 적이 있다. "형, 그래도 나는 형이 부러워. 형은 이것저것 다 경험이라도 했지. 나는 하나밖에 몰라. 답답하고 우울해."라고. 나는 이 말을 듣고 동생에게 아무 말도 못했다. 대신 속으로 '나는 한길을 간 네가 더 자랑스러운데…'라고 중얼거렸다. 인생의 정답이 헷갈리는 밤이었다.

《또라이들의 전성시대 3》에 담길 원고를 쓰려고 마음먹었을 때 나는 정말 고민을 많이 했다. 또라이가 뭘까? 동생처럼 한 우물을 파는 존재가 또라이인가! 아니면 나처럼 한곳에 머무르지 않고 이것저것 경험하는 존재가 또라이인가! 오늘도 흔들리는 존재가 이렇게 글을 쓰는 존재로 탈바꿈한 것이 또라이렷다.

16

내성적인 또라이의 존재감 찾기

장영익 인문학 작가, 책 쓰는 직장인, 칼럼니스트

8년 차 직장인이다. 그동안 읽었던 책들과 여행 경험을 살려 고대 로마 역사에 관련된 저서를 집필 중이다. 이 밖에도 역사, 여행, 음악, 스포츠 등 다양한 분야에 관심이 있으며 해외 축구 관련 칼럼을 기고하기도 했다.

• Email dreaminger@naver.com   • Blog blog.naver.com/dreaminger

나는 내성적인 사람이다. 아니, 그런 줄로만 알았다. 어렸을 적의 나는 가끔 독서를 하고, 대중가요를 즐겨 듣던 조용한 아이였다. 어느 날 초등학교에서 소풍을 갔는데, 장기자랑 때 150명 정도 되는 학생들 앞에서 노래를 부르게 되었다. 어린 시절 너무나 좋아했던 서태지와 아이들의 '발해를 꿈꾸며'를 부르며 춤을 췄다. 노래를 마치고 들어갈 때는 모든 학생들의 박수를 받았다. 수많은 사람들 앞에서 나의 존재감을 선보인 첫 번째 날이었다.

중학생이 된 이후에는 그런 기회가 더 자주 찾아왔다. 초등학

생 때의 모습을 기억하고 있는 친구들이 많아서 나는 많은 사람들 앞에서 노래를 부르고 춤을 춰야 했다. 야영이나 소풍, 수학여행 때의 장기자랑 반 대표는 항상 내 차지였다. 평소에 말없이 잘 웃던 한 아이는 그렇게 친구와 선생님들의 주목을 받는 삶을 살았다. 심지어 사인을 해 달라고 부탁하는 팬(?)들도 생겨났다. 어린 나이에 사인을 만드느라 고심하기도 했다.

그렇게 나는 행복한 중학교 시절을 보냈다. 넉넉하게 사는 편은 아니었지만, 부모님께서는 내가 하고 싶어 하는 것을 할 수 있도록 배려해 주셨다. 그래서 나는 기타를 메고 제주도 서귀포 시내에 있는 기타학원에 다니면서 즐겁게 하루하루를 살았다.

어린 시절 나에게 공부는 시험기간에만 하는 것이었다. 학원에 다니기도 했지만, 별도로 집에서 공부를 하거나 하지는 않았다. 그럼에도 불구하고 나는 중·상위권의 성적을 유지했다. 하지만 고등학교 들어가서 나는 충격적인 결과와 마주치게 되었다.

당시 내가 다녔던 고등학교에서는 한 학년에서 한 개 반을 우등반으로 지정해 관리했다. 나는 우등반에 속해 있었다. 그런데 처음 봤던 모의고사에서 반에서 48등을 차지했던 것이다. 누구에게도 말하지 않았지만, 나에겐 충격이었다. 노력하면 뭐든 잘할 수 있다는 생각을 가지고 있던 나에게는 받아들일 수 없는 성적이었다. 이 세상 누구보다 내가 작아 보였다. 태어나서 처음으로 패배감이라는 것을 느꼈다.

그리고 그때 IMF가 터졌다. 다니던 회사가 부도나 직장을 잃은 사람들도 많았다. 그런 뉴스를 계속 접하며 위기감을 느꼈던 나는 화가, 작가, 음악가 등의 직업보다 안정적인 직장을 생각하게 되었다. 평범한 샐러리맨을 생각하게 되었던 것이다.

부모님은 항상 나에게 말씀하셨다. "너에게는 공무원이 딱 맞는 것 같다."라고. 물론 공무원은 좋은 직업이다. 처음 입사했을 때의 임금은 적지만 시간이 지날수록 월급이 올라간다. 국가에서 주는 복지혜택도 누릴 수 있다. 뿐만 아니라 퇴직 후에 받게 되는 공무원 연금 혜택도 크다.

하지만 나는 철밥통이 싫었다. 어렸을 때는 막연히 싫어했는데, 나이가 들어가면서 그 이유가 확실해졌다. 나는 다양한 경험을 하며 살고 싶었다. 안정적이고 변화가 없는 삶이 아닌, 보다 다이내믹한 삶을 바랐다. 그런 삶을 통해 얻게 되는 다양한 경험이 내 삶을 이끌어 가는 자산이 되길 바랐다. 그래야 나중에 나이가 들었을 때 행복한 추억을 많이 간직한 '추억부자'가 될 수 있다고 생각했다.

그래서 나는 대학생 때 학업 외에도 축구동아리와 천문동아리에 가입해 활동했다. 대학교 2학년 여름방학 때는 전국대학생기행연합에서 주최한 국토대장정에 참여해 여수에서 임진각까지 완주했다. 그리고 군대에 가기 전에는 부산에서 경주, 정동진, 속초, 서울, 공주, 부여, 지리산으로 이어지는 전국 일주 여행을 다녀오기도 했다.

지금까지 내가 한 일 중 제일 잘한 일은 잘 다니던 직장에 사표를 내고 유럽배낭여행을 다녀온 것이다. 대학교 졸업 후 2년 동안 직장을 구하지 못했다. 그러다 어렵게 얻은 직장이었다. 하지만 나는 더 늦기 전에 유럽이라는 곳에 다녀오고 싶었다. 그래서 직장을 그만두었다.

영국, 네덜란드, 독일, 스위스, 이탈리아 5개 나라를 40일에 걸쳐서 여행한 경험은 내겐 너무나 값지다. 비행기 값을 포함해 650만 원 정도의 비용을 지출했지만, 전혀 아깝지 않았다. 어렸을 때 읽었던《로마인 이야기》의 영향으로 나는 이탈리아에 대한 환상을 가지고 있었다. 그래서 이탈리아라는 나라에 너무나 가 보고 싶었다. 책 속에서 만났지만, 너무나 매력적이었던 인물인 율리우스 카이사르가 갔던 길을 직접 걸어가 보고 싶었다. 그래서 보통 사람들이 잘 가지 않는 이탈리아 동부의 도시 리미니와 브린디시에도 다녀왔다.

다른 사람이 어떻게 생각하는가는 중요하지 않았다. 카이사르는 많은 고민 끝에 "주사위는 던져졌다."라는 말을 던지고 리미니강을 건넜다. 그리고 브린디시에서는 그의 정적 폼페이우스를 태우고 유유히 떠나는 배를 바라보며 허탈함과 앞으로 내전을 피할 수 없게 되었다는 불안함을 느꼈을 것이다. 2,000년 전 그가 느껐던 감정을 나도 한번 느껴 보고 싶었다.

나는 항상 내가 누구이고, 어떤 사람인지 생각해 보는 것을 좋아한다. 지난 37년간의 성찰의 시간 속에서 내가 내린 결론은 이렇다. 나는 내성적이지만 주목받기 좋아하고 나 스스로 성취감을 얻는 삶을 좋아한다는 것이다. 친한 친구들과 노래방을 가게 될 때면, 나는 적극적으로 노래를 부르고 춤을 추며 논다. 마이크가 내 손에 있는 순간은 내가 그 세상의 주인공이기 때문에 너무나 즐겁다.

직장에서는 매월 일정한 날짜에 받는 월급을 제외하면 즐거운 일이 없다. 더군다나 2~3일 후 비어 있는 계좌를 보면 허탈함을 느낀다. 그래도 '이 회사는 내가 없으면 안 된다'라는 자부심 하나로 열심히 회사생활을 한다. 그러나 일이 있어서 며칠 쉬어도 아무런 문제없이 돌아가는 회사를 보면서 나의 존재감이 이 정도밖에 안 되었나 하는 의문이 들게 된다.

우연히 며칠 전에 본 〈세상을 바꾸는 시간, 15분〉의 강연에서 '직업'과 '직장'의 차이에 대해 듣게 되었다. 직장은 우리가 매일 출근하는 기업이나 회사를 의미한다. 반면 직업은 직장에 다니는 상태가 아니라, 조직을 떠나서도 혼자서 독립할 수 있는 기술을 가진 상태를 의미한다고 했다. 강연자는, 과연 회사생활을 하는 사람들이 나만의 직업이라고 할 수 있는 전문성을 가지고 있는지 생각해야 한다고 이야기했다. 결국 회사는 언젠가 떠나야 할 곳이니 직장인들은 자신의 직업을 만들어 가고 있는지 생각해야 한다는 것이다.

그래서 나는 나만의 직업을 만들어 존재감을 마음껏 드러내는 또라이로서의 삶을 다시 살아가고자 한다. 우연히 알게 된 〈한책협〉을 통해 작가라는 꿈을 향해 한 걸음씩 나아가고 있다.

단지 하나의 책을 내는 것에 그치지 않고, 칼럼니스트, 강연가가 되어 많은 사람들과 나의 지식과 지혜를 공유하며 살아가려고 한다. 이를 통해 나의 존재감을 세상에 드러낼 뿐 아니라, 다른 사람들에게 좋은 영향을 미치면서 살아가고자 한다. 지금 걷고 있는 이 길의 끝에 또라이로서의 내가 있기를 기원해 본다.

17

영원히 철없는 '꿈 또라이'로 살기

이해주 필라테스 · 자이로토닉 국제강사, 통역가, 향장미용학 석사, 아로마 테라피스트, 자기계발 작가

첫 직장이었던 증권사를 과감히 퇴사하고, 캐나다 유학을 떠났다. 고난과 역경 속에서도 좌절보다는 '꿈'을 좇으며 사는 드림 워커다. 자신의 지식과 경험을 바탕으로 많은 이들에게 행복을 전파하는 '행복 메신저'가 되기를 꿈꾼다. 나답게 행복한 삶을 살기 위한 자기계발과 도전을 꾸준히 해 오고 있으며, 이를 주제로 개인저서를 집필 중이다. 저서로는 《버킷리스트 14》가 있다.

• Email hj_nature@naver.com   • Instagram rosypila

"정말 특이한 이력을 가지셨네요."

언젠가부터 이력서를 제출할 때마다 내가 듣는 단골 멘트다. 나는 내가 원하는 삶을 꿈꾸며 순간순간에 충실했을 뿐이다. 그런데 언제나 농담 반 진담 반으로 "당신 도대체 뭐 하는 사람이요?"라며 나의 특이한 이력을 지적당하기 일쑤였다.

나는 대학 졸업 후 입사한 첫 직장을 1년 만에 박차고 나왔다. 그 당시 주변 사람들로부터 "미쳤다."라는 말을 수천 번도 더 들어야 했다. 경제학 전공자의 증권사 입사는 교과서 매뉴얼처럼 사

회가 원하는 가장 바람직한 진로 선택이었다. 하지만 나는 주변의 만류에도 뒤돌아보지 않고 그 좋은 진로를 포기했다. 회사에 있는 동안 최선을 다했기에 조금의 후회도 없었으며 불확실한 미래도 전혀 두렵지 않았다. 20대만이 인생의 더 많은 리허설을 경험해 볼 특권을 가졌다고 믿었다.

그 사건은 내 주변인들 모두를 큰 혼란에 빠뜨렸던 이벤트이기도 했다. 유난히 말수 적고 수동적이며 내성적인 어린 시절을 보낸 나였기에 주변인들의 충격은 어쩌면 당연했다.

나의 10대는 얌전하고 말 잘 듣는 '모범생'으로 쉽게 정의할 수 있다. '반항'이라는 것은 절대 해서는 안 될, 호환마마보다 더 무서운 것이라 여겼으니 말이다. 나의 세상에서는 부모님과 선생님께서 이끌어 주시는 길이 전부였다. 그 세상에서는 아무도 내가 살고 싶은 삶을 선택하는 방법에 대해선 가르쳐 주지 않았다.

지금 돌이켜 보면, 고등학교 시절 나의 꿈은 무미건조하기 짝이 없었다. 부모님과 선생님이 이끄는 세상에서는 서울에 있는 대학 진학만이 유일한 꿈이었다. 마음 깊은 곳에서는 캐나다 토론토로 유학 가는 친구가 무척이나 부러웠던 적도 있었다. 하지만 부질없는 꿈에 그쳐야 했다. 그 친구는 '특이한 케이스'일 뿐이라는 어른들의 말씀을 순진하게 믿을 수밖에 없었다. 나의 10대 세상에서, '나'는 결코 없었다.

20대에 부모님 곁을 벗어나 만난 새로운 세상은 나의 인생을 완전히 뒤엎었다. 10대 세상에서 꼭두각시 역할을 성실하게 수행한 결과는 서울로의 대학 진학이었다. 고등학교 졸업 후 부모님 곁을 떠나 독립한 나의 세상은 그야말로 설렘으로 가득했다. 처음 자취를 시작했던, 서울 약수동의, 열 수도 없는 작은 창 하나가 달린 허름한 원룸은 나에게 꿈꿀 수 있는 천국과도 같았다. 곳곳에 널려 있는 수많은 기회가 모두 나를 위해 열려 있는 듯했다.

나는 개발되지 않은 소도시에서 흙과 풀이 유일한 장난감 어린 시절을 보냈다. 시골촌뜨기가 고층건물들이 즐비하고 금융전문가들이 바삐 움직이는 서울 여의도 거리를 처음 갔다. 그때 눈에 보이는 모든 것들이 가히 충격이었다.

그 후, 금융가의 멋진 커리어우먼의 모습을 그리며 나의 대학 생활은 그 누구보다 뜨거웠다. 하루 24시간이 모자랄 정도로 모든 열정을 쏟았다. 경제학도로서 금융전문가가 되는 데 필요한 모든 자질을 습득하기 위해 매일 노력했다. 나는 토끼처럼 빠르지도 못했고, 베짱이처럼 배짱도 없었다. 내가 성공하는 길은 거북이처럼 꾸준히 앞만 보고 가는 것이었다. 멈춰서는 안 되는 길이었다.

그러던 중에 마지막 학기를 앞두고 '폐결핵' 진단을 받았다. "폐결핵이 확실하네요. 이제는 무조건 쉬어야 합니다."라고 말씀하시는 의사 선생님이 얼마나 야속했는지 모른다. 죽음에 대한 두려움보다는 내가 열심히 가던 길에서 피할 수 없는 장애물을 만났다는 사실에 더 화가 났다. 목표를 향해 열심히 오르막길을 올라가던 취업준비생에게 갑자기 멈추라고 하니 받아들일 수가 없었다.

하지만 일찍이 찾아온 건강의 위기는 인생에서 더 크고 소중한 기회를 선사했다. '한 번뿐인 인생을 어떻게 후회 없이 살아야 할까?'라는 고민을 할 수 있는 인생의 쉼표를 만났기 때문이다. 덕분에 인생에서 가장 중요한 것을 또래 친구들보다 더 일찍 깨달았다. 바로 스스로 나답게 꿈꾸며 사는 법을 배운 것이다. 지금도 주변을 둘러보면 30대가 되어서도 갈 곳을 잃어 방황하거나, 자포자기하듯 삶을 사는 사람들이 정말 많다. 꿈이 무엇이냐는 질문에 선뜻 답하는 사람도 거의 없다. 오히려 꿈에 대해 논하는 나에게 철이 없다는 비평이 쏟아질 때도 있다.

여성 대부분은 결혼 또는 육아가 시작되는 시점부터 꿈을 포기한다. 대부분의 직장인은 노후를 두려워하면서도 매달 들어오는 월급에 의존하며 불만 가득한 현실을 그냥 살아간다. 그런 의미에서 '폐결핵'은 나에게 인생의 소중한 쉼표를 선물했다고 할 수 있다. 덕분에 타인의 눈치를 보며 사는 삶이 결코 행복한 삶이 아니란 사실을 깨달았기 때문이다.

그 후 나의 인생은 끝없는 도전으로 다채롭게 펼쳐졌다. 끔찍하게도 영어를 싫어했던 나는 캐나다 토론토에서 4년간 유학생활을 했다. 학창시절 남몰래 간직했던 꿈을 완벽히 이룬 것이다. 게다가 피트니스 전문 영어통역가로 일하고 있는 나는 이제 영어로 먹고산다. 또한 손에 꼽히던 몸치였던 나는 벨리 댄스를 추고 강사 및 공연 활동을 했다. 척추디스크 판정을 받았던 내가 필라테스 강사로 활동하며, 필라테스 스튜디오 원장이 되기도 했다. 캐나다에서 영어를 재미있게 배울 명목으로 수료한 테솔(TESOL) 자격증 덕분에 영어 강사로도 일한다. 캐나다 유학시절, 경제학을 과감히 버리고 새로운 전공을 선택한 덕분에 스파 테라피스트와 의료미용과 교수도 되었다. 지금 이 순간에는 세상에 선한 영향력을 미치는 메신저의 삶을 꿈꾸며 글을 쓰고 있다. 소중한 나 자신을 잃어 가며 불행한 삶을 선택한 사람들에게 행복을 선물해 주는 메신저가 되는 것이 현재 나의 꿈이다.

예전에는 "무슨 일 하세요?"라는 질문을 받을 때마다 무척이나 난감했다. 한 우물만 파도 성공할까 말까 하는 세상에 몰입하지 못한다는 질타를 더 많이 받았기 때문이다. 이제 나는 주저 없이 "'다(多)잡(JOB)녀'예요."라고 당당하게 웃으며 말한다. 물론 상대는 물음표가 가득한 얼굴로 꼬리에 꼬리를 무는 질문 공세를 펼친다.

"대단하네요. 어떻게 그렇게 살 수가 있죠?"

"저는 그저 순간순간 가슴 뛰는 일에 충실했을 뿐인걸요."

흔히들 인생을 마라톤에 비유한다. 물론 쉬지 않고 적당한 페이스로 꾸준하게 달려야 한다는 측면에서는 마라톤과 같다. 하지만 마라톤은 똑같은 경로를 처음부터 재도전할 수 있는 '다음 기회'가 허락된다. 그 짐에서 우리 인생과는 조금 다르다. 우리 인생은 단 한 번의 기회밖에 주어지지 않는다. 마라톤의 코스와는 달리 인생 열차의 승차권은 편도만 주어진다. 처음 같은 경로의 출발지로 되돌아오는 승차권은 없다. 단 한 번뿐인 여행길이다. 그러니 진정으로 원하는 그 무엇, 꿈이 있을 때만이 살아 있는 게 아닐까?

세상은 여전히 나에게 철없다고 손가락질하지만, 나는 나의 철없음을 죽을 때까지 응원할 것이다. '꿈꾸는 또라이'가 행복한 성공을 이루는 세상이다. 남들과 똑같은 평범함이 허락하는 단조로운 삶은 재미없다. 나는 매일매일 꿈꾸며 영원히 철없는 여자로 살 것이다. 언젠가 '꿈 또라이'의 멋진 성장기를 세상에 알릴 날을 꿈꾼다. 그 꿈으로 가슴 뛰는 지금, 이 순간에도 주저 없이 내가 원하는 행복만을 선택한다.

18

매일 당당하게 도전하며 살아가기

이창미 '브랜딩글쓰기연구소' 대표, 시인, 자기계발 작가, 강연가, 동기부여가, 글쓰기습관 코치, 맞춤독서 코치

꿈꾸는 사람들을 위한 강연가로서, 그리고 많은 이들에게 선한 영향력을 끼치는 메신저로 살아가고 있다. 직장인, 경력단절 여성을 코칭하고 꿈과 소명을 찾아 주는 희망의 메신저로도 활동 중이다. 저서로는 《글만 썼을 뿐인데 삶이 바뀌다》가 있으며, '감정을 다스리는 진짜 공부법'을 주제로 개인저서를 집필 중이다.

• Email gjfzmsu@naver.com   • Blog blog.naver.com/gjfzmsu
• Cafe cafe.naver.com/apoetwriter   • Instagram gjfzmsu

브랜다 올랜드는 이렇게 말했다.

"글을 쓰는 것은 좋은 일이다. 애정을 가지고 그 일을 좋아한다고 생각하며 매진하라. 글 쓰는 일은 쉽고 재미있는 일이다. 일종의 특권이다. 걱정스런 허영심과 실패에 대한 두려움을 제외한다면 어려울 게 없는 일이다."

나에게는 이 말이 의지를 다지라는 말로 다가온다. 세상을 이

끌어 가는 성공한 사람들을 가리켜 '또라이'라는 말을 많이 한다. 그들은 우리가 흔히 알고 있는 그런 정신 나간 또라이는 아니다. 선한 영향력을 행사하는 또라이다. 나 또한 나를 바꾸기 위해 미친 듯이 살았다. 곧 A급 인생으로 변신할 것이라는 희망을 품고 있었기 때문에 내가 잘할 수 있는 분야에 꾸준히 힘을 쏟았다. 나만의 가치관과 집념으로 변신할 것을 믿고 '또라이' 정신으로 나와 싸워 냈다.

나는 글 쓰는 순간이 너무 좋았다. 글과 만나는 시간이 즐거웠다. 그렇게 글만 썼을 뿐인데 시인으로 등단하고 책을 쓰는 작가가 되었다. 나는 내가 가진 능력으로 선한 영향력을 끼치고자 글쓰기를 자신 없어하는 사람들을 위해 1일 특강, 일대일 컨설팅, 아침 글쓰기 4주 과정을 만들어 더 많은 사람들이 글쓰기의 즐거움을 경험할 수 있도록 기회를 제공해 주고 있다.

우선 나는 충분한 소통을 통해 각자에게 맞는 경험을 설정해 주고 글을 쓰게 하며 책이 나오게끔 돕는다. 아침 글쓰기를 습관화해 평소의 글쓰기 태도를 잡아 준다. 또한 미래 설계를 어떤 방향으로 풀어 나가야 할지도 같이 토론한다.

요즘 현대인들은 정신적으로 많이 방황한다. 어린이나 어른들이나 할 것 없이 말이다. 무기력에 빠져 아무것도 시도하지 않으려는 멈춤 현상이 여기저기서 나타난다. 이런 이들에게 글쓰기를 권

하고 싶다. 글을 쓰게 되면 정신적인 성장이 함께 이루어지므로 본인이 갖고 있는 문제점이 개선된다는 장점이 있기 때문이다.

또한 학교를 졸업했다고 해서 공부를 멈춰서는 안 된다고 말하고 싶다. 무엇을 공부하든 어떤 공부를 하든 인생에는 끊임없이 공부가 필요하다. 도전하지 않으면 변화도 없고 발전도 없다. 멈춰 있는 고장 난 시계에 불과하다. 살아 숨 쉬는 시간을 자신의 방향에 맞게 잘 활용해야 한다. 도전은 인생에서 빛과 그늘과 같다. 그늘에 있을 때, 떠오르는 희망을 품고 도전해 빛을 만나야 한다.

아마 무언가에 실패한 사람들을 가만히 보면, 실패한 이유는 다름 아닌 그들 자신일 것이다. 변화를 시도하지 않았기 때문이다. 사소한 일 하나를, 작은 방해 공작 하나를 직면하지 못하고 '어떻게든 되겠지', '잘되겠지'와 같은 막연한 희망만을 믿고 그대로 주저앉아 버린다. 그저 그렇게 꿈도 없이 하루를 낭비하며 보낸다. 달콤함에만 빠져 게으름만 살찌우고 방어 전략도, 대처 방법도 생각하지 않는다.

자신한테 위기가 다가오는 순간에도 마냥 넋두리만 늘어놓을 것인가? 위기 상황에서 생존대책을 세울 것인가? 이제는 결정을 내릴 때다. 남들과 같은 평범한 삶에 안주하지 말자. 평범함에 만족하는 삶이 옳지 않다는 의미는 아니다. 세상에 당신을 드러내고 이루고자 하는 목표를 향해 도전하라는 의미다. 작고 소소한 것일지라도, 단 한 번일지라도 당신 스스로 결정을 내리고 행동하는 것이 중요하다.

나는 당신의 가치가 무너지는 것이 무섭다. 건물 외벽에 줄 하나로 매달려 있는 것 같다. 그 줄이 끊어지면 어떻게 되리라는 건 누구보다 당신이 잘 알 것이다.

더 크고 넓은 곳을 향해 '또라이'같이 하나에 미쳐 보아라. 나는 무언가를 하려고 할 때 "저 또라이가 뭘 또 한다고 저래?"라는 말을 참 많이 들었다. 보통 사람들이 잘 하지 않는 행동을 한다거나 하면 듣는 소리였다. 그럼에도 불구하고 나는 멈추지 않았다. 실패해도 계속 도전했다. 나만의 방식으로 도전하고 넘어져도 다시 도전하는 과정 속에서 배웠던 것들이 많았기 때문이었다.

당신도 더 이상 생각에 그치는 것이 아닌, 행동을 취하는 것이 필요하다. 아무리 어려운 상황에 처해 있을지라도 원하는 것을 이루어 내기 위해 도전할 방법을 모색하는 사람만이 성공한다. 당신도 이들처럼 열정과 도전정신을 가지고 부딪치자.

밑바닥에 열정이 살아 숨 쉬고 있다고 가정할 때, 기회는 스스로 적극적으로 행동할 때 찾아온다. 지속적인 발전과 끊임없는 반복에 몰두하는 사람이 되어라. 한 번에 완성되는 것은 없다. 모든 것은 작은 반복으로 만들어진다. 당연하다고 생각하는 것들 속에 상상을 자극하는 요소가 있다. 용기가 필요할 때다.

나는 용기 내는 것을 두려워하지 않았다. '또라이'들은 새로운 것으로 향할 때 용기를 앞장세운다. 확신을 가져도 미약할지라도 저항에 부딪친다. 스티브 잡스가 남들의 비난을 신경 쓰고 눈치를 보았다면 그저 몽상가로 남아 있었을 것이다. 도전하고 싶은 것이 있을 때 '또라이'처럼 도전하면 평범한 것에서 위대함이 나온다.

도전하라. 가까운 가족이나 친한 동료에게서 말도 안 되는 비난을 받는다고 해도, 자존심이 박살난다고 해도 신경 쓰지 마라. 그렇지 않으면 당신의 도전은 그 자리에서 멈추게 된다. 희망이 싹 트는 자리에 잠복해 있던 불안이 다시 고개를 내밀게 두어서는 안 된다. 당신의 성공을 막으려고 호시탐탐 노리는 나쁜 기운들에 모두 반응할 필요 없다. 인생의 주인공은 자신임을 기억하고 마음 먹은 일을 그대로 해 나가면 된다. 또한 혼자 모든 것을 감당하려 고 하지 말아야 한다. 시간과 여유가 있는 사람에게 부탁하라. 도 움을 받을 것은 받으면서, 나의 도전이 방해받지 않도록 장애물을 최소한 줄여야 한다.

나는 이 글을 읽는 당신이 '또라이' 정신으로 도전하고자 하 는 일에 미치도록 빠져 보았으면 좋겠다. 도전으로 변화되는 자신 의 모습을 꼭 한 번 만나 보길 바란다.

19

시간적·경제적으로
자유로운 디지털 노마드 되기

최정훈 1인 지식 창업 코치, 지식 창업 전문가, 창업 마케팅 컨설턴트, 자기계발 작가

다양한 창업 경험에서 얻은 깨달음으로 1인 지식 창업에 도전해 성공했다. 자신의 경험을 활용해 성공하는 창업 마케팅 방법을 전수하는 '소셜창업연구소'를 설립하고 대표로 활동하고 있다. 네이버 카페와 블로그를 활용해 돈 없이 지식과 경험으로 창업하는 방법을 강의하고 있다. 저서로는 《1인 지식 창업의 정석》, 《보물지도 6》, 《미래일기》 외 9권이 있다.

· Email machwa@naver.com　　　　　　· Cafe www.scculab.co.kr

　　부모님은 내가 태어나기 전부터 전파사를 열어 장사를 하셨다. 아버지께서는 주로 전기공사를 하셨고 어머니께서는 전파사에 찾아오는 손님들에게 물건을 파셨다. 나도 초등학생일 때부터 부모님을 도와 종종 가게에서 물건을 팔았다.

　　장사하시는 부모님 밑에서 자라서 그런지 어른이 되면 사업으로 성공하고 싶다는 막연한 꿈이 있었다. 어린 시절부터 오로지 사업가를 꿈꿨기 때문에 직장생활에는 뜻이 없었다. 그래서 학창 시절부터 좋은 직장에 들어가기 위해 필요한 스펙에도 관심이 없

었다. 힘들게 장사를 하셨던 부모님은 나를 못마땅해하시며 내가 안정적인 직장인인 공무원이 되길 원하셨다. 장사를 하시면서 수입이 불안정했기 때문에 아들은 꼬박꼬박 월급이 나오는 직장생활을 하길 원하셨던 것이다. 하지만 부모님의 기대와 달리 나는 대학을 졸업하고 바로 창업에 도전했다.

어린 나이에 PC방, 호프집, 치킨전문점 등을 창업하며 사업적 성공에 도전했지만 내 생각과 달리 사업은 쉽지 않았다. 어떻게 사업을 해야 하는지도 제대로 모른 채 도전했기 때문이었다. 나중에야 여러 해 동안 다양한 시행착오를 겪으며 점차 나만의 창업 지식과 경험을 쌓게 되었지만 말이다. 게다가 사업하느라 군 입대가 늦어져 스물여섯 살이 되어서야 겨우 입대했다. 스물여덟 살에 군에서 제대했지만 다시 사업을 할 수 있는 여건이 되지 않았다. 결국 뜻하지 않았던 직장생활을 하게 되었다.

나이는 많고 학벌, 경력이 부족했던 나는 취업하는 것조차 쉽지 않았다. 이력서를 수십 통 넣어도 연락을 주는 곳이 없었다. 어쩌다 한 번씩 연락이 오는 곳이면 가리지 않고 면접을 봤다. 하지만 내게 면접을 요청하는 곳들은 대부분 정상적인 직장이 아니었다. 하나같이 어떤 문제가 있거나 일이 힘들고 임금도 적어 사람들이 버티지 못하는 곳들이었다.

그 당시 나는 생활비가 필요했기 때문에 이것저것 따지지 않고 주어진 기회에 감사하며 나름대로 열심히 일했다. 그러나 그 감사는 오래가지 못했다. 결혼하고 첫아이가 바로 태어나면서 월급만으로는 생활조차 힘들었기 때문이다. 게다가 다니던 직장은 고용이 불안해 회사를 여러 곳 옮겨 다녀야만 했다. 그 결과 직장 생활을 하는 동안 형편은 나아지지 않았다. 아이가 하나 더 태어나면서부터는 직장에서 받는 월급만으로는 생활을 꾸려나가기가 더욱 힘들어졌다. 그래도 다른 대안이 없었기 때문에 계속 직장을 다닐 수밖에 없었다. 열심히 일해서 연봉을 올리는 것이 유일한 희망이었다.

직장에서 인정받기 위해 밤낮을 가리지 않고 열심히 일했다. 그렇게 얼마의 시간이 흘렀을까. 연봉을 협상할 때가 다가왔다. '그간 열심히 일해 왔으니 연봉이 제법 오르겠지?' 하며 기대에 부풀어 있었다. 그러나 결과는 충격적이었다. 회사의 사정이 어려워졌다는 이유로 겨우 50만 원이 오른 연봉 계약서를 받게 된 것이다. 연봉 50만 원을 월급으로 계산하니 월 5만 원도 되지 않는 인상액이었다.

팀장은 실망스러운 계약서를 받아들이지 못하고 있는 나에게, 팀장급 이상은 전부 연봉이 동결되었다고 말했다. 그래도 50만 원이라도 오른 것이 어디냐는 말에 더 이상 할 말이 없었다. 유일한 희망이었던 연봉 협상이 좌절로 바뀌면서 더 이상 직장생활을 하면 안 되겠다는 생각을 하게 되었다. 이대로는 10년을 하든 20년을 하든 삶이 달라지지 않을 것이라는 생각이 들었기 때문이다. 그래서 회사에 사표를 내고 다른 길을 찾기 시작했다.

직장생활을 하는 사람이라면 많이 공감하겠지만 월급만으로는 인생을 바꾸기 어렵다. 월급이 많아 소득에 만족한다면 다를 수도 있지만 나처럼 월급에 만족하지 못한다면 직장생활을 멈추고 다른 방법을 찾아야 한다.

우리에게 한정되어 있는 시간은 지금 이 순간에도 소멸하고 있다. 누구나 언젠가는 죽는 것처럼 인생에 주어진 시간은 정해져 있다. 그런데 직장생활을 하는 것은 그 귀한 시간을 회사가 정한 적은 월급과 바꾸는 셈이다. 월급을 받기 위해서는 반드시 정해진 시간을 회사에 제공해야 하기 때문이다.

직장생활에 답이 없다고 생각해 회사를 나온 나는 백수 상태인 채로 다른 길을 찾았다. 그러다 보니 마음이 조급해졌다. 다달이 들어가는 생활비를 마련해야 했기 때문이다. 그래서 다른 직장에 들어가야 하는가 하는 유혹을 받기도 했다. 하지만 지금이 아니면 다시 직장생활을 정리할 기회가 없을 것 같아 마음을 굳게 먹었다.

나처럼 아무런 준비 없이 퇴사한 사람들은 생활비 마련에 대한 부담과 두려움 때문에 대부분 재취업을 하게 된다. 하지만 이미 직장생활에 답이 없다고 생각하고 퇴사한 사람들이기 때문에 결국 오래 버티지 못한다. 그러니 퇴사 전에 미리 퇴사 후를 철저히 준비해야 한다. 미리 퇴사를 준비한다면 퇴사 후의 재취업의 유혹을 이겨 내고 뜻하는 바를 이룰 수 있기 때문이다.

나는 직장생활의 대안을 찾던 중 우연히 읽은 한 권의 책에서 〈한책협〉을 알게 되었다. 〈한책협〉에서 책 쓰기를 배워 내 지식과 경험으로 다른 사람을 도우며 함께 성장하는 1인 창업을 하기로 결정했다. 직장생활과 창업 경험을 도움이 필요한 사람들과 나누기로 한 것이다. 내가 경험한 프랜차이즈 창업의 문제점 및 대안 그리고 창업 전 가장 중요한 마케팅 교육을 진행했다. 그렇게 창업을 희망하는 100여 명에게 1인 창업을 할 수 있도록 도움을 주었다. 현재도 많은 사람들의 1인 창업을 돕는 코치로 활동하고 있다.

1인 창업을 한 후 직장생활을 하면서 꿈꾸었던, 억대 연봉을 뛰어넘는 많은 돈을 벌었다. 하지만 소득이 많은 만큼 바쁘게 생활해야 했다. 다른 사람을 돕는 일에는 많은 시간과 노력이 필요하기 때문이다.

바쁜 일상을 보내고 있을 때 우연히 크루즈 여행을 갈 기회가 생겼다. 14박 15일 일정으로, 홍콩에서 출발해 베트남과 대만을 경유하는 일정이었다. 가기로 마음먹긴 했지만 과연 14박 15일 동안 한국을 떠나 있어도 일에 지장이 없을지 걱정되었다. 하지만 막상 출발일이 되어 인천공항에서 비행기를 타면서부터 일에 대한 걱정이 사라졌다. 이미 비행기는 출발했고 내가 걱정한다고 해서 결과가 달라지는 것은 아니라는 생각이 들었기 때문이다.

역시 내 생각이 맞았다. 여행을 마치는 순간까지 아무런 문제도 생기지 않았다. 오히려 일은 더 잘되었다. 많은 사람들이 부러워하는, 시간적, 경제적으로 자유로운 디지털 노마드의 삶을 1인 창업으로 누린 것이다.

크루즈 여행의 즐거움을 1인 창업을 꿈꾸는 사람들에게도 나눠 주어야겠다고 생각했다. 1인 창업은 노트북과 인터넷만 있으면 전 세계 어디에서도 할 수 있기 때문이다. 꼭 사무실에 앉아서 일할 필요는 없다. 전 세계를 여행하면서도 얼마든지 많은 소득을 올릴 수 있다. 내가 직장생활을 했다면 이런 즐거움을 절대 알지 못했을 것이다.

나는 과거 사업과 직장생활에서 성공하지 못했다. 오히려 성공보다는 실패에 가까운 삶을 살았다. 그렇지만 결코 좌절하지는 않았다. 이것이 끝이라고도 생각하지 않았다. 힘든 삶을 살았지만 내가 어디로 가고 있는지 끊임없이 생각했다. 지금 가고 있는 길이 잘못된 길이라고 생각되면 과감하게 포기하고 다른 길을 찾았다. 그 결과 지금은 내가 살아온 경험을 활용해 일하는 1인 창업 코치로서 역대 수입을 올리고 있다.

이 글을 읽고 있는 당신은 어떤가? 만약 직장생활을 하고 있다면 회사가 주는 월급은 만족스러운가? 만약 사업을 하고 있다면 시간적으로 자유롭고 만족스러운가? 두 가지 모두에 만족하는 사람은 많지 않을 것이다. 오히려 두 가지 모두 불만족스러운 사람이 더 많을지도 모른다.

다행스러운 것은 아직 늦지 않았다는 것이다. 당신이 가진 지식과 경험으로 1인 창업에 도전해 나처럼 시간적, 경제적 자유를 누리는 삶을 살기를 바란다. 행운을 빈다.

20

18시간 몰입의 법칙을
창조적으로 실천하기

손성호 수능영어강사, 독서경영 코치, 시간경영 컨설턴트, '마인드 골프' 시간경영법 창안자

영어를 매개로 청소년들이 잠재능력과 꿈을 펼칠 수 있도록 돕는 공부 코치이자 청소년 멘토로 활동하고 있다. 사람들이 자신의 무한한 잠재능력을 개발하고 행복한 성공을 누릴 수 있도록, 지식과 경험과 노하우를 전해주는 자기경영 코치를 꿈꾼다. 저서로는 《되고 싶고 하고 싶고 갖고 싶은 47가지》, 《인생을 바꾸는 감사일기의 힘》, 《꼭 이루고 싶은 나의 꿈 나의 인생》, 《또라이들의 전성시대 2》 등이 있으며, 현재 독서경영과 시간경영을 주제로 개인저서를 집필 중이다.

• Email sshope2020@naver.com　　　• Blog blog.naver.com/sshope2020

　　나는 《또라이들의 전성시대 2》에서 21세기형 창조적 또라이로서 내가 창안해서 실천하고 있는 세계 최초의 자기경영시스템을 소개한 바 있다. '마인드 골프', '15분 시간경영법', '1주년 시간경영법', '자기계발 독서경영법'을 체계적으로 시스템화한 창의적인 자기경영법이 그것이다. 이제 2018년에는 테니스와 시간경영을 접목해 연구하고 개발한 끝에 '마인드 테니스'라는 새로운 작품을 세상에 내놓게 되었다.

　　2018년 1월 정현 선수가 세계 메이저 테니스 대회인 호주오

픈에서 한국 선수로는 최초로 4강 진출이라는 위업을 달성했다. 2002 한일월드컵 축구에서 한국 축구팀의 4강 진출 이후 다시 한번 맛보는 쾌거였다.

나는 여기서 나의 시간경영과 관련해 무한한 영감을 얻었다. 그러곤 '마인드 테니스'를 새롭게 탄생시켰다. 테니스 경기는 플레이를 잘해서 한 번 이길 때마다 15분을 상징하는 15점씩 올라간다. 15점, 30점, 45점, 이런 식으로 득점이 주어진다. 이는 다른 스포츠와는 다른 독특한 매력이다. 15분씩 전진해 누가 더 빨리 네 번만에 시계를 한 바퀴 돌아 60분에 도달하느냐에 따라 한 게임의 승리가 결정된다. 테니스가 시간의 철학을 담고 있는 스포츠라는 사실에 무한한 매력을 느꼈다. 내가 창안해 실천해 오고 있는 '15분 시간경영법'에 접목시킬 수 있는 아이디어가 떠올랐다.

사람이 고도로 집중할 수 있는 시간은 15분이라는 연구 결과가 있다. 15분이라는 시간은 생명체를 구성하는 세포와 같다. 인생의 성공을 위한 만리장성을 구축하고 싶다면 15분이라는 작은 벽돌을 차근차근 쌓아 올려야 한다. 나는 테니스를 보고 즐기는 스포츠로만 내버려 두지 않고 나의 생활 속으로 가져와서 쓰기로 마음먹었다. 15분 단위의 나의 삶에서 테니스에서처럼 멋진 플레이가 나올 때마다 15점을 주기로 했다. 반대로 좋지 않은 플레이를 할 때는 15분의 시간을 낭비한 것이므로 15점을 실점한 것으로 간주하기로 규칙을 정했다. 1시간을 한 게임으로 간주했다. 그리고 적어도 4분의 3에 해당하는 45분을 알차게 활용했을 때, 즉 45점 이상을 득점했을 때 그 게임에서 승리한 것으로 평가했다.

평가기준은 마음의 평화와 행복을 유지하면서 동시에 그 15분이 꿈과 목표를 달성하는 데 유용하게 쓰였는지의 여부다. 첫 번째 평가기준에는 "성공해야 행복한 것이 아니라, 행복해야 성공한다."라는 명언을 반영했다. 성공이라는 목표에 매몰되어 거기까지 가는 과정에서 마음의 평화와 행복을 잃는다는 것은 한마디로 주객이 전도된 것이다. 두 번째 평가기준은 독서경영을 통해 정립한 꿈과 목표를 실행하고 달성하는 데 도움이 되었느냐다. "독서로 꿈꾸고 시간무대에서 실행하라."라는 나의 모토가 반영된 것이다.

나는 에디슨이 발견하고 세상에 내놓은 18시간 몰입의 법칙을 나만의 방식으로 창의적이고 재미있게 실천하고 있다. 에디슨의 18시간 몰입의 법칙은 잠자는 시간 6시간을 제외한 하루 18시간을 자신의 꿈을 달성하기 위한 일에 집중해 나가는 기술이다.

나는 이지성 작가의 《18시간 몰입의 법칙》을 읽고, 성공한 사람들이 목숨을 걸고 지키는 자기 운명 창조 공식인 18시간 몰입의 법칙을 알게 되었다. 이렇게 엄청나게 의미 있는 성공 법칙을 지속적으로 실천하기 위해서는 활력과 재미가 필요하다고 생각되어 나만의 방식을 고안해 내었다.

먼저 '마인드 골프'를 창안해 하루 18시간을 골프 18홀을 돌듯이 재미있게 경영하고 있다. 이제 '마인드 테니스'를 창안해 한층 더 활력이 넘치고 재미있는 방식으로 삶을 이끌어 갈 수 있게 되었다.

테니스에서는 6게임을 먼저 이기면 한 세트를 승리한 것으로 간주한다. 나도 하루 18시간을 1세트(오전), 2세트(오후), 3세트(저녁), 이렇게 3개 세트로 나누어서 마인드 테니스를 진행한다. 1세트에서 4게임을 먼저 따내면 승리한 것으로 간주한다. 게임 스코어가 3:3 동점일 때는 득실차를 따진다. 즉, 15분씩 총 24쿼터 중에서 12쿼터 이상의 시간을 잘 활용했을 경우에 그 세트를 승리한 것으로 간주하는 것이다.

이렇게 하여 세트 스코어가 3:0 또는 2:1이 되면 하루라는 경기(Match)를 승리로 장식하게 된다. 나는 그동안 '나의 하루 스포츠뉴스'를 통해서 그날의 시간경영의 실적을 골프, 야구, 축구, 농구 네 경기 스코어로 표현해 왔다. 이제 2018년에는 테니스 팀을 새롭게 창단했다. 그렇게 나의 시간경영의 실적에 테니스 점수를 반영해 스포츠뉴스를 방송할 수 있게 되었다.

나는 2017년 공동저서 《되고 싶고 하고 싶고 갖고 싶은 47가지》에서 이렇게 쓴 적이 있다.

"2017년부터 10년 동안 3,650일의 인생게임에서 82% 이상의 승률을 달성하고 싶다. 3,000승 이상의 승리를 맛볼 것이고, 650번 이하의 패배한 날은 더 나은 내일을 위해 반성하는 시간으로 삼을 것이다."

로저 페더러와 정현 선수의 호주오픈 4강 준결승전을 앞두고 언론에서 두 선수의 테니스 전적을 공개했었다. 나는 거기에서 놀랍고 흥미로운 사실을 발견했다. 세계 랭킹 1위 로저 페더러 선수는 통산 1,132승 250패로 승률 82%를 기록하고 있었다. 내가 인생이라는 경기에서 달성하려는 목표 승률과 '테니스 황제' 로저 페더러의 테니스 경기의 승률이 똑같았던 것이다.

앞으로 '마인드 테니스'를 통해 나는 나의 삶을 로저 페더러급의 수준으로 이끌어 갈 것이다. 그러기 위해 나는 매년 300승 이상의 승리와 65승 이하의 패배로 나의 삶을 관리해 나갈 것이다.

'1주년 시간경영법'은 1주를 1년이라 인식하고 52배 더 농축된 삶을 살아가는 방법이다. 1년은 52주로 구성되어 있다. 조선시대 왕들 중에 가장 오랜 기간 왕좌에 있었던 영조는 1725년부터 1776년까지 52년간 재위했다.

21세기인 오늘날 1주 동안 나오는 정보의 양이 18세기 영조시대의 1년 동안 나온 정보의 양보다 많은 것이 사실이다. 오늘날의 시간의 흐름도 조선시대보다 최소 50배 이상 빠르다. 그렇다면 조선시대 1년이 21세기 현대의 1주와 맞먹는 것이 아닌가? 이러한 생각에 이르면서 나는 1년을 1주로 여기는 '1주년 시간경영법'을 창안해 내게 되었다. 1주년, 5주년, 10주년, 30주년, 50주년, 100주년 기념이라는 용어를 들을 때마다 마음이 설렌다. 이린 용어를 일상에서 사용하면 매 주년이 설레고 가슴 뛴다.

1년에 한 번 개최되는 메이저대회에서 우승하기 위해서는 1회전(128강), 2회전(64강), 3회전(32강)을 거쳐 16강전, 8강전, 4강전, 결승전까지 총 7경기를 치러야 한다. 우리의 삶에서도 1주일 7일이라는 인생 경기를 해 나간다면, 훨씬 활기차고 재미있고 의미있고 흥미진진한 삶을 펼쳐 나갈 수 있다. 나는 1주년 7일 동안 '마인드 테니스'를 통해 매주 우승에 도전하는 활기찬 삶을 살고 있다.

2004년부터 2008년까지 237주 연속 세계 랭킹 1위를 기록해 역대 최장 연속 랭킹 1위 기록을 보유하고 있는 테니스 황제 로저 페더러. 그는 2018 호주오픈 테니스대회에서 우승함으로써 통산 투어 96회 우승을 기록했다. 나는 나의 인생 경기에서 로저 페더러의 기록을 넘어서는 것을 목표로 흥미진진하게 도전할 것이다.

테니스를 비롯한 모든 스포츠는 우리에게 무한한 활력을 느끼게 한다. 정신력, 체력, 기술 삼박자를 갖추어야 제대로 경기를 펼칠 수 있다. 우리의 인생이라는 경기를 멋지게 펼치기 위해서는 꿈경영, 독서경영, 시간경영, 마음경영, 건강경영, 사람경영, 돈경영, 행복경영이라는 자기경영의 종합예술이 필요하다. 나는 이러한 예술적 삶을 구현할 수 있는 자기경영의 기술을 끊임없이 연구하고 실행하고 연마해 사람들의 삶의 질을 높이겠다는 소명을 갖고 있다. 지금까지 세상에 없던 자기경영비법을 창안해 행복한 성공을 향해 달려가는 나는 21세기형 창조적 또라이다.

21

또라이 행동지침을
마음에 새기고 살아가기

지승재   '약선당한의원' 원장, '뇌과학육아연구소' 대표, 뇌과학 육아 강사, 한의임상피부과학회 이사,
육아 상담 코치, 청소년 학습 상담 코치, 2018 서울교육멘토

한의사로 일하면서 4차산업혁명 시대에 올바른 육아는 어떤 모습일지 고민한다. 뇌과학과 15년 임상 노하우를 바탕으로 최적의 육아법을 집필, 강연, 코칭, 컨설팅하고 있다. 또한 청소년 특강을 통해 '열정' 동기부여가로 활동하고 있으며, 육아 학교 'brainphilo academy'를 설립해 세계적인 부모교육 기관으로 키우고자 한다. 저서로는 《보물지도 10》, 《또라이들의 전성시대 2》, 《나를 세우는 책 쓰기의 힘》 등이 있다.

- Email   wlehfud76@hanmail.net
- Cafe   www.brainphilo.com
- Facebook   brainphilo
- Blog   blog.naver.com/fantasy96
- C·P   010.8792.1075
- Kakaotalk   wlehfud76

아내와 내가 대화를 하는 시간은 애들을 다 재우고 난 새벽 1시쯤이다. 한의원 일을 마친 후 집에 돌아와 아이들과 2~3시간 놀고 나면 그야말로 몸은 천근만근이다. 아내도 하루 종일 둘째 아들과 외계어로 대화하다가 나와 말하면 살 것 같단다. 두문불출 '방콕 육아'를 하고 있는 아내의 마음도 조금은 이해가 간다. 그래서 아무리 힘들어도 아내와 대화를 자주 하려 한다. 나도 대화하면서 스트레스가 풀리다 보니 이 시간을 좋아한다.

하루는 아내가 나를 보면서 말했다.

"또라이!"

밑도 끝도 없이 그렇게 말하고 배시시 웃었다. "나 같은 여자와 결혼한 당신은 또라이야!"라며 말이다. 내 아내는 변호사다. 대학도 꽤 괜찮은 명문대를 나왔다. 그럼 내가 횡재한 것 아닌가? 그런데 그게 문제다. 결혼할 당시 아내가 가지고 있는 것은 변호사 면허증과 빚 2억 5,000만 원이 전부였다. 결혼할 나이도 조금은 늦은 상태였다. 그런데 하늘이 우리를 결혼시키려고 했었나? 나의 또라이 스위치에 불이 들어오게 해서 소개팅 장소에 나를 보냈다.

내가 생을 영위하는 데 있어 마음에 새기고 있는 또라이 행동 지침 세 가지가 있다.

첫째, 가치를 최우선시한다. 내 결혼이 그랬다. 아내를 만나기 전, 서른다섯 살이 넘은 아들이 결혼할 생각을 안 하고 있으니 어머니께서 불안하셨나 보다. 하루는 집에 갔더니 새 양복이 옷걸이에 걸려 있었다. 선을 보라는 것이었다. 나는 펄쩍 뛰었다. 정말 하기 싫은 일이 사람 앞에 앉혀 놓고 농담 몇 개 외워서 떠드는 일이었다. 몇 명의 처자들과 선을 봤지만 평생을 같이하고 싶은 느낌을 주는 분은 아쉽게도 없었다. 청담동의 건물을 혼수로 보내겠다는 재력가 집안의 여성분도 있었다. 그때는 내가 '철이 없어서' 훌륭할 뻔한 선택을 못했다고 농담처럼 말하기도 한다. 그러나 나는 지금도 철이 없다. 아내와의 결혼이 인생 최고의 선택이었다고 확신하니 말이다.

물론 아내도 좋은 스펙을 가지고 있었지만 결코 그것을 중시하지 않았다. 처음 만난 날을 회상하면 오로지 아내의 '눈빛'만이 떠오른다. 나에게 강렬하게 느껴지던 그 무엇은 나중에 살면서 알게 되었다. 그때는 몰랐는데 지금에서야 '강한 사람만이 가질 수 있는 눈빛'이라고 알게 되었다. 그 강직함으로 어떤 어려움이든지 헤쳐 나갈 수 있겠다는 느낌이 나를 그녀와 결혼하게 한 것이다. 이 결정을 내리는 데 그녀가 빚밖에 없다는 점, 장인어른의 사업이 망했었다는 점 등은 전혀 고려 대상이 아니었다. 나중에 알았지만 이런 상황이라면 만나다가도 헤어지는 것이 보통이란다.

사실 상대가 변호사라는 사실도 관심 밖이었다. 임신 준비 시기부터 변호사 일을 하지 못하게 한 것이 그 방증이랄까. 지인들을 만나면 "아내분께서는 언제부터 일하세요?"라고 묻는다. 그 질문에 "하지 말라고 했는데요!"라고 대답하면 하나같이 말한다. "변호사 면허가 아깝다."라고 말이다.

그런데 사람들은 더 큰 가치를 위해 그 좋은(?) 변호사 일을 하지 않는다는 사실을 받아들이기 힘들어하는 것 같다. 우리 부부의 중요한 가치 중 한 가지가 육아에 대한 부분이다. 우리 부부는 아이가 최소한 세 살이 될 때까지는 부모가 직접 육아를 해야 한다고 생각한다. 아이의 평생을 좌우하는 중요한 시기이기 때문이다. 다행히 아내와 뜻이 맞아 우리는 우리가 원하는 방향으로 아이들을 교육하고 있다. 아이들과 부부 모두 행복한 육아를 꿈꾸기에 더 소중한 시간들이다. 가치를 최우선시하니 선택에 있어 흔들림이 없다.

둘째, '한 놈만 팬다'. 영화 〈주유소 습격사건〉의 명대사다. 고등학교 때 할 수 없이 해야 했던 부담스런 수학 공부를 위해서 이 방식을 택했었다. 이상하게도 나는 다른 사람들이 예외 없이 보던 《수학의 정석》으로 수학 공부를 하지 않았다. 《폴수학》이라는 어느 학원 강사의 교재를 택했다. 일단 표지부터 심플해서 좋았다. 책의 구성 및 내용도 마음에 쏙 들었다. 답란의 해설이 펜으로 쓴 손글씨여서 더욱 정감이 갔다.

《수학의 정석》 이외의 책으로 강의하는 학원 강사는 거의 없을 때였다. 다른 수학 참고서를 보면 이상한 눈빛으로 처다볼 정도였으니까 말이다. 그래서 오히려 나는 더 오기가 생겼다. 그 수학책으로 실력을 쌓기로 마음먹었다. 방법은 처음부터 끝까지 일곱 번 반복해서 푸는 것이었다. 세 번 정도 반복할 때까지는 모호했던 개념들이 네 번째 풀이를 기점으로 또렷해지기 시작했다. 일곱 번을 반복하니 풀이과정이 빈 종이에 쓰여 있는 듯했다. 반복해서 맞힌 문제는 전혀 다른 방법으로 접근해서 풀었다.

여러 번의 반복된 풀이는 단순히 무식하게 외운다는 것 이상의 특별함을 갖는다. 숙련도를 향상시킨다. 그냥 외운 것은 장기기억으로 넘어가기 힘들다. 급박한 상황이 벌어지면 잘 기억나지 않을 가능성이 높다. 그러나 숙달된 암기 내용은 언제 어디서나 불러올 수 있다. 그리고 기억된 것 이상의 새로운 생각을 탄생하게 한다. 지금은 처음 공부하는 분야가 있을 경우 항상 이렇게 시작한다. 이 방법이 가장 빨리 핵심에 다다를 수 있기 때문이다. 공부뿐만 아니라 모든 과정에서 한 가지를 여러 번 반복하는 것은 하는 일의 효율을 향상시킨다. 그리고 그 분야에 안목을 가질 수 있다. 그래서 여전히 나는 '한 놈만 팬다'.

셋째, 선입견을 없애라. 나는 배움에 편견이 없다. 나보다 나이가 많든지 아니든지, 한의사이든지 아니든지 상관치 않는다. 나에게 깨달음을 줄 수 있는 분이라면 어디라도 찾아가서 배움을 청한다.

하루는 모시는 스승으로부터 전화가 왔다. "J 선생님께서 전화를 하셨는데 지리산에 있는 노인을 한 명 찾아 달라 하신다."라며. J 선생님은 스승의 스승이다. MBN 〈나는 자연인이다〉라는 TV 프로그램에 뜸을 만드는 노인이 나왔다고 한다. 그런데 그 노인이 사용하는, 뭔가 다른 불빛을 내는 그 뜸이 궁금하셨던 것이다. 이에 방송국에 인맥이 있는 선배의 도움을 받아 그 노인이 살고 계신 마을을 찾을 수 있었다. 결국 두 분의 스승을 모시고 지리산

골짜기 노인의 움막을 방문하게 되었다. 산자락 아래 차를 세우고 산길을 따라 30분 정도 올라가야 했다.

그 마을 이장님의 안내를 받아 간 노인의 집은 금방이라도 쓰러질 것 같은 흙집이었다. 전기와 가스는 당연히 들어오지 않았다. 대낮인데도 인적이 없어 스산한 느낌이 드는 묘한 곳이었다. 노인의 안내로 방 안으로 들어갔는데 문을 닫자 아예 깜깜해졌다. 그는 특별히 배려해 램프를 켜 주셨다. 물론 얼굴만 알아볼 수 있을 정도의 흐릿한 불빛이었지만 그것만도 감지덕지였다. 뵙자마자 그 어른께서는 우리에게 본인의 명함을 주셨다. 명함에는 '도사 윤이열'이라고 쓰여 있었다. 하마터면 크게 웃어 초면에 결례를 범할 뻔했다.

만남은 그저 도사님의 말씀을 듣는 것으로 시작되었다. 도사님은 지리산에서 무주까지 날아갔다 왔다는 둥, 야간에 앞을 볼 수 있도록 호랑이가 눈빛을 비춰 준다는 둥 의학적으로는 '과대망상증'에 가까운 발언을 이어 가셨다. 그래도 집중했다. 마지막으로 한의사들이 왔으니 알려 준다며 뜸을 어떻게 만드는지 설명해 주셨다.

3시간 정도의 대화가 오간 후 돌아와서 하나하나씩 알려 주신 부분들의 성분과 효능을 찾아 갔다. 놀라운 것은 현대의학의 기전을 정확히 알고 만든 것처럼 소염, 진통 그리고 재생이 가능하게끔 약재가 구성되어 있었다는 점이다. 이외에도 세 가지 더

치료법에 대해 설명해 주셨다. 이면에 녹아 있는 내용을 임상에 활용해 보니 그 가치가 시간이 지날수록 상당함을 깨닫는다.

이후에 나는 혼자 한 번 더 도사님을 찾아뵈었다. 낡은 집을 고쳐 드리기 위해서였다. 임상을 오래 해도 알기 어려운 내용을 생면부지의 사람에게 알려 주기란 쉽지 않은 결정이었을 것이다. 감사한 마음이 들었다. 그래서 사람을 고용해서 구들장을 다시 놓고 바람이 새어 들어오는 곳을 수선했다. 겨우내 무사히 잘 지내실 수 있도록 말이다. 그리고 조금 더 밝게 지내실 수 있도록 태양광으로 재충전되는 랜턴 10개와 2주 분량의 부식을 사다 드렸다. 내가 할 수 있는 최대한의 예우를 갖춰 인사를 드리고 돌아왔다. 나에게 지혜를 일러 주신 은인이기 때문이다. 배움에 편견을 갖지 않으면 학문의 정수를 빨리 접할 수 있다.

평소에 나는 주변 사람들로부터 "넌 멀쩡하게 생겼는데 의외로 엉뚱해!"라는 말을 자주 듣는다. 이는 나만의 또라이 행동수칙 세 가지 때문이다. 다시 한번 이야기하자면 첫째, 가치를 최우선시한다. 내가 어떤 일, 어떤 것을 선택하든 가치를 최우선시한다면 어떤 선택을 해도 후회하지 않는다. 둘째, 한 놈만 팬다. 천 가지를 한 번 하는 것보다 한 가지를 천 번 행한다면 숙달될 수 있다. 숙달은 창조의 기본 조건이다. 셋째, 선입견을 버린다. 그러면 나를 외부와 소통시키는 관문이 열린다.

이제껏 그래왔듯 앞으로도 나는 여러 가지 선택에서 흔들리지 않고, 내 몸과 마음을 단련하며, 나를 확장시킬 수 있는 주문과도 같은 세 가지 또라이 행동 강령을 지니고 미친 듯이 질주할 것이다. 내 꿈과 미래를 위해서 말이다. 한 번뿐인 인생, 나만의 확고한 인생 철칙을 가지고 멋지게 살아갈 것이다.

아이도 엄마도 살리는
최고의 육아 하기

이인해 변호사, 공부 리치 멘토, 독서동기부여 멘토, 인생재설계 멘토

제47회 사법시험에 합격하고 사법연수원을 수료한 후에 변호사로 활동했다. 첫째 아이를 키우면서 불안감과 자존감 하락, 우울감을 경험하는 등 힘든 시기를 맞이했으나 7년에 걸친 몰입독서를 통해 이를 극복했다. 이와 같은 경험을 나누고자 독서 동기부여가, 독서를 통한 인생재설계 멘토로서 활동하고 있다. 독서를 통한 진짜 공부로 제2의 인생을 살고 있으며, 공부를 바탕으로 한 슈퍼리치의 삶을 계획하고 있다. 전국민이 진짜 공부를 통해 인생의 의미를 발견하고 풍요를 향유할 수 있도록 공부 리치 멘토로도 활동하고 있다. 저서로는 《버킷리스트 15》가 있다.

• Email ponenuna@naver.com   • Blog blog.naver.com/ponenuna

나는 우리 동네에서 알아준다면 알아주는 '또라이' 엄마다. 내가 또라이 엄마가 된 이유를 써 볼까 한다.

올해로 첫째 아이는 일곱 살, 둘째 아이는 세 살이 되었다. 첫째는 작년에 여섯 살이 되어서야 유치원에 다니기 시작했다. 요즘은 엄마가 일을 하지 않아도 빠르면 돌쯤부터, 보통은 두 돌이 지나면 대부분 어린이집에 보낸다. 그렇지 않으면 문화센터라도 다닌다. 그런데 첫째는 여섯 살이 되어 유치원을 다니기 문화센터도 다니지 않았다. 오로지 집에서 엄마인 나와 놀면서 지냈다. 아마

둘째가 태어나지 않았다면 유치원도 안 다니고 바로 초등학교에 입학했을 수도 있다.

첫째가 세 살 때까지는 집에서 끼고 있는 것을 다른 사람들도 그리 이상하게 생각하지 않았다. 문화센터도 안 다니는 것을 의아하게 생각하긴 했지만 아직 아이가 어리니까 그러려니 했다. 그런데 첫째가 네 살이 되고 다섯 살이 되어서도 집에서만 논다고 하니 별의별 이야기가 다 들려왔다. "그러다 아이 사회성 없어진다, 엄마밖에 모르는 소극적인 아이가 된다, 문화센터라도 다녀서 다양한 자극을 줘야 한다." 등등. 지금은 기억도 나지 않는, 아이를 걱정하는 듯하면서도 엄마인 나를 나무라는 이야기들을 참 많이도 들었다.

변호사 자격증이 있는데도 일을 하지 않고 집에서 육아를 전담하고 있는 것도 나를 평범하지 않은 엄마로 만드는 데 일조했다. 다들 그 어려운 공부를 해서 딴 자격증이 아깝지 않느냐고 했다. 그동안 일이 너무 힘들어서 쉬고 싶기도 하겠다며, 구하지도 않은 이해를 받아 보기도 했다. 남편이 돈을 잘 벌어서 인생 참 편하게 산다는 이야기까지도 들어 봤다. "이제 슬슬 다시 일할 때가 되지 않았어?"라고 이야기할 때쯤에는 둘째를 임신했다. 나를 아는 사람들은 둘째도 첫째처럼 기관에 보내지 않고 집에서 키울 것을 알고 있다. 그러다 보니 정말 그렇게 애만 키우고 살아도 괜찮겠냐고 걱정 아닌 걱정을 해 주기까지 한다.

첫째 아이를 임신해서 네 살이 될 때까지 살았던 아파트에는 주로 신혼부부나 어린 자녀를 둔 가족들이 많이 살았다. 아파트 단지 내에는 놀이터가 3개 있었다. 첫째 아이와 나는 3개의 놀이터를 '큰 놀이터', '작은 놀이터', '새 놀이터'로 이름을 붙여서 불렀다.

그 3개의 놀이터를 징그럽게도 많이 다녔다. 날이 풀리는 봄부터는 매일매일 놀이터에 출근도장을 찍었다. 서 있기만 해도 땀이 줄줄 흐르는 여름이라고 예외는 아니었다. 모기들한테 헌혈도 참 많이 했다. 가을은 또 놀이터에서 놀기가 얼마나 좋은지 모른다. 가을은 본격적인 놀이터 시즌이다. 집은 밥만 먹으러 들어가는 곳 아니면 화장실을 가야 할 때만 어쩔 수 없이 들어가는 곳이었다. 겨울에는 옷 꽁꽁 싸매고 나갔다. 눈이라도 오는 날은 한밤중이라도 일단 나가야 했다. 눈사람을 만들고 눈썰매를 타야 하니까 말이다.

아이들이 많이 사는 아파트였지만 놀이터에서 생각만큼 아이들을 많이 볼 수는 없었다. 아이가 세 살 때까지는 놀이터에 나가면 그래도 또래 친구들이 있었다. 그런데 세 살 후반부터는 놀이터에서 첫째보다 어린 아기들만 만날 수 있었다. 세 살부터 대부분 어린이집에 다니거나 혹은 다섯 살부터는 유치원에 다녔기 때문이다. 어쩌면 놀이터에서 첫째 아이 또래를 못 보는 것이 당연한 것이었다.

다른 친구들이 어린이집에 가 있는 시간에 첫째 아이는 나와 함께 놀이터에서 하고 싶은 온갖 놀이를 했다. 미끄럼틀 타기, 시소 타기, 흙 파기, 나뭇잎 주워 오기 등등 많은 놀이와 뻘짓을 했다. 하지만 그중에서도 지금까지 나를 몸서리치게 만드는 놀이는 끝도 없는 '그네타기'였다. 놀이터에서 가장 인기 있는 놀이기구는 그네다. 아이들 여럿을 동시에 놀이터에 풀어놓으면 열이면 아홉이 그네로 몰려든다.

첫째 아이는 다른 친구들이 어린이집에 가 있는 동안 '작은 놀이터'에서 혼자 그네를 독점했다. 그러곤 질릴 때까지 타고 또 탔다. 물론 처음부터 혼자 그네를 탈 수 있는 것은 아니기에, 엄마인 내가 계속 그네를 밀어 주어야 했다.

2015년, 메르스 사태 때문에 어린이집과 유치원이 며칠 동안 휴원했었다. 그때 아파트 놀이터에 첫째 아이 또래들이 많이 놀러 나왔다. 첫째와 나는 평소대로 하루 종일 한자리에서 그네를 타고 밀어 주었다. 그런 첫째와 나를 보며 다른 엄마들은 굉장히 놀라워하고 신기해했었다. 그 후로 첫째 아이의 별명은 '그네 타는 아이'가 되었다.

아이가 한창 집 밖에서 노는 것을 좋아했을 때는 아침에 집을 나서서 밤이 되어 잠든 아이를 등에 업고 들어오기도 했다. 일단 아침밥을 먹자마자 나가자고 성화인 아이 등쌀에 밀려 집을 나섰다. 준비랄 것도 없이 대강 아이 먹을 밥만 챙겨서 나가야 했다. 나가서 특별한 일을 하는 것도 아니었다. 놀이터에서 놀다가 동네를 배회했다. 어떤 날은 동네 뒷산에 올라 약수터 앞에서 물 마시기만 2시간 넘게 하다가 배가 터지는 줄 알았다. 또한 어떤 날은 버스를 타고 남편이 일하는 동네에 놀러 가 그늘도 없는 개울가에서 돌 던지기만 3시간 넘게 하다가 더위를 먹은 적도 있었다.

첫째가 세 살, 네 살 때는 한창 책 읽기와 역할놀이에 빠져 있었다. 그때는 평균 취침 시간이 새벽 3시, 4시였다. 자정이 넘어서 밀가루 반죽 놀이를 하고 싶다면 밀가루를 꺼내 주었다. 거실 바닥이 밀가루 범벅이 되어도 상관없었다. 너무 재밌어서 좋아 죽는 아이의 얼굴을 보는 것만으로도 행복했다.

그림책을 보다가 갑자기 자기도 빨래를 해야겠다고 할 때도 많았다. 그럴 때는 그 시간이 밤 10시가 되었든지 11시가 되었든지 상관없이 빨랫감을 내주었다. 한정 없이 수돗물을 틀어 놓고 빨래를 해도 뭐라고 하지 않았다. 바로 옆에 있는 엄마가 꾸벅꾸벅 졸고 있는지도, 휴대전화로 동영상을 찍고 있는지도 전혀 모르고 그 순간에 무섭게 몰입하던 아이의 초롱초롱한 눈빛을 잊을 수가 없다. 너무 졸리고 피곤해서 내가 아이보다 먼저 잠든 날도 있었다. 하지만 아이가 잠들 때까지 읽어 달라는 책은 전부 다 읽어 주었다. 읽어 준 책들이 탑처럼 쌓여 가던 시절이었다. 그렇게 새벽에 자고 오전 늦게 일어나는 생활을 1년 넘게 했다. 현지와 나는 아파트 단지에서 새벽에 자는 모녀로 유명인사가 되었다.

이렇게 내가 유별나게 또라이처럼 아이를 키운 것은, 아이의 '감정'을 키우고 '몰입'을 방해하지 않기 위해서였다. 엄마와의 안정적인 애착형성을 전제로 엄마와 함께 갖가지 감정들을 학습하고 분별해 내는 능력을 가진 아이로, 자신의 감정을 말로 표현하고 감정을 어떻게 다뤄야 할지 아는 사람으로 키우고 싶었다. 그래야 아이가 자라면서 자신이 느끼는 감정이 무엇인지, 그 감정을 어떻게 처리할지 알 것이기 때문이다.

감정이 없거나 메마른 사람은 건강하지 못하다. 자신의 감정을 모르기 때문에 타인의 감정을 이해하고 보듬어 주기 힘들 수밖에 없다. 아이의 감정을 최대한 훼손하지 않고 살리기 위해서는 엄마인 내가 육아를 전담하는 것이 가장 좋은 방법이었다. 운 좋게 남편과 육아관이 맞았고 경제적으로도 그럴 수 있는 형편이었음은 정말 감사한 일이다.

아이가 초등학교에 다니면서부터는, 혹은 어린이집이나 유치원에 다닌다면 그때부터는 원하지 않아도 시간표에 맞춰서 생활해야 한다. 더 하고 싶어도 다음 시간을 위해 하던 것을 멈춰야 한다. 취학 전 아이에게 줄 수 있는 선물이 있다면 아무런 구속도 받지 않는 너른 시간일 것이다. 그 한가함 속에서 아이는 아무것도 안 할 수도 있다. 하지만 꽂히는 것이 있으면 몇 시간이고 몰입하는 기쁨을 누릴 것이다. 나는 첫째 아이에게 그런 너른 시간과 몰입의 기쁨을 선물하고 싶었다.

여섯 살이 되어서야 처음으로 단체생활을 시작한 첫째는 한 달간의 적응 기간을 거쳐 너무나도 즐겁게 그 생활을 즐기고 있다. 사회성을 걱정하던 사람들이 첫째 아이가 친구들과 선생님들과 잘 어울려 지내는 모습을 보면 깜짝 놀랄 것이다. 내가 더 뿌듯한 것은, 아이가 친구들이나 선생님들에게 휘둘리지 않고 자신의 감정을 솔직하게 이야기하면서 당당하게 잘 어울린다는 점이다. 그렇다고 아이가 자신만 아는 독불장군인 것도 아니다.

작년 9월에 유치원에서 작은 음악회가 열렸다. 분위기에 주눅 들지 않고 음악회를 즐기면서 노래하고 연주하는 첫째 아이를 보면서 나의 또라이 육아가 맞는 길이라는 확신이 들었다. 그래서 결심했다. 나는 앞으로도 쭉 또라이 엄마로 살아갈 것이다!

또라이들의 전성시대 3

23~33

정광주 김경태 이은정 남궁호
우희경 함명진 이지현 포민정
김서진 신상희 강동혁

겸손한 또라이 되기

정광주 '한국부동산투자연구소' 대표, 주식회사 강남산업개발 대표, 공인중개사, 건축기사,
부동산 투자개발 전문가, 강연가

해군사관학교를 졸업하고 해병대 중대장으로 전역했다. 그 후 식품제조업과 도·소매업을 하며 사업가의 길을
걸었다. 타고난 근면함과 집요한 승부욕으로 부동산업에서 성공을 거듭해, 현재는 연간 거래액이 200억 원이 넘는
공인중개사로 활동하고 있다. 또한 '한국부동산투자연구소'의 대표로서 부동산 투자 노하우를 공유하고 있으며, 부를
전파하는 부동산 재테크 강연가, 부동산 멘토로도 활동 중이다.

· Email 2010456@naver.com
· C·P 010.8524.0100
· Blog blog.naver.com/2010456
· Instagram real_estate_mentor_

1990년대에 가수 조영남 씨가 부른 노래 중에 '겸손은 힘들어'라는 곡이 있다. 20여 년이 지난 후에는 힙합장르로 리메이크되어 불리기도 했다. 우리는 늘 겸손해야 한다는 말을 많이 듣는다. 또한 착하게 살아야 한다는 말도 많이 듣는다. 부모님으로부터, 학교에서도, 직장에서도, 사업을 하면서도.

학창시절에는 겸손해야 친구들에게 인기가 많을 거라고 생각했다. 공부 좀 한다고 잘난 체하는 녀석들은 친구가 없었다. 왜냐하면 공부라는 기준이 지배하는 환경이었기 때문이다. 그렇다고

155
정광주

공부를 못한다고 인기가 많은 것은 아니었다. 학교를 졸업한 후, 직장에서도 늘 겸손해야 했다. 나 홀로 많은 일을 감당하면서도 공은 주변 사람들과 나눠야 했다. 사업도 겸손하게 하라고 한다.

착하게 살라고 해서, 착하게 열심히 살았다. 공부도 열심히 했고, 일도 열심히 했다. 학창시절부터 직장생활, 개인 사업을 하고 있는 지금까지 열심히 살고 있다. 남들보다 덜 자고, 더 성실하기 위해 노력했다. 성실한 것으로 치면 둘째가라면 서러울 정도다. 성실한 걸로 둘째가라면 서러울 사람들이 우리 주변에 많다.

나는 얼마 전 겸손에 대한 작은 결론을 스스로 내렸다. '내 일이 내 것이 아니다'라고. 그것이 내가 결론 내린 '겸손'이다. 내가 이루어 낸 것이 내 것이 아닌 것을 깨닫는 것이 겸손이라는 뜻이다. 지금 내가 책을 쓰게 될 수 있었던 것은 내가 잘나서가 아니다. 하나님께서 나에게 이 일을 시켰기 때문에 나는 그 일을 하고 있는 것일 뿐이다. 내가 쓴 책이 베스트셀러가 되고, 많은 사람들이 나의 강의를 듣기 위해 몰려들어도, 그것은 내가 잘한 것이 아니다. 하나님께서 시키신 일을 그냥 했을 뿐이다. 이 작은 깨달음을 얻었을 때 나는 진정으로 겸손해질 수 있는 방법을 스스로 배웠다. 우쭐해하지 말고, 그냥 묵묵히 시키신 일을 실천하자. 나와 신의 사이에서 나에게 가까워질수록 자만이 커지는 것이다. 반대로 신에게 가까워질수록 겸손이 커지는 것이다. 모든 것이 신에게

갔을 때 겸손해질 수 있는 것이다.

겸손에 대해 잠시 이야기했으니 이제는 또라이에 대해서 이야기를 나누자. 또라이는 스스로 탄생한 또라이도 있고, 남이 시켜서 혹은 환경에 의해서 탄생한 또라이도 있다. 전자는 자신의 선택과 취향을 자연스럽게 표출하는 민주시민이고, 후자는 조직의 필요에 의해 만들어진 구성원이다. 전자든 후자든 나는 이 또라이를 사랑한다.

물리에는 질량 보존의 법칙이 있고, 사회에는 또라이 질량 보존의 법칙이 있다. 질량 보존의 법칙은 물질의 상태가 변화하더라도 그 물질이 가진 질량의 총합에는 변함이 없다는 뜻이다. 또라이 질량 보존의 법칙은 사회 구성원이 바뀌더라도 그 구성원 내의 또라이의 숫자는 변함이 없다는 것을 의미한다.

그렇다면 또라이는 어떤 존재일까? 대형 물차에 싱싱한 활어가 가득하다. 산소 기포가 방울방울 솟아오르는 수조에 꼭 동행하는 한 마리의 문어가 있다. 문어는 포식자다. 대부분의 어류를 잡아먹는다. 싱싱한 활어를 운반하기 위해 왜 문어가 필요한 걸까? 문어는 수조 속에서 활어를 잡아먹기도 하지만 그 양은 한두 마리에 불과하다. 대신 다른 물고기들을 긴장하게 만들어 좁은 수조에서도 죽지 않고 살게 한다.

물차 속의 포식자 문어도 또라이일 수 있고, 생각과 행동이 다른 사람을 또라이라고 볼 수도 있다. 학교에서 배운 대로 하지 않고, 여러 사람을 불편하게 하는 사람을 또라이라고 부를 수 있다. 분명한 것은 우리 주변에는 늘 또라이들이 있다는 것이다.

또라이는 다양한 형태로 우리 주변에 존재한다. 또라이가 이 사회에 필요 없는 존재라면 굳이 없었을 것이다. 또라이라는 존재가 '0'이 되었을 때, 그 사회나 조직은 오히려 불편함을 느끼게 된다. 그리고 자체적으로 또라이를 생성하는 과정을 거쳐 또라이를 만든다. 때로는 누군가에게 또라이 역할을 부탁하기도 한다. 또라이 역할을 제안받은 사람은 극구 사양하다가 결국 또라이 임무를 수행한다.

내가 해군사관학교 생도시절 또라이로 살았던 이야기를 잠깐 들려주겠다. 나는 그 시절 행정보좌관, 중대기수, 부연대장, 가입교 소대장 등의 직책을 수행했다. 모르는 사람들은 학교에서 임원을 맡은 정도로 볼 수 있지만, 위에서 언급한 사관생도들은 또라이 중의 또라이다. 그러니 일종의 또라이 그랜드 슬램을 한 격이다.

후배들의 생활실을 순찰하기 위해 새벽 4시부터 방을 나선다. 새벽 4시에 후배들을 순찰하기 위해서는 새벽 3시 30분에 일어나 세면과 두발 정돈을 마쳐야 한다. 그렇게 머리카락 한 올 흐트러짐 없는 모습으로 방을 나선다. 순찰을 한 바퀴 돌고 오면 책상 앞에 앉아 학과 공부를 한다. 졸음이 쏟아지지만 우수한 성적을 받아야 한다. 그래야 후배들을 더욱 강하게 지도할 수 있다는 생각이 든다.

체력단련 시간에는 후배들의 체력을 강하게 단련시키기 위해 함께 무장구보를 한다. 20kg의 무장을 메고 5km, 10km를 구보하면서도 후배들에게 땀 흘리는 모습, 지친 모습을 보이지 않아야 한다. 무장구보를 하며 부르는 군가 소리가 약해지는 후배들에겐 호통을 치며 기합을 준다. 언제나 레이저가 뿜어져 나올 듯한 눈빛으로 지냈다. 힘든 훈련을 마치고도 흐트러진 자세를 보이지 않기 위해 터질 듯한 심장을 어깨로 움켜쥐며, 나는 그렇게 또라이로 4년을 살았다.

해군사관학교에서 또라이로 사는 것은 쉽지 않았다. 왜냐하면 숨을 곳이 없기 때문이다. 모든 선후배, 동료들은 또라이에게 쉽게 주목한다. 또라이는 보통의 사관생도들보다 더 완벽하게 생활해야 했다. 힘들었지만 또라이로 사는 4년 동안 정말 많은 것을 배울 수 있었다. 다른 동료들처럼 평범하게 묻어가는 삶을 살지 않았기 때문에 더 많은 것을 경험하고 깨달을 수 있었다. 그리고 더 많은 사람들과 더욱 새로운 관계를 가질 수 있었다. 또라이로 사는 것이 쉽지는 않지만, 또라이의 삶은 충분히 가치 있는 삶이라는 것을 이때 깨달았다.

나는 이제 겸손한 또라이로 진화했다. 겸손을 알게 되니 또라이의 삶이 더욱 즐거워졌다.

이제는 부동산계의 상또라이가 되어 줄 차례다. 시대가 나를 원하고 신께서는 나에게 그 일을 시키셨다. 머뭇거릴 필요가 없다. '또라이 정신'으로 중무장하고 앞만 보고 나아갈 것이다.

〈한국부동산투자연구소〉의 대표, 또라이 정광주. 2018년, 부동산 업계가 나의 도전을 주목하고 있다.

진정으로 원하는 꿈에 도전하며 살아가기

김경태 삼성디스플레이 책임연구원, '한국독서코칭협회' 대표, '모티베이터즈랩' 대표,
독서콘텐츠 제작자, 강연가

어릴 때부터 습관이 된 집중 독서를 바탕으로 30~40대 세컨드 라이프를 준비 중인 직장인들을 위한 비전독서 방법을
컨설팅해 주는 '한국독서코칭협회'를 운영하고 있다. 삼성디스플레이 독서봉사단 '봄드림'의 대학생 멘토를 맡고 있으며,
현재 독서를 통한 인생의 변화에 관한 저서를 집필 중이다.

• Email kennie.kim@gmail.com   • Blog www.motivatorslab.com
• Instagram @kennie.kim

우리는 인생을 살아가며 수많은 선택을 한다. 어떤 것이 정답인지는 모른 채 말이다. "오늘 뭐 먹지?", "뭐 입지?"와 같은 사소한 선택에서부터 대학, 유학, 결혼, 직장 등과 같이 인생의 방향을 변화시키는 중요한 결정까지 우리의 매 순간은 선택의 연속이다. 그리고 이러한 선택의 결과가 지금의 내 모습이다.

그런데 선택의 순간, 내가 주인공이 되어 결정하고 있는가? 내 인생인데 남의 결정을 따라가고 있는 것은 아닌가? 과연 나는 내 인생을 살고 있는 것이 맞는가?

나는 어릴 때부터 욕심이 많은 아이였다. 내가 가진 것보다 친구가 가지고 있는 장난감을 탐냈다. 갖고 싶은 것이 생기면 그 마음이 지나쳐 몸이 저절로 아팠다. 원하는 것이 있으면 어떻게든 내 것으로 만들고 싶어서 생각하고 또 생각했다. 부모님이 해 줄 수 있는 것이면 귀에 딱지가 앉을 때까지 이야기해서 얻어 내는 그런 아이였다.

중학교 1학년 때 나는 규모가 큰 아파트 단지에서 살았다. 당시 그 아파트에는 동급생들이 많이 살고 있었다. 학교는 달랐지만 방과 후 다들 동네의 학원에서 모였다. 그리고 학원을 마치면 놀이터에서 함께 딱지놀이나 구슬치기 같은 것들을 해가 질 때까지 하다가 집에 돌아가곤 했다.

그러던 어느 날 한 친구가 자전거를 타고 학원에 왔다. 주변에 자전거는 많았지만 그동안 본 적이 없던, 뒷바퀴에 5단 기어가 있는 자전거였다. 그런데 며칠 뒤 추가로 3명의 친구가 비슷한 자전거를 구입해 자랑했다. 그러고는 학원을 마치고 저희들끼리 자전거를 타러 갔다. 홀로 남겨진 나는 그 친구들과 함께 자전거를 타고 싶어서 자전거를 사야겠다고 결심했다. 물론 친구들 것보다 더 좋은 자전거를 사야 한다는 목표와 함께. 그리고 집에 돌아와 부모님께 자전거를 사 달라고 졸라 댔다. 친구들과 함께 놀고 싶은데 소외감을 느낀다는 점과 운동을 위해 필요하다는 점을 근거로 아버지 어머니께 자전거를 사 달라고 했다.

아버지께서 사무실 근처에 있는 자전거 판매점에 알아보겠다고 하셔서 '아, 나도 내일이면 자전거를 가질 수 있겠구나'라고 생각했다. 그런데 문제가 생겼다. 나는 친구들보다 더 좋은 자전거가 필요했다. 거기에서 제동이 걸렸다.

아버지가 알아본 학생 자전거는 기어가 없는 자전거였다. 당시 자전거 판매점 사장님께서도 "요즘 기어 변속이 가능한 자전거가 유행이라 학생들이 많이 구입한다. 그런데 우리 동네 아파트는 언덕이 없는 평지에 넓게 자리 잡아 기어가 필요 없다."라고 하셨다고 했다. 그러면서 아버지는 기어가 없는 자전거를 사 주겠다고 하셨다. 나는 기어가 없는 자전거는 필요가 없다고 말했다. 부모님은 그러면 사지 말라고 하시면서 화를 내셨다.

나는 며칠간 나의 방식대로 투쟁했다. 밥을 먹지 않은 것이다. 아침밥을 먹지 않고 간다는 것은 당시 내가 할 수 있는, 부모님을 가장 속상하게 하는 행동이었다. 그럼에도 불구하고 어머니는 단호했다. 하지만 아버지는 마음이 아리셨는지 며칠 후 아침 등굣길에 "저녁에 네가 원하는 자전거 사러 갈 테니 밥 먹고 학교 가라."라고 하셨다. 그리고 그날 저녁 나는 당시 또래 중에서 가장 좋은 12단 기어변속 자전거를 샀다. 그날 친구들과 아파트 외곽을 자전거로 질주하면서 느꼈던 기쁨과 행복감이 아직도 잊히지 않는다. 그렇게 유년시절 부모님께 떼를 써서 원하는 것을 얻은 것은 자전거가 마지막이었던 것으로 기억한다.

대학교 3학년 때 어학연수를 결심했다. 전공에 취미가 없었던 나는 영어를 잘해 보고 싶다는 생각과 미국에 대한 동경으로 연수를 계획했다. 군대를 제대하고 고등학교 친구 둘과 함께 몇 달간 유럽배낭여행을 한 경험을 바탕으로 외국에 대한 두려움은 극복한 상태였다.

문제는 돈이었다. 당시 나는 군대까지 다녀왔는데도 돈에 대한 개념이 전혀 없는 철부지였다. 부산에서 서울로 대학을 오면서 학비, 주거비, 식비 모두를 부모님께 지원받았다. 뿐만 아니라 남들다 하는 아르바이트 한 번 해 본 적 없었다. 이른바 '부모님 등골 빼먹는 자식'이었다.

여름방학 때 부산에 내려가서 부모님께 어학연수 결심을 말씀드렸다. 당시 어학연수는 대학생 100명 중 1~2명 정도 가던 시절이었다. 그중 영어권 연수는 미국, 영국, 캐나다, 호주 순으로 연수비용의 진입장벽이 높았다. 나는 연수를 결심하면서 공공연하게 미국을 가겠다고 주변의 친구들에게 말하고 다녔다. 영어는 본토에서 배워야 한다는, 지금 생각해 보면 말도 안 되는 논리를 세우면서 말이다.

최종 승낙은 부모님이 하셔야 했는데 그 결정에 있어서 문제가 되었던 것이 미국이었다. 당시는 IMF를 지나 경기가 회복되고 있는 시기였다. 그런데 환율이 미국은 1달러에 1,300원 수준이었고 캐나다는 800원, 호주는 700원 정도였다. 그러니 미국으로 연수를 간다는 것은 2배나 비싼 돈을 주고 영어를 배운다는 의미였다.

당시 나는 캐나다나 호주는 한국인들이 너무 많아서 영어를 제대로 배울 수 없으니 한국인이 잘 가지 못하는 미국을 가겠다고 부모님을 설득했다. 한참을 설득하자 결국 부모님은 내 결정을 따라 주셨다. 그런데 정말 큰 문제가 생겼다. 내가 비자 심사를 의뢰하는 시점에 9·11 사태가 발생한 것이다. 당시 잠시 비자 발급이 중단되었다. 재개된 시점에서는 심사 기준이 까다로워졌다는 소식이었다.

나는 수개월간의 미국 연수 준비를 접고 캐나다로 다시 알아봐야 하는 건가, 하며 큰 좌절감을 느꼈다. 그러곤 종로의 유학원을 매일같이 방문해 당시의 미국 비자 합격 사례를 모으고 담당자분과 가능성을 검토했다.

당시 가장 아쉬웠던 부분이 아버지가 대기업 직장인이 아니라는 점이었다. 학생비자는 결국 부모님의 재력과 안정성을 보고 발급되는데, 당시 비자 발급이 까다로워지면서 재력은 기본이고 부모의 직업이 중요하다고 했다. 아버지는 부동산 중개업을 하셨는데 당시 기준을 만족시키지 못할 수도 있다고 했다. 그래서 추가로 건축사이신 큰아버지의 과거 10년치 통장 거래내역을 뽑아서 비자서류에 첨부했다. 미국만 아니면 아무 문제가 없는데, 아들 녀석이 굳이 미국에 가겠다고 하니 아버지께서 형님에게까지 민감한 서류를 부탁하신 것이다.

그렇게 준비한 서류를 바탕으로 비자를 접수했고 다행히 비자를 발급받았다. 당시 얼마나 기뻤었는지 휴대전화 ARS로 미국 비자심사 합격 결과를 100번은 넘게 들었던 것 같다.

그렇게 나는 내가 그토록 원했던 미국 연수를 성공적으로 떠나게 되었다. 내가 원해서 간 곳에서 내가 하고 싶었던 공부와 값진 경험을 할 수 있었다. 1년 뒤 나는 가슴 뿌듯한 성과를 안고 귀국했다. 그때의 영어 성적이 공대생인 나에게는 귀중한 스펙으로 작용한 것 같다. 대학교 4학년에 입사 지원을 시작했을 때 학점이 중·하위권이었음에도 합격이라는 좋은 결과로 나타났었다. 그리고 지금 내가 근무 중인 회사에 입사해서 1년 만에 어학연수 비용을 다 벌었던 것으로 기억한다.

이렇게 자기주장이 강하고, 하고 싶은 것을 놓치지 않고, 할 수 있는 방법을 찾던 나는 대기업에 입사했다. 그리고 열정이 가득한 신입사원으로서 사회생활을 시작했다. 그런 지 14년. 나는 회사에서도 내 목소리를 내고, 내 주장을 관철시키며 내 방식대로 업무를 진행하고 있다. 하지만 뭔지 모르게 자꾸만 가슴이 답답하다.

매일 비슷한 일, 형식이 갖춰진 보고서, 계층적 업무 분담, 거미줄 같은 모니터링, 내 결정보다는 시키는 대로 따라야 하는 생활. 이런 제약 사항들이 자꾸만 나의 꿈과 열정을 잃게 만든다. 회사라는 거대한 시스템이 나를 시간을 팔아 돈을 얻는 사람으로 만들고 있다는 생각이 든다.

내 인생은 아직 마침표를 찍지 않았는데 이렇게 직장에 얽매인 내 인생은, 마치 끝이 정해져 있는 책처럼 보인다. 어려운 수학 문제를 혼자서 열심히 풀고 있는데 책상 한쪽에 누군가의 풀이법이 쓰여 있는 것 같다. 풀지 못할 문제라서 저 풀이법을 베껴서라도 점수를 기대해야 할지, 아니면 틀리더라도 내 능력으로 풀어 보고 결과를 받아들여야 할지.

나는 결심했다. 과거의 내가 원하는 것을 얻고자 노력했던 그때처럼, 어렵고 힘들어 보일지라도 도전해 보기로. 그래서 나는 오늘도 스스로에게 주문을 건다. 어릴 적 자전거를 갖고 싶었던 그 마음을, 미국 땅을 밟아 보고 싶었던 그 꿈을, 그리고 하나하나 성취해 가면서 성장해 나갔던 그 순간을 다시 기억해 내고 진짜 내가 원하는 것을 선택하고 도전하라고. 그러면 반드시 좋은 결과가 있을 것이라고.

김경태

25

누구보다도 강한 또라이 되기

이은정 엄마 자존감 코치, 자기계발 작가, 동기부여가

이화여자대학교 국제대학원에 재학 당시 '동시다발적 FTA에 따른 국가경쟁력의 변화'라는 논문으로 한국무역협회에서 주최한 논문대회에서 1위를 수상했다. 이는 당시 미국 국무장관이었던 힐러리 클린턴을 직접 만나는 계기가 되었다. KOTRA에서 근무하기 시작해 현재는 서울시 산하 공기업에 과장으로 재직 중이다. 위킹맘과 엄마의 자존감, 아이의 자존감에 대해 블로그로 활발히 소통하고 있으며 현재 개인저서를 집필 중이다.

• Email cool.ej1@gmail.com   • Blog blog.naver.com/02madame

사람들은 누구나 자기 삶을 고민하고 위기를 겪을 때가 있다. 똑같은 위기에 처하더라도 그 위기를 어떻게 바라보느냐에 따라 또라이처럼 용기를 내서 위기를 헤쳐나가기도, 세상과 타협하게 되기도 한다.

나는 전자 쪽이다. 그간 숱한 어려움에 맞닥뜨릴 때마다 나는 좌절하지 않고 내 식대로 문제를 해결해 나갔다. 그래서 주변 사람들로부터 "너 진짜 또라이야!"라는 말을 참 많이 들었다.

대학교 4학년 2학기, 스물세 살에 KOTRA라는 공기업에 계약직 사원으로 입사했다. KOTRA는 국내의 중소기업들의 해외 수출 판로를 개척해 주는 공기업이었다. 그 회사의 인천공항사무소에서 첫 회사생활을 시작했다. 나의 업무는 해외 바이어들 중 우리가 알 만한 세계적인 기업의 CEO들에게 VIP급 의전을 제공하는 것이었다. 또한 후진국의 바이어들이 국적 등 여러 사유로 입국 불허가 되는 경우 출입국 사무소를 설득해 입국시키는 것이었다.

나와 비슷한 시기에 입사한 정규직들과 일주일 동안 교육받을 기회가 있었다. 그들은 엄청난 경쟁률을 뚫고 공채로 입사한 실력자들이었다. 조별로 동그랗게 앉아 있는데 나를 제외하면 그해에 같이 입사한 신입들이었다. 내 눈에는 빛처럼 반짝이는, 급이 다른 사람들이었다. 나는 스스로 주눅이 들었다. 그들은 입사 동기이다 보니 쉬는 시간이면 수다를 떨기 바빴다.

"우리 팀에는 나 말고는 과장님, 팀장님밖에 없어. 나머지는 계약직들이야. 계약직 직원이 있는데 왜 나한테 복사 심부름을 시키는 거야? 진짜 짜증나."

그들은 계약직인 나는 안중에도 없다는 듯 편하게 대화했다. 그들은 어렵게 시험을 보고 들어온 정규직과 계약직은 급이 다르다고 생각했다. 때문에 그만한 차별 대우를 해 주기를 바랐다. 교육받는 일주일 내내 나는 '현대판 인종차별이 따로 없구나'라는 생각이 들었다. 정작 그들에게 말을 걸 용기도 없었으면서도 나를 투명인간 취급했다며, 오랫동안 열등감에 사로잡혀 있었다.

2년 가까이 계약직으로 근무하자 인사팀으로부터 무기계약직으로 전환해 준다는 메일을 받았다. 하지만 나는 아무리 일하기 편한 회사라고 해도 투명인간 취급을 당하면서 살아가기는 싫었다. 직장 선배는 내 미래인데 계약직 10년 차 선배가 정규직 신입 사원에게 어떤 대우를 받는지 똑똑히 봐 왔다. 계약직이라고 하더라도 충분히 안정적이고 분에 넘치는 회사였지만 나는 좋은 경험 쌓았다고 생각하고 하루라도 빨리 나오고 싶었다. 더 넓은 세상을 배우기 위해 스물다섯 살에 이화여자대학교 국제대학원에 입학했다.

국제대학원은 유학생들이 한국에 정착하기 위해 학벌이나 인맥을 쌓으려고 들어오는 경우가 많았다. 어학연수 경험도 없는 내가 유학생들과 경쟁하는 것은 대학생과 초등학생이 같은 레벨에서 공부하는 것과 같았다. 영어로 진행되기 때문에 당연히 과제, 발표, 논문도 영어로 준비해야 했다. 유학생들이 한 시간 공부하면 나는 밤을 새워서 따라갔다. 모든 수업을 그렇게 절박하게 노력하며 들었다.

가장 힘들었던 것은 궁금할 때마다 교수에게 즉각 물어보는 그들에 비해 나는 궁금해도 침묵을 지켜야 할 때였다. 국제대학원은 교수와 학생이 자유롭게 의견을 공유했다. 나도 하고 싶은 말이 많았음에도 영어가 달려 투명인간이 되어야 했다.

심리적으로 흔들렸다. 하지만 더 뒤처지지 않기 위해 노력했다. 주말에도 방학 때도 매일 대학원에 나와서 공부했다. 결국 그들과의 경쟁이 아니라 내가 더 넓은 세상을 경험하고 배우는 것이라고 생각했다. 4학기가 되었을 때 국제대학원장은 나의 근면성을 높게 봐 주셨다. 교수님이 여러 가지 현안을 질문하시면 나의 견해를 말했다. 학부 때 배운 국제통상학, KOTRA에서의 현장 경험, 대학원에서 전공 도서를 읽고 내 의견을 정립했던 노력이 하나도 헛되지 않았다.

국제대학원장의 적극적인 추천으로 〈동시다발적 FTA에 따른 국가경쟁력 변화〉에 관련된 논문을 쓰게 되었다. 이 논문으로 나는 한국무역협회에서 주관하는 논문 대회에서 1위를 수상해 상금 1,000만 원을 받았다. 본교 홈페이지의 메인 모델이 되었고, 〈조선일보〉, 〈매일경제〉 신문의 기사에도 실렸다. 가장 큰 영광은 미국 국무장관이었던 힐러리 클린턴과의 만남이었다. '자랑스러운 이대인'으로 선정되어 당시 국무장관이었던 힐러리 클린턴을 직접 마주해 간단한 질문을 하고 응답을 받을 기회를 얻었다. 세계적으로 가장 성공한 여성인 힐러리 클린턴의 엄청난 기운을 직접 느낄 수 있었다.

이후 나는 원하던 공기업에 들어갔다. 사랑하는 사람과 결혼도 했다. 그렇게 해피엔딩인 줄 알았다. 그런데 아이를 낳고 키우면서 불안하고 우울한 감정이 지속되었다. 이 상황에서 벗어나기 위해 정신과를 찾아갔다. 병원에서는 세 차례 검사 후 나에게 ADHD 확진 판정을 내렸다.

처음에는 너무 놀랐다. 가끔 내가 또라이라고 생각하긴 했지만 그게 진짜였다니. 딸은 어렸을 때부터 내가 펜을 굴리는 모습이나 휴대전화를 하면서도 반복적으로 손가락으로 치는 행동, 신호등을 기다릴 때 하는 행동을 따라 했다. 뭔가를 기다리고 인내하는 힘이 부족해서 나오는 내 행동들이었다. 순간적인 분노를 참지 못하고 하고 싶은 대로 말을 내뱉어 가까운 사람들에게 상처를 준 적도 많다. 물건을 잘 잃어버리기도 하고, 중요한 약속을 깜빡하는 데도 익숙하다. 집에서 요리나 청소하는 것도 어렵고 회사에서는 마감일이 되어서야 그 업무를 시작했다.

그렇지만 이 모든 게 내가 ADHD이기 때문이라는 생각은 못했다. 내가 남들보다 특이한 사람이라는 것은 알았다. 남들보다 특이하게 생각하고 꼼꼼하지 못하다는 것은 인정한다. 하지만 모든 사람에게 약점과 아픔이 있듯 나도 그런 것이라 생각했다.

ADHD 진단 후 나를 되돌아보았다. 회사에서는 8년 차 과장으로 재직 중이며 가정에는 따뜻한 신랑과 공주 같은 딸이 있다. 부부가 합치면 연봉이 1억 원을 훌쩍 넘는다. 경제적으로도 자리

잡혀 가고 있다. 무언가를 조금씩 이루어 가는 동안 다 내가 잘나고 노력해서 된 것이라고 생각했다. 어느새 내 마음속에서 또라이는 사라지고 나에게 상처를 줬던 정규직처럼, 유학생들처럼 자만심과 허영심이 생겨나고 있었다.

물론 세상에는 나를 투명인간으로 만든 사람들도 있었다. 하지만 그보다 더 많은 사람들이 나를 사랑하고 따뜻하게 배려해 주었다. 그들의 양보와 배려가 늘 함께했기 때문에 나는 행복했고 내 마음의 아픔을 깨닫지 못했다. 내가 이룬 모든 것은 나를 감싸 준 사람들 덕분이었다.

나는 다시 계약직 때처럼, 대학원 때처럼 또라이가 될 것이다. 하지만 더 강한 또라이로 변했다. 처음 계약직으로 차별받을 때는 나는 나 스스로를 지키지 못했다. 국제대학원에서는 나를 지킬 힘을 키워 많은 것을 이루었다. 그리고 지금은 역경을 소중히 여기는 지혜까지 생겼다. 과거보다 현명하고 노련하게 대처할 것이다. 이번의 위기를 최대한 긍정적으로 받아들이고 그 뒤에 찾아올 행복을 기다릴 것이다. 그리고 10년 후에도 나는 지금처럼 말할 것이다. 지나고 보니 그때의 ADHD는 나를 강하게 일으켜 세운 이로움의 씨앗이었다고.

26

끝없이 도전하는 인생 살아가기

남궁호 사업가, 동기부여가, 자기계발 작가

꾸준한 자기계발을 통해 매일 좀 더 나은 사람이 되고자 힘쓰고 있으며 나아가 타인에게도 심리적, 사회적, 경제적으로 도움이 되는 사람이 되고자 한다. 더불어 살아가고자 하는 마음이 인간에게 얼마나 많은 풍요로움을 주는지 깊이 깨닫고 이를 일상에서 실천하고자 노력하고 있다.

· Email ghdl1901@naver.com

"넌 왜 그렇게 힘든 걸 자초하냐?"

"어떻게 그걸 하려고?"

가슴 뛰는 무언가를 하려고 할 때 주변에서 늘 나에게 하는 말이다.

"그거 힘들어."

"처음엔 하고 싶어 안달내는 사람도 결국에는 다 포기하더라."

"그냥 편하게 살아."

무언가를 결정하고 그것에 열심히 매진할 때도 나의 친구들,

지인들 심지어 가족들까지도 이렇게 반응하곤 한다.

딸만 여섯인 종갓집. 그중 넷째 딸! 나는 어렸을 때부터 하고 싶은 것도, 갖고 싶은 것도, 먹고 싶은 것도 많았다. 그래서 집 식구들이 볼 땐 호기심도 의욕도 왕성한 이른바 '또라이'였다. 하지만 그게 꼭 나쁜 느낌만은 아니었다. 뭔가 새로운 일이 일어날 것 같은 기운이 항상 내 주위를 맴돌고 있었다. 그렇지만 평온한 집 안의 일상을 깨는 주범이었던 것은 맞다.

어렴풋이 다섯 살 때로 기억한다. 어떤 오빠가 길거리에서 사과를 먹다가 떨어뜨리고는 울면서 그냥 가 버렸다. 나는 속으로 '닦아서 먹으면 되지, 왜 그냥 가지?'라고 생각했다. 그러곤 사과를 주워 와 집의 수돗가에서 닦고 있는데, 둘째 언니가 그 광경을 보고 난리를 쳤다. "너 그러면 거지 된다.", "네가 거지냐. 그런 거 왜 주워 오냐.", "그러면 다음부터는 가만 안 둔다." 등등 나를 단단히 혼냈다. 그때도 나는 '내가 뭘 잘못한 거지?'라고 생각하며 못 먹게 된 사과를 아까워했다. 나는 그런 돌출 행동을 일삼는 아이였다.

어렸을 때부터 나는 참 목청이 좋았다. 그래서 초등학교 때 음악시간이면 선생님께서 나의 성량을 무척 칭찬하셨다. 그리고 나면 다른 아이들 앞에서 시창을 하곤 했다. 나중엔 선생님이 따로 부르셔서 합창반에 들어오라고 하셨다. 그런데 막상 합창반에 들어가니, 악보를 볼 수 없어서 노래를 제대로 부를 수가 없었다. 그래서 노래를 곧잘 부르는 다른 아이를 관찰해 보니, 그 아이는 피아노 교습소를 다니고 있는 것이 아닌가. 나는 그때부터 피아노 교습소에 가는 것이 소원이 되었다. 하지만 형제 많은 우리 집에서 따로 레슨을 받는다는 것은 언감생심 꿈도 못 꿀 일이었다. 그래도 나는 계속 졸랐다. 하지만 그때마다 욕만 바가지로 먹었었다.

그래서 어떡하면 피아노를 칠 수 있을지를 고민했다. 그때는 교실마다 풍금이 있었는데, 수업 후 혼자 남아서 해 저물 때까지 풍금을 치곤 했었다. 누구 하나 가르쳐 주는 사람도 없이. 그런데 피아노는 어떻게 해 볼 수가 없었다. 그래서 검정과 흰색 도화지로 건반을 만들어 악보를 혼자 연습했다. 스스로 선생님이 되어.

그 덕분에 그나마 나는 나중에 기본 소리라도 낼 수 있었다. 옆에서 종이 피아노를 가지고 연습하는 것을 보면서 언니들은 "너 그게 무슨 진짜 피아노라도 되냐?"라며 비웃었다. 그래도 내 귀엔 내 손이 움직이는 대로 진짜 낭랑한 피아노 소리가 들렸었다.

나의 좌충우돌 도발기는 계속되었다. 중학교에 가서는 서울시립어린이합창단에 입단하게 되었다. 너무나 열심히 연습하는 나를 본 지휘자 선생님이 공연 스케줄에 정식으로 들어가 보자고 하셨다. 그런데 그러려면 적지 않은 비용을 감수해야 한다는 것을 알았다. 결국 나는 고작 석 달 연습한 후, 비용 때문에 포기해야 했다. 지금 생각해도 가슴 시린 기억이다. 그래도 나는 꿈을 포기하지 않았다. 결혼 후에 시립합창단에 들어가게 되었으니, 조금은 속상하고 아픈 기억이 풀렸다고 할 수 있겠다.

대학 졸업 후 나는 취직도 못하고, 그야말로 백수가 되어 집안일이나 도와주며 지내고 있었다. 그러니 친구들도 자연스럽게 백수인 친구들을 만나게 되었다. 그냥 만나서 수다 떨고, 밥 먹고, 술 마시고, 클럽에 가고, 그런 생활의 연속이었다. 하지만 그 생활은 오래가지 않았다. 오히려 즐겁고 재미있을 것 같은 그 생활은 나에게는 뿌연 안개가 드리워진 터널과 같았다. 생명이 없는 나날이었다.

'내가 할 수 있는 일은 무엇일까?'를 아무리 고민해도 딱히 떠오르는 것이 없어서 나는 일단 공부를 하자는 생각에 방송통신대학에 들어갔다. 예나 지금이나 거의 독학으로 하는 공부가 쉽진 않지만, 나는 2년 반 만에 학교를 졸업하게 되었다. 아마도 그때 5,000명 정도가 입학했는데 800명쯤 졸업한 듯했다. 도전 없던 나의 생활에 활력이 넘쳤던 시기였다.

그러나 졸업을 했어도, 그냥 평범한 여자 졸업생이 일할 자리는 거의 없었다. 나는 매일 아침마다 신문을 샅샅이 뒤져 결국 어느 회사에 지원하게 되었다. 그날 바로 면접을 봤는데, 그다음 날부터 당장 출근하라고 했다. 나는 '이제 나도 일이라는 걸 하게 되었구나'라는 생각에 설레는 마음으로 출근했다. 그런데 입사하기로 되어 있던 30명 중에서 나 혼자만 출근해 있었다.

알고 보니 영업직이라는 이유로 다들 기피한 것이었다 나는 '배워서 하면 되는 거 아닌가? 처음부터 어떻게 잘해?'라고 생각하며 신나게 일을 했다. 이런 이야기를 친구들과 언니들에게 했더니 다른 사람들이 다들 안 온 데는 이유가 있는 거라며, 네가 순진해서 몰라서 그런다고 그만두라는 것이었다. 그래도 나는 '어차피 지금 그만둬도 달리 할 일도 없는데 배워 보자!'라고 마음먹고 열심히 일했다. 그리고 급기야는 회사 전체 사원 중 매출 1위까지 해서 황금 열쇠도 받는 그런 행운도 거머쥐었다.

나는 지금도 이렇게 생각한다. 해 보지도 않고 시작조차 안 한다는 것은, 설령 그 일에서 성공까지는 못한다 해도 내가 안 해 본 경험을 해 볼 소중한 기회를 날리는 것이라고. 그러니 내 앞에 온 기회에는 우선 도전해 봐야 한다. 이런 경험들은 살아가면서 버릴 게 하나도 없이 다 쓰이게 된다. 뿐만 아니라 나의 성장에 반드시 밑거름이 된다.

결혼 후에도 나는 영어도 잘 못하면서 아이 둘만 데리고 미국행을 감행했다. 물론 현지에는 동생이 살고 있었다. 하지만 나는 미국 사람이 경영하는 뮤직아카데미에서 레슨도 받고, 이곳저곳

쏘다녔다. 손짓 발짓 해 가며 어설픈 영어로 이런 일들을 척척 해내는 나를 보며 "미국에서 살고 있는 저보다도 더 잘하시네요."라고 하며 신기해하던 제부의 모습이 떠오른다.

일단은 부딪치고, 겪어 보라. 그러면 그냥 생각만 하는 것과는 다르게 어떤 때는 상상도 못한 일들이 벌어진다. 때로는 곤혹스러울 때도 있고 스트레스를 받을 때도 있지만 결국 그 모든 것은 또 시간이 지나면 해결된다는 것을 알게 된다.

나는 귀가 무척 얇은 편이다. 하지만 일단 한번 결정하면 눈가리개를 씌운 경주마처럼 그냥 앞만 보고 질주한다. 나의 도전에 도움이 되지 않는 말에는 과감히 귀를 닫아 버린다.

나는 현재 〈한책협〉에서 '작가'에 도전하고 있다. 이 말을 들으면 주변 사람들이 보일 반응은 능히 상상이 간다. 하지만 나는 안다. 이것도 역시 멋지게 해낼 거라는 것을. 그리고 도전하는 과정에서 많은 것을 배우고 많은 것을 알게 될 거라는 것을. 그래서 나는 계속해서 도전한다. 끝없이 도전하는 삶이 나는 좋다.

남궁호

27

또라이로서 나다운 인생 살아가기

우희경 '제주태교여행연구소' 대표, 태교 전문가, 태교 코치, 자기계발 작가, 강연가, 동기부여가

'제주태교여행연구소' 대표로서 올바른 태교법과 '제주태교여행프로그램'에 대해 연구하고 있다. 제주로 태교 여행을 떠난 자신의 경험을 통해 태내 교육에 국한된 태교가 아닌 엄마의 마인드 컨트롤에 초점을 맞춘 태교가 가장 좋은 태교라는 것을 깨달았다. 이를 많은 사람들에게 알리고자 현재 개인저서를 집필 중이다. 저서로는 《보물지도 12》가 있다.

• Email jeju-tk@naver.com
• Facebook heekyoungwoo
• Blog blog.naver.com/nannaya310
• Instagram heekyoungwoo

"너는 정말 감당하기 힘든 여자야!"

나는 연애 실패 경험이 많다. 새침하게 보이는 나의 겉모습을 보고 사람들은 모두 내가 싫어서 헤어진 줄 안다. 하지만 실상은 속된 표현으로 많이 '차였다'. 물론 내가 싫어 헤어진 경우도 있지만 상대가 도망간 경우가 더 많았다. 그들은 하나같이 나에게 "너란 여자 정말 감당하기 힘들어! 더 좋은 사람 만나."라고 했다.

처음에는 '갈 테면 가라' 하는 마음이었다. 하지만 같은 이유로 헤어지는 게 반복되다 보니 나에게 뭔가 문제가 있는 것은 아

넌지 궁금해졌다. 마침 친하게 지내던 이성 친구가 있어 넌지시 물어봤다.

"내가 뭐가 잘못된 걸까? 연애할 때마다 남자들이 감당하기 힘들다고 도망가네. 너는 남자고 나를 오랫동안 봐 왔으니까 내가 뭐가 문제인지 말해 봐."

"너는 도전적인 여자니까 남자들이 그게 불안한 거지. 너를 위해 무언가 해 주고는 싶은데 너의 꿈이 크다 보니 그걸 해 줄 능력은 안 되고. 그래서 남자들은 자신이 초라하다고 느끼게 되지. 그게 감당이 안 된다는 거야."

친한 이성 친구의 명쾌한 답을 들으니 맞는 이야기 같았다. 생각해 보니 나에게는 항상 남자 친구가 1순위가 아니었다. 그냥 시간이 날 때 만나는 정도로만 생각했던 것 같다. 그리고 나는 나에게 집중하는 것을 더 좋아했다.

'나는 왜 나에게 집중하는 걸 좋아할까?'에 대해 깊이 생각해 본 적이 있다. 어릴 적부터 나는 도전하는 것을 좋아하는 아이였다. 학교 끝나고 친구들이 삼삼오오 모여서 놀러 갈 때 나는 학교에서 주최하는 글짓기 대회를 준비했다. 영어 말하기 대회가 개최되면 또 그것에 도전해 출전하기도 했다. 이렇게 무언가 새롭게 도전하는 걸 좋아하는 아이였다. 그것을 준비하는 과정에서 희열을 느꼈고, 그로 인한 성취감을 좋아했다.

덕분에 나는 여러 분야에서 두각을 나타내기도 했다. 글짓기, 그림, 영어 말하기 대회, 스피치대회, 과학경시대회 등 이것저것 새로운 것에 도전하고 그것을 즐기다 보니 당연히 성과도 좋았다. 전교생 앞에서 교장선생님으로부터 상을 받는 일도 많았다. 그러다 보니 나는 초등학교, 중학교 내내 학교에서 연예인만큼이나 유명한 아이였다. 내가 지나가면 후배들이 "저 언니가 우희경 언니야. 정말 빨라지지(별나고 톡톡 튄다는 뜻의 제주어) 않아?"라며 수군대기도 했다. 나는 이런 도전정신으로 초등학교, 중학교 내내 전교 부회장과 학생회장까지 맡으며 두각을 드러냈다.

이렇듯 별난 나에게 친구들은 항상 "너는 우리랑 달라. 뭔가 특별해", "너를 보고 있으면 핫핑크 컬러가 떠올라. 다른 색과 섞일 수 없는 색이지. 너 혼자 있어야만 빛을 발해."라고 말하곤 했다. 그러면서 자신들과 어울리는 것을 상당히 부담스러워했다.

그래서 나는 이런 나의 색깔을 죽이고 평범하게 살기로 했다. 평범하게 살겠다고 마음먹으니 갑갑하긴 했다. 하지만 나름대로 친구들과 어울려 놀러 다니며 사는 소소한 행복도 괜찮다는 생각이 들기도 했다.

하지만 그것도 잠시. 본성대로 살지 못하니 갑갑함을 많이 느꼈다. 갑갑함을 느낄수록 여행을 다니거나 남자 친구를 만났지만 그것은 일시적인 탈출구일 뿐이었다.

나는 남들과 똑같이 평범하게 시작한 직장생활에도 큰 흥미를 느끼지 못했다. 평범하게 살겠다고 마음먹었지만, 다람쥐 쳇바퀴처럼 굴러가고 나에게 어떤 도전의식도 심어 주지 못하는 직장인의 삶이 갑갑했다. 그런 갑갑함을 해소하려고 직장을 다니면서 나는 또 여러 가지 도전을 했다. 대학원도 다녀 보고, 옷가게도 해 보고, 피부관리사 자격증도 따고, CS 강사, 이미지 컨설팅까지 배웠다. 대학교 특강 강사와 멘토링 강사까지 병행했다. 바쁘고 힘들었지만 무언가에 도전한다는 것이 나에게는 큰 즐거움이었다.

직장생활을 하는 동안에는 항상 불만족한 삶을 살았던 것 같다. 내가 원하는 삶이 아니라는 생각이 들었기 때문이다. 나를 잘 아는 친구들은 "너는 거기 있을 인물이 아니야. 오래 버텼어. 얼른 나와. 너는 세상에 드러나는 직업을 가져야 돼. 그 핫핑크였던 우희경은 어디 갔니?"라고 쓴소리를 하곤 했다.

고민 끝에 나는 오랫동안 가슴에 품어 왔던 사직서를 냈다. 착잡하고 우울할 줄 알았던 내 마음은 사직서를 내고 3일 정도 흐르니 오히려 시원해졌다. "그래, 이제 다시 시작이야. 내가 하고 싶은 대로 살아야지. 평범은 무슨! 나 원래 튀는 거 좋아하는 사람이야!"라고 속으로 외쳤다.

그만두고 나니, 무엇부터 해야 할지 고민이 되었다. 그러다가 나는 항상 책 쓰고 강연하는 사람이 되고 싶어 했던 것을 떠올렸다. 당시 둘째 아이를 임신하고 있었을 때라 당장 강연을 하기는 어려우니 일단 책부터 써 보자고 마음먹었다.

책을 쓰자, 라고 마음먹고 도서관에 갔는데 우연히 임원화 작가의 《스물아홉, 직장 밖으로 행군하라》가 눈에 들어왔다. 단숨에 책을 읽은 나는 그 책 속에 소개된 《10년 차 직장인, 사표 대신 책을 써라》, 《이젠 책쓰기가 답이다》와 같은 김태광 작가의 책도 함께 읽었다.

그 순간, 머릿속에 환한 불빛이 켜지는 것 같은 기분이 들었다. 김태광 작가에게 책 쓰기를 배워야겠다고 마음먹는 데는 채 1분도 걸리지 않았다. 먼저 〈한책협〉의 〈1일 특강〉과 〈책 쓰기 과정〉에 등록했다.

물론 임산부이며 제주에서 살고 있기 때문에 매주 책 쓰기를 배우러 분당에 왔다 갔다 해야 하는 것은 제약 사항일 수도 있었다. 하지만 나는 그렇게 생각하지 않았다. 책을 쓰고 싶다는 생각이 너무 간절했기 때문이다. 작가가 되어 더 나은 인생을 살아가고자 하는 나의 의지는 확고했다.

그렇게 〈책 쓰기 과정〉을 시작했다. 그러곤 한 번의 결석도 없이 7주 과정을 마무리했다. 그 7주 과정 동안 나는 SNS 마케팅, 블로그 수업, 1인 창업 수업까지 들으며 1인 창업을 준비했다.

한 코치님께서는 이런 말을 했다.

"정말 대단하세요. 제주에서 매주 이렇게 와서 열성적으로 무언가를 한다는 것, 그것도 임산부의 몸으로는 아무나 못해요. 열정을 가진 또라이라서 가능한 거예요."

그 말을 들으니 너욱 힘이 났다. 맞다. 나는 또라이다. 또라이라 힘든 여정이었지만 도전했고 그 과정에서 나는 살아 있음을 느꼈다. 이제 시작이다. 이제야 나답게 정말 또라이처럼 살 준비가 되었다. 2018년, 나의 저서가 출간될 것이다. 그리고 나는 그것에 그치지 않을 것이다. 잘나가는 강연가, 1인 기업가로도 보란 듯이 성공할 것이다. 두고 봐라. 나는 한다면 하는 우희경이니까!

28

나만의 보물지도를 이루며 살기

함명진 '세무사함명진사무소' 대표, 자기계발 작가, 동기부여가, 청소년 멘토

세무사로서 '세무사함명진사무소'를 운영하고 있다. 또한 초보세무사들에게 도움을 주고자 '세무사개업성공코칭협회'를
운영하고 있다. 청소년들에게 희망과 비전을 전해 주는 동기부여가로도 활동하고 있다. 남양주세무서의 납세자보호위
원과 경복대학교 겸임교수를 역임했다. 저서로는 《꼼수 없이 합법적인 절세비법》, 《버킷리스트 7》 등이 있다.

· Email hamsemusa@gmail.com

"할 수 있다는 말도 할 수 없다는 말도 대개는 다 맞는 말로
드러난다."

헨리 포드가 한 말이다. 우리는 인생에서 많은 선택을 한다.
나는 세무사 시험공부를 7년을 했다. 공부를 하면서 2년 차에 첫
슬럼프가 왔다. 이 공부를 계속해야 하는지 말이다. 왜냐하면 세
무사 시험에 합격하기 위해서는 엄청나게 많은 공부를 해야 했기
때문이다. 그리고 전공이 아니었기 때문에 이해되지 않는 용어들

이 참 많았기 때문이다. 그러나 해낼 수 있다는 믿음으로 계속 도전했다.

두 번째 슬럼프는 6년 차에 왔다. 세무사에 합격하기 위해서는 1차, 2차 시험을 모두 통과해야 한다. 나는 세무사 시험을 준비하면서 3년 차, 4년 차에 계속 한두 문제 차이로 1차 시험에서 떨어졌다. 그러다 5년 차에 1차 시험에 합격했다. 그러곤 이 분위기라면 열심히 할 경우 2차 시험에 합격하리라는 자신감으로 충만했다. 시험공부도 하루에 평균 8시간에서 10시간은 했다. 그러나 평균 0.4점 차이로 2차 시험에 불합격했다.

나는 그 당시 선택의 기로에 섰다. 이제 세무사 시험을 포기하고 취업해야 하는지 아니면 계속 공부를 해야 하는지 말이다. 몇 날 며칠을 고민하다 나는 가족들의 반대에도 딱 1년만 더 공부하겠다고 결심했다. 그러면서 공부하기 전에 꼭 행했던 습관이 있다. 그것은 '나는 미래의 세무사 함명진'이라고 한 줄의 글귀를 쓰고 다짐하는 것이었다.

나는 정말 열심히 공부했다. 하루에 순수 공부시간만 평균 12시간 정도였다. 그렇게 집중하면서 나와의 싸움에서 승리하기 위해서 최선을 다했다. 그 결과 1년 후에 1차와 2차 시험에 동시에 합격했다. 결국 세무사 시험을 통과한 것이다. 되돌아보니 미래의 목표를 확실하게 쓰고 그에 걸맞게 노력함으로써 목표를 달성한 것이었다.

오리슨 S. 마든이 쓴 《아무도 가르쳐주지 않는 부의 비밀》에는 이런 말이 있다.

"자기 이미지는 그대로 현실이 된다. 자기 자신, 자신의 능력, 미래에 대한 신념이 그대로 현실이 되어 버린다. 그때그때 자신에 대해 생각하고 있는 것이 그대로 당신이라는 사람의 겉모습을 만들어 가는 것이다."

나는 자기 자신, 자신의 능력, 미래에 대한 신념이 그대로 현실이 되어 버리는 경험을 많이 했다. 2014년도에 모치즈키 도시타카의 《보물지도》라는 책을 처음 구입해서 읽게 되었다. 그 책을 읽고 나는 나만의 보물지도를 작성했다. 책의 내용은 보물지도를 벽면에 붙여 놓고 수시로 보고 이루려 노력하면 목표가 달성된다는 것이었다. 나는 이 책의 내용대로 나의 꿈 리스트를 그림으로 프린트해 내가 가장 잘 볼 수 있는 곳에 붙여 놓았다. 아침에 일어나면 나의 보물지도를 보고 하루를 시작했다. 그리고 기회가 될 때마다 수없이 보물지도를 보며 살았다.

나의 보물지도에는 여러 가지의 꿈 리스트가 있었다. 그중의 하나는 남양주 별내의 40평대 아파트로 이사 가는 것이었다. 그 당시 나는 30평대의 아파트에서 살고 있었다. 아이들이 셋이고 살림살이가 계속해서 늘어나는 상황이었다. 그런 데다 큰아이의 초등학교 입학이 기다리고 있었다. 그래서 별내라는 곳으로 이사 가는 것이 목표가 된 것이다.

어느 날 나는 별내의 한 부동산에 들러 40평대의 아파트 도면을 구하곤 나의 보물지도에 붙여 놓았다. 그리고 매일 나의 구체적인 목표를 보고 살았다. 그렇게 보물지도를 붙여 놓은 지 10개월이 지났다. 그 후 나는 꿈을 이루기 위해 40평대의 아파트를 보면서 여러 가지 조건들을 맞춰 보기 시작했다. 그리고 마침내 결정하고 행동으로 옮겼다. 나의 보물지도에는 43평의 아파트 도면을 붙여 놓았지만 48평의 아파트를 사서 이사하게 되었다. 이렇게 나의 첫 보물지도의 꿈을 달성했다.

또한 나는 자동차에 관심이 많다. 내게 승용차가 있었지만 아내가 아이들을 등·하교 시에 데리고 올 수 있도록 자동차가 한 대 더 필요했다. 그리고 그 당시 캠핑에 대한 관심이 고조되었던 터라 이왕이면 오프로드를 즐길 수 있는 차를 갖고 싶었다. 그래서 선택한 것이 지프(JEEP) 사의 '랭글러(WRANGLER)'라는 차다. 나는 다시 나의 보물지도에 내가 갖고 싶은 차의 사진을 붙여 놓았다. 그리고 몇 개월 후에 나는 그 차를 소유하게 되었다. 이렇게 보물지도를 붙여 놓고 하나씩 꿈을 이루어 가는 경험을 하게 되니 자신감이 생겼다.

꿈을 막연히 마음속에만 간직하고 있었다면 이룰 수 있었을 까? 나는 절대 이루지 못했을 것이라고 생각한다. 왜냐하면 현실에 충실하다 보면 현실에 안주하게 되고 꿈을 쉽게 포기하게 되기 때문이다. 그러면서 내가 쓴 글을 다시 한번 보게 되었다.

2016년도에 나는 《버킷리스트 7》이라는 공저를 썼다. 나는 "꿈은 드림보드 판에서부터 시작된다."라고 썼다. 그러곤 나의 목표들을 적었다.

첫째, 5년 안에 벤츠 S500 4Matic 소유하기
둘째, 청소년들에게 비전을 전해 주는 강연가 되기
셋째, 5년 후에 연 매출 12억 원 달성하기
넷째, 가족과 같이 힐링여행 하기
다섯째, 5년 안에 59평 복층아파트로 이사하기

여러분들은 '내가 목표한 꿈을 이루고 있는지' 궁금할 것이다. 나는 첫 번째 꿈은 이미 이루었다. 비록 S500이 아닌, S350 4Matic이지만 목표한 날짜보다 좀 더 빨리 이루었다. 어떤가? 꿈을 적어 보드에 붙이고 실천하면 100% 달성하지 못한다 하더라도 비슷하게는 이루어진다. 참고로 당시 내가 쓴 글 내용을 소개하고자 한다.

"나도 부자로 살기로 했다. 그래서 나는 벤츠 S500 4Matic을 갖기로 했다. 2019년 12월 10일에 차를 구매하기로 했다. 처음에는 벤츠 E-class를 보고 이것을 구입하고 싶다는 생각을 했다. 그러나 요즘에는 이 모델은 눈에 들어오지 않는다. 벤츠 S-class를 보면 가슴이 뛴다. 가슴이 뛰는 차를 타고 싶다. 이 차를 소유하기 위해서 열심히 노력할 것이다. 갖기 위해서 노력하다 보면 이 차를 소유할 부를 이루게 될 것이라 확신한다."

두 번째 꿈인 '청소년들에게 비전을 전해 주는 강연가 되기' 또한 이루었다. 모교에서 동기부여 강의도 했다. 그리고 다른 곳에서도 청소년들을 대상으로 강의를 하며 비전을 전해 주고 있다. 얼마 전에는 큰아이가 다니고 있는 학교에서도 비전강의를 멋지게 했다. 큰아이는 아빠인 나를 자랑스럽게 생각한다.

세 번째 목표인 '5년 후에 연 매출 12억 원 달성하기' 또한 이루어 가고 있다. 네 번째 목표인 '가족과 같이 힐링여행 하기' 또한 이루어 가고 있다. 주말이나 공휴일이면 가족들과 캠핑을 가거나 힐링여행을 다니고 있다. 나는 최근에 가족들과 함께 코타키나발루에 여행을 다녀왔다. 아내는 이번 여행이 좋았는지 또 가고 싶다고 한다. 다섯 번째 꿈 역시 매일매일 꿈을 보고 쓰고 이루려 노력하고 있다.

나는 오늘 아이들과 드림보드, 나만의 보물지도를 다시 만들고자 한다. 나는 다시 꿈을 향해 도전할 것이다. 여기서 나의 새로운 꿈을 잠깐 소개하면 다음과 같다.

'미래의 함명진은 10년 안에 다음과 같은 사람이 되어 있을 것이다. 베스트셀러 작가가 된다. 그리고 5개의 상가주택을 소유한 건물주가 될 것이다. 사진전을 여는 사진작가가 될 것이다. 가족들과 함께 클라리넷을 연주할 것이다. 앞으로 50개의 나라에 매년 가족들과 긴 해외여행을 다녀올 것이다. 그리고 57평 복층 아파트에 도서관을 꾸밀 것이다. 앞으로는 하고 싶고 가장 좋아하는 일만 하게 될 것이다. 나는 행복한 가정을 가꾸며 살아갈 것이다. 또한 나에게 주어진 재능으로 선한 영향력을 끼치는 메신저로 살 것이다.'

어떤가? 쓰면 이루어진다.

나는 열심히 노력해서 꿈을 이루며 살 것이다. 당신만의 보물지도를 가져 보라! 나는 10년 안에 나의 보물지도가 어떻게 이루어져 있는지 다시 한번 확인하는 글을 쓸 계획이다. 나는 나의 삶의 주인공이며 조각가라는 사실을 잊지 말자! 조각가가 어떻게 계획하고 실행하느냐에 따라 삶이 달라진다.

모두 "No!"라고 할 때 "Yes!"라고 말하기

이지현 '한국진로학습코칭협회' 대표, 사단법인 청소년불씨운동 이사, 높은뜻 하늘교회 장학위원회 위원, 청소년 코치, 교육 컨설턴트, 진로학습 전문가, 부모 코칭 전문가

청소년 진로학습 컨설팅 및 코칭과 강연을 진행하면서 콘텐츠를 연구, 개발하고 보급 중이다. 저서로는 《10대를 위한 공부 습관의 힘》외 5권이 있으며 현재 '청소년 자존감'을 주제로 개인저서를 집필 중이다.

- Email hyun7578@naver.com
- Cafe www.koreasc.net
- Facebook hyun7578
- Blog blog.naver.com/hyun7578
- C·P 010.8357.2313

청소년 코치로서 청소년들에게 비전에 대한 주제로 코칭을 할 때 꼭 이야기하는 것이 있다. 그것은 '삶의 가치'다. 자신이 생각하는 소중한 가치 10가지를 써 보고 우선순위를 정해 본다. 소망, 믿음, 사랑, 우정, 권위 등 가치는 눈에 보이는 것이 아니다. 하지만 그것들은 분명히 존재하고 우리의 삶을 풍요롭게 만든다.

내가 소중하게 생각하는 가치는 믿음, 비전과 소명, 정직, 가정, 돈 등이다. 스물여덟 살에 청소년 리더십 강사가 되기 위해 서울로 올라왔고 서른 살 때 다니던 교회에서 지금의 남편을 만났다.

우리는 1년 6개월 동안 교제를 하고 결혼에 골인했다. 어떤 대화를 해도 잘 통했고 무엇보다 다른 사람들을 잘 배려하는 따뜻한 성품이 참 마음에 들었다. 결혼을 하기로 마음먹고 양 집안 상견례를 진행한 후 결혼 날짜를 6개월 뒤로 정했다. 결혼 날짜가 잡히자 일사천리로 결혼 준비에 들어갔다.

대부분 결혼 준비는 살 집과 혼수품목을 정하고 사는 일인데 우리는 어이없게도 그런 것보다 남편이 결혼 전에 회사를 그만두기로 결정했다. 결혼을 앞두고 직장을 스스로 그만두는 계획을 하는 사람이 있을까? 아마도 주변에서 알면 미쳤다는 이야기를 들을 것이다. 하지만 그와 평생 함께할 아내인 나는 그 일에 누구보다 동의했다. 신혼여행을 다녀온 후 차차 직장을 알아볼 계획이었기 때문에 부모님께는 걱정하실 듯해 말씀드리지 않았다.

왜 이런 '또라이' 같은 결정을 했을까? 남편과 나는 '가정'과 '믿음'이라는 가치를 중요하게 생각하는 사람들이었다. 그 당시 남편은 국내 굴지의 한 대기업에서 근무 중이었다. 남편이 다니던 회사는 아주 바쁜 편에 속했다. 게다가 머지않아 해외파견을 계획하고 있었고 중동에서 3년 정도 근무해야 하는 상황이 이어질 수도 있었다. 회사 입장에서는 가족과 함께 해외로 나가는 것을 위험하게 생각했고 함께 나가는 것을 금했다.

게다가 해외로 나가지 않고 국내에 남더라도 비전이 없었다. 대기업이라 일반 직장보다 월급은 더 많이 받지만 그만큼 가족이 함께할 수 있는 시간이 적어졌다. 주일에 교회도 여유 있게 나가지 못했고 미래를 함께 계획하고 실천할 수 있는 여유도 없었다. 또한 자녀를 낳고 좋은 부모가 되고자 하는 소망과도 거리가 먼 환경이었다.

그래서 과감히 사표를 내고 퇴직금이 있으니 당분간 그것으로 생활하기로 계획을 세웠다. 조금 적게 받더라도 시간 여유가 생기는 중소기업에 들어가 미래를 계획하며 나갈 수 있는 시간을 벌자고 했다. 남편과 나는 마음이 하나가 되어 결혼을 준비하는 동시에 많은 변화를 시도했다.

우리 부부에게는 꿈이 있었다. 미래에는 우리의 사업을 하고 싶었다. 그 당시에는 분명한 사업이 구체적으로 정해진 것은 아니었지만 소망이 있었다.

10년 전, 나는 교육컨설팅 기업에서 교육부 팀장으로 근무했다. 함께 일하는 부하직원이 3명인 부서를 이끌었다. 학교에서 교사 연수, 부모 교육, 학생 교육 등 자기주도학습 교육을 전담했다. 학교 컨설팅과 입학사정관 활동 등 다양한 활동을 펼쳤다. 하지만 내가 소중하게 생각하는 가치를 선택하기 위해 사표를 냈다. 그리고 나의 사업을 시작하게 되었다.

회사를 다니는 동안에는 늘 '언제쯤 그만두는 것이 좋을까?' 고민하고 있었다. 그러던 어느 날부터인가, 회사가 어려움에 봉착하게 되고 팀장급 이상 직원들의 월급이 밀리기 시작했다. 회사 대표가 사업적 선택을 할 때 이해되지 않는 것이 잦았고 더 이상 '이곳에서 배울 것이 없다'라는 판단이 서기 시작했다. 그 무렵이었다. 나는 퇴사 이야기를 꺼냈다. 남들은 우려했지만 누가 뭐라든 과감히 나의 일을 시작했다.

나는 주변 사람들이 뭐라 해도 늘 나 자신에게 더욱 소중한 가치를 택했다. 모두 대기업에 들어가려 할 때 남편을 대기업에서 나오도록 독려했다. 그것도 결혼을 앞두고 말이다. 그리고 올바르지 않음에 대해 당당히 말했다. 그 사람이 누구이든 말이다. 절대 불의와 타협하지 않았다. 그리고 두 번 다시 그런 사람들과 함께하지 않았다.

나는 현재 1인 기업가, 작가, 강연가로서 삶을 살아가고 있다. 내가 가진 철학과 깨달음, 경험과 지혜, 전문 지식과 노하우를 전하는 메신저로서 살아가고 있다. 가치 있는 것을 주는 사람이 된 것이다. 10년간 청소년 진로학습 코칭을 했고 그 경험과 지혜를 담은 《10대를 위한 공부 습관의 힘》을 출간했다. 그리고 현재 '청소년 자존감'에 대한 저서도 집필하고 있다.

내가 생각하는 '또라이 정신'은 다른 사람들이 "No!"라고 말할 때 당당히 "Yes!"라고 말하며 행동하는 것이다. 만약 많은 사람들이 가지 말라며 두려움을 줄 때, 그에 굴복해 한 걸음 더 용기 내지 않았다면 지금의 나는 현재와는 많이 달랐을 것이다.

　나는 날마다 명확한 꿈과 목표를 향해 행동하는 삶을 산다. 그것이 나를 행복하게 하고 살아 있게 한다. 멋진 제자들도 많이 있고 함께 꿈꿀 수 있는 동역자도 넘쳐 난다. 무엇보다 내가 생각하는 가치를 실현하며 살고 있다. 즉, 그토록 간절히 원했던 가치 있는 삶을 말이다.

이지현

열정적인 또라이가 되어 꿈 이루기

포민정 〈한책협〉 코치, 1인 창업 코치, 마케팅 코치, 긍정 드림 코치, 자기계발 작가, 동기부여가

열정덩어리 행동주의자다. 치과위생사로 일하다 1인 창업으로 자신의 경험과 지식을 나누는 메신저산업에 눈을 뜨고 현재 1인 기업가를 꿈꾸는 작가들을 코칭해 주는 1인 창업 코치가 되었다. 또한 꿈꾸는 사람들을 돕는 동기부여가이자 네이버 카페관리 및 매출을 올리는 포스팅 비법에 대해 코칭하는 마케팅 코치로도 활동하고 있다. 앞으로 더 많은 사람들이 책 쓰기로 자신을 브랜딩 하고 작가, 코치, 강연가로 나아가길 바라며 〈한책협〉에서 코치로 활동 중이다.

· Email vhalsrhkd@naver.com   · C·P 010.2490.1603

영화 〈버킷리스트〉를 보면 죽기 전에 하고 싶은 것을 적은 리스트를 주인공들이 하나씩 지워 가는 모습이 나온다. 그 영화를 보며 나도 죽기 전에 꼭 해야 할 것들의 목록을 작성한 적이 있다. '어떤 것들을 하고 죽으면 좋을까? 죽기 전에 내가 진짜 하고 싶은 것들은 무엇일까?'를 진지하게 생각해 보았다.

사람들은 '죽기 전에 이루고 싶은 것'이라고 하면 멋진 차를 가지고 멋진 단독주택을 지어서 살기, 부모님께 효도하기, 가지고 싶은 명품 가방 가지기, 사회에 공헌하는 단체를 만들기 등을 떠올

린다.

그런데 막상 생각해 보면 이것들은 꼭 죽기 전에만 할 수 있는 것들은 아니다. 리스트에 적은 목록들 중에는 사실 지금도 당장 할 수 있는 것들이 많다. 그렇지만 당장 1년 안에, 6개월 안에 할 수 있는 것들도 막연하게 '죽기 전'이라는 전제를 달면 '언젠가는 해야지, 언젠가는…'이라고 생각하며 미루어 버리는 경우가 대부분이다. 그중 많은 사람의 버킷리스트이며 당장 할 수 있는 것이지만 엄두를 못 내고 도전하지 못하는 것이 있다. 바로 '나의 책 쓰기'다. "내가 무슨 책을 써?", "아직은 쓸 내용이 없어.", "책에 쓸 정도의 특별한 이야기가 없는데."라고 말하면서 말이다.

나 또한 책은 살아온 인생이 길어 들려줄 스토리가 많거나 배운 것이 많은 사람들만 쓸 수 있는 것인 줄 알았다. 마음속으로는 책을 쓰고 싶었지만 '언젠가 써야지' 하며 막연하게만 생각하고 있었다. 그러다 한 권의 책을 통해 김태광 작가를 알게 되었다. 김태광 작가는 "성공해서 책을 쓰는 것이 아니라 책을 써야 성공한다."라고 말하며 누구에게나 책을 쓸 소재가 있고, 우리 모두는 각자 다른 특별한 경험과 깨달음을 가지고 있다고 이야기한다. 그의 이야기를 듣고 나의 관점도 바뀌게 되었다. 항상 성공한 후에 책을 쓰겠다고 생각했었지, 책을 써야 성공할 수 있다는 생각은 해 본 적이 없었다. 그렇게 나는 〈한책협〉의 〈1일 특강〉을 듣고 바로 '책

쓰기'에 도전하기로 결심했다.

죽기 전에 가장 후회하는 것은 해 본 것에 대한 후회가 아니라 해 보지 않은 것에 대한 후회라고 한다. 나는 김태광 작가에게 배우면 내 이름으로 된 책을 쓸 수 있다고 확신했다. 책 쓰기에 도전하지 않을 이유가 없다고 생각했다. 경제적으로, 시간적으로 많은 제약이 있었지만 본격적으로 책을 쓸 준비를 하기 위해 일단 〈책 쓰기 과정〉을 신청하고 이후에 방법을 찾기로 결정했다.

당시 치과에서 치과위생사로 일하던 나는 회사에 사정을 이야기하며 토요일 근무를 빼줄 수 있는지 물었다. 그러자 감사하게도 직장에서는 수업을 들을 수 있도록 배려를 해 주었다. 그렇게 나는 오로지 내 목표를 이룰 수 있는 방법만 생각하며 책 쓰기에 도전했다.

나를 위해서 무언가 도전할 수 있다는 것 자체로 나는 너무 행복했다. 가족을 위해서가 아니라 진정 자신을 위해 시간과 돈을 투자하는 일은 인생을 살면서 중요한 일이다. 하지만 많은 사람들이 현실의 많은 제약 때문에 쉽사리 실천하지 못하는 일이기도 하다. 그렇게 〈책 쓰기 과정〉을 수료하고 특별히 기회가 닿아 〈한책협〉에 스태프로 입사하게 되었다.

스물다섯 살의 나이에 〈한책협〉을 만났던 나는 스물여덟 살인 현재 벌써 16권의 책을 쓴 저자가 되었다. 뿐만 아니라 벤츠의 오너다. 그리고 스물여덟 살이 된 올해 3월, 나는 크루즈 여행을 했다. 내가 만약 〈한책협〉의 〈1일 특강〉을 듣지 않았거나 책 쓰기에 도전하지 않고 '어리니까 책은 다음에 써야지'라고 생각했다면 지금의 이런 나의 모습은 상상할 수 없을 것이다.

〈한책협〉을 만나고 실제로 나는 버킷리스트에 적은 많은 것을 이루었다. 보통 30대에도 이루기 힘든 '벤츠의 오너 되기'라는 꿈을 나는 20대에 이루었다. 그리고 죽기 전에 써야겠다고 생각했던 책도 벌써 16권의 저자가 되었으니 완벽하게 이룬 셈이다. 거기에다 백발의 노인이 되어서야 가능할까, 생각했던 크루즈 여행도 스물여덟 살 나이에 했다. 이 모든 것이 〈한책협〉을 만나고 김태광 대표 코치를 만났기 때문에 가능했다.

인생에서 나를 성장시켜 주는 멘토를 만나기는 쉽지 않은 일이다. 혹 만나더라도 그 사람이 멘토인지 알아보지 못하는 사람들이 태반이다. 그런데 나는 스물다섯 살 어린 나이에 귀인을 만났다. 그리고 멘토를 알아보고 단 한 번의 흔들림 없이 멘토를 따라왔다. 그 결과 지금의 많은 것들을 누리고 있다.

스물네 살에 치위생학과를 졸업하고 서울 관악구에 있는 치과에 취직했다. 1년 차일 때는 감염관리 업무를 주로 했다. 환자들이 사용하는 기구들을 멸균 관리하는 업무였다. 나는 소독실에서 많은 기구들을 소독 멸균 관리하면서 내 가족이 써도 안심될 정도로 철저하게 멸균해야겠다고 생각했었다. 어떤 환자가 사용하게 될지 모르지만 만약 내 가족이라면 철저하게 멸균된 기구로 안전하게 진료를 받았으면 좋겠다는 생각이 들었기 때문이다.

2년 차일 때는 치주질환과 충치 예방처지에 관한 업무를 했다. 2년 차일 때 나는 '나를 만나는 사람들은 치아와 치주 건강에 대해 인지하고 예방관리를 해서 조금 더 오랫동안 건강한 치아와 잇몸을 유지하고 맛있는 음식을 마음껏 먹을 수 있게 해 주고 싶다'라고 생각했다. 그렇게 나를 만나고 조금 더 나은 삶을 살 수 있었으면 좋겠다는 생각으로 예방관리 업무 프로그램을 만들고 일에 임했었다.

내가 어떤 일을 하고 있든 거기에 가치를 부여하고 즐겁게 일했었다. 그런데 1년 차 치과위생사 중에는 자신이 소독실에서 기구 멸균만 한다며 "부엌데기가 된 것 같아요. 매일 설거지만 해요."라고 이야기하는 친구들이 있었다. 자신이 하는 일을 부엌데기 일이라고 생각하는 사람은 부엌데기까지밖에 될 수 없다. 스스로를 이미 그렇게 생각하고 있기 때문이다.

부엌데기라고 생각하며 일하는 사람과 최고의 감염관리사가 되겠다고 생각하며 일하는 사람은 마인드부터 다르다. 다른 마인드로 일하니 다른 결과를 만들어 낼 수밖에 없었다. 결론적으로 자신의 일을 사랑하는 사람이 행복할 수밖에 없다.

나는 지금 〈한책협〉에서 일하면서도 같은 마음으로 일하고 있다. 많은 사람들이 책 쓰기로 달라진 인생을 살 수 있게 돕고 있다고 생각한다. 평생 책 한 번 못 쓰고 죽을 수 있는 사람들도 있다. 그들이 자신의 달란트를 살려 책을 쓰고 세상을 이롭게 하는 사람이 될 수 있게 도와줘야겠다는 생각으로 김태광 대표 코치를 돕고 있다. 뿐만 아니라 책을 쓰고 자신의 책 주제를 가지고 네이버 카페를 만들어 1인 창업을 하고 싶어 하는 사람들을 대상으로 〈1인 창업 수업〉을 진행하고 있다. 네이버 카페에 어떤 식으로 게시글을 올리고, 과정을 홍보하는지 알려 주는 〈카페 이렇게 돌려라〉 특강도 김태광 대표 코치와 함께 하고 있다.

인생을 살며 나의 책을 펴낸다는 것은 정말 꿈같은 일이다. 하지만 〈한책협〉에서는 그 꿈같은 일, 기적 같은 일이 일상처럼 매일 일어난다. 〈책 쓰기 과정〉을 수료한 후 3개월 내에 100페이지가 넘는 원고를 완성하고 출판사와 계약해 책을 출간하는 수강생의 소식이 끊이지 않는다.

나는 〈한책협〉에서 많은 사람들이 책을 쓰는 과정을 지켜본다. 그것은 매우 신기한 일이다. 그만큼 20년 넘게 200여 권의 책을 써내고 그 경험을 토대로 작가가 되고 싶어 하는 사람들을 목숨 걸고 코칭하는 김태광 대표 코치가 정말 대단하다고 생각한다. 그리고 그런 김태광 대표 코치와 함께 〈한책협〉에서 일할 수 있다는 것은 정말 영광이라고 생각한다. 김태광 대표 코치는 나를 단순히 직원이 아니라 정말 가족으로 생각하고 성장할 수 있게 기회를 준다. 그렇게 많은 꿈을 20대에 이룰 수 있게 해 주었다.

　20대라는 찬란한 나이에 이 많은 것을 이룰 수 있었다는 것은 정말 굉장하고 꿈같은 일이다. 그럼에도 내가 아직 스물여덟 살밖에 되지 않았다는 것이 신기하다. 많은 사람들로부터 〈한책협〉의 코치로 존중받고 인정받으며 나의 경험과 깨달음을 강의하고, 내가 타고 싶던 외제차를 타고 출퇴근하고 있다. 그리고 올해 3월 31일에는 20평대 복층 오피스텔로 이사했다. 내가 〈한책협〉을 만나지 못했다면 지금의 모습은 정말 상상도 못했을 일이다. 모든 것이 신기하고 감사하다.

　내가 〈한책협〉을 만나서 달라진 것처럼 많은 사람들이 〈한책협〉을 만나서 꿈을 이루고, 누군가의 꿈이 되는 삶을 살았으면 좋겠다. 나는 〈한책협〉을 만난 많은 사람들이 잠재력을 깨우고, 꿈을 꾸고, 이루며 기적 같은 삶을 살았으면 좋겠다.

하고 싶은 대로 사는
미친 또라이 되기

김서진 '한국경매투자협회' 대표, (주) W 인베스트 대표이사, 부동산 투자그룹 서진 회장,
한서대학교 외래교수

부동산 투자분석 실무전문가이자 공·경매투자가다. 투자 경험을 바탕으로 20~30대 젊은 직장인들에게 실전 투자
노하우를 체계적으로 가르치고 있다. 뿐만 아니라 부동산 임대사업과 기업 강연에 이르기까지 다양한 주제로 활동
중이다. 특히 공공기관 특화교육과 국내외 대기업 퇴직자를 대상으로 노후를 위한 부동산 투자운용에 대한 컨설팅을
진행 중이다. 저서로는 《돈이 없을수록 부동산 경매를 하라》 외 1권이 있다.

· Email hkuniv@naver.com
· Cafe www.hkuniv.co.kr
· Blog blog.naver.com/hkuniv.kr
· C·P 010.6637.2358

나는 손만 대면 허름한 건물을 돈이 되는 건물로 바꾸는 인테
리어 디자이너였다. 그러다 지금은 부동산 투자회사를 설립하고
경매교육을 하는 강사이자 투자자, 강연가, 작가로 활동하고 있다.
일반인들이 볼 때 선뜻 이해할 수 없는 다양한 수식어를 지녔다.
사회 통념상 어느 한 가지 분야에 전문성을 가지고 탁월한 재능
을 발휘하는 것이 옳을 수 있다. 하지만 살아오면서 관심이 가는
분야가 생기면 나는 즉시 마음 가는 대로 방향을 바꿨다. 생각만
하지 않고 또라이처럼 저질렀던 것이다. 할 수 있느냐 없느냐는

한 번도 생각해 본 적이 없었다.

대학에서 강의를 하다 보면 취업 문제로 고민하는 제자들이 상당수 있다. 그중 몇몇은 나에게 진로 문제를 상담하기도 하고 휴학 문제를 의논하기도 한다. 대부분은 사회에 나가는 것을 머뭇거린다. 뭔가 준비되어 있지 않고 스스로도 무엇을 해야 할지 무엇을 하고 싶은지 모른다는 데 더 큰 문제가 있다.

나는 하고 싶은 것은 많을수록 좋다고 생각한다. 하고 싶은 것이 없다면 좋아하는 것을 찾아야 한다. 찾지 못하겠다면 자신을 가장 잘 아는 사람들에게 물어보면 금방 알게 된다. 그리고 좋아하는 것을 찾았다면 곧바로 행동에 옮겨 보는 것이 좋다. 실행도 하기 전에 결과를 걱정하기 시작하면 어떤 일도 이룰 수 없다. 실행하는 과정에서 배우고 실패하고 깨우치게 된다. 그 안에서 또다른 관심사가 생기고 예기치 못한 재능까지 발견할 수 있다.

나는 이런 경험을 수없이 했다. 한번 꽂힌 분야에는 옆 눈을 가린 경주마처럼, 오로지 앞만 보고 달려든다. 뒤도 돌아보지 않는다. 이때 중요한 것은 지금까지 알고 있던 설익은 지식들을 내려놓고 철저히 자신을 비운 상태에서 새롭게 배울 준비를 하는 것이다.

배울 때는 나를 내세우는 일이 전혀 없다. 학창시절 워낙 공부를 하지 않은 탓에 생긴 열등감이 배우는 습관으로 발전했다. 나보다 조금이라도 전문지식을 갖고 있는 사람에게 배우는 데 혈안이 되어 있었다. 책도 간접적으로 저자들의 노하우를 얻게 해 주지만 나는 당사자에게 직접 배우는 쪽을 택했다. 그래야 저자의 사고방식부터 습득할 수 있다고 생각했던 것 같다.

투자에 관심을 갖게 된 것은 직장생활을 하던 때다. 주식이나 부동산에 문외한이었던 것은 두말할 나위도 없다. 관심 밖이었으니 접할 기회조차 없었다. 그러다 결혼을 하고 아이가 생기면서 아버지로서의 역할을 고민하게 되었다. 재정적인 문제에 봉착하게 된 것이다.

그러다 알게 되었다. 돈이 많고 부자가 된 사람들은 주식이나 부동산을 갖고 있다는 것을. 주식으로는 손실을 봤다는 사람들도 많았다. 하지만 부동산으로 손실을 봤다는 사람은 주변에 단 한 명도 없었다. 나는 단기간에 일어설 수 있는 방법을 부동산에서 찾기로 마음먹었다. 이때도 또라이 정신이 발휘되었다. 모아 놓은 돈도 없고 투자할 목돈은 더더욱 없는 마당에 그런 결심을 한 것이다.

나는 즉시 부동산에 투자할 수 있는 방법을 찾기 시작했다. 그런데 일반 부동산 투자에는 목돈이 꽤 필요했다. 게다가 그전까지 관심이 전혀 없던 부동산에 투자한다는 것 자체도 어려운 것이 사실이었다. 그러다 어느 날, 우연히 경매 책 한 권이 눈에 들어와 읽게 되었다. 부동산 경매는 몇백만 원 정도로 시세차익을 보는 시장이라는 것을 알았다. 그 책을 읽은 후 경매야말로 내가 일어설 수 있는 유일한 탈출구라는 것을 직감했다.

가슴 깊은 곳에서 불같은 열정이 솟구쳐 올랐다. 경매투자를 시작하고 교육을 하게 되면서 깨달은 점은 나 자신이 부동산에 대해 호기심이 많았다는 사실이다. 투자를 하면 할수록 교육을 하면 할수록 흥미를 느낀다. 투자에 대한 노하우를 어떻게 프로그램으로 만들어서 효과적인 결과를 낼 것인지 날이 새도록 연구하기도 한다. 투자는 결과를 내야 하기 때문이다. 남이 돈을 벌수 있도록 해 주는 메신저의 세계는 진정 매력적인 영역이다.

인테리어 디자이너로 직장생활을 할 때부터 가졌던 꿈이 있다. 나의 브랜드를 론칭해 지역마다 국내 최초의 호텔식 여성전용 공동주택을 만드는 일이다. 인구구조와 라이프스타일의 변화에 따라 다양한 편의시설까지 갖춰 1인 가구에 최적화된 공간을 제공하는 것이 목표다.

그때만 해도 내 꿈은 그저 막연했다. 하지만 지금 와서 보면 모든 생각은 최초의 꿈과 연결되어 있다는 것을 알 수 있다. 굳이 먼 미래에 무엇을 하겠다는 의지보다 지금 도전해 보고 싶은 분야가 생기면 그 즉시 시도해 보는 행동력이 결정적이었던 것이다. 최초의 잠재의식은 간절한 목표점을 향해 나를 이끌어 가는 과정에 불과하다. 고민하고 걱정하지 않아도 목표를 이루어 가는 여정을 겪는 것은 당연한 것이었다.

지인들은 내가 부동산 경매교육을 하는 것에 적잖이 놀란다. 일반인들에게 직업을 바꾸는 것은 쉽지 않은 일이기 때문이다. 또라이 정신이 없었다면 내가 한 번도 가 보지 않은 길에 두서없이 뛰어들 용기조차 없었을 것이다.

당신도 한 번쯤은 자신의 감정대로 관심 분야가 생기면 즉시 행동으로 옮기는 또라이가 되어 보길 바란다. 앞뒤 계산하지 않고 무작정 덤벼 보는 것이다. 그러면 세상에 없는 특별한 에너지를 얻게 된다. 간절히 원하는 모든 것을 이루도록 잠재의식이 당신을 인도할 것이다. 당신 안에 울림이 있다면 그 울림을 껴안고 보듬어 잘 가꾸어 보라.

당신의 주변에 온통 고정관념과 부정적인 사고방식을 갖고 말하는 사람들로 가득하다면 당장 그곳을 탈출하라. 당신의 삶을 바꾸는 유일한 방법은 또라이처럼 생각하는 사람들과 어울리는 것이다. 성공한 사람들은 모두 또라이처럼 생각하고 또라이처럼 살고 있다. 미쳐 보고 싶지 않은가? 나는 아직도 미쳐 있다.

지금과 다른 삶을 살고 싶다면 또라이 정신으로 무장하라!

32

마흔에 은퇴하는
행복한 또라이 되기

신상희 SNS 마케팅 코치, 자기계발 작가, 세일즈 디자이너, 세일즈 코치, 경력단절여성 드림 코치, 동기부여가

20대에 SNS 마케팅으로 세일즈 8개월 만에 억대연봉을 달성했다. '한국SNS마케팅협회'를 운영하고 있다. 많은 사람들이 자신이 가지고 있는 스토리나 콘텐츠를 특별하게 생각해 좌절하고 포기하지 않도록 마케팅 코칭과 교육에 열정을 쏟고 있다. 특히 SNS를 처음 시작하면 가장 먼저 무엇부터 해야 할지 막막한 이들을 대상으로 마케팅에 필요한 다양한 교육을 진행 중이다. 저서로는 《고객이 스스로 사게 하라》, 《SNS 마케팅이면 충분하다》 등이 있다.

- Email msmkorea12@gmail.com
- Cafe cafe.naver.com/gamemecah
- Facebook sanghee.shin.58
- Blog blog.naver.com/shinsanghee2
- C·P 010.9651.0963

나의 꿈은 20개의 직업을 갖는 것이다. 정확히 말하면 20개의 다른 수입 파이프라인을 구축해 행복하게 놀며 일하며 또라이처럼 살아가는 것이다. 30대 중반을 달려가는 시점에 나는 이미 그것의 반 정도는 이루었다. 이미 이 정도만으로도 나는 친구들 사이에서 또라이 취급을 당한다. 하지만 20개의 수입 파이프라인을 구축하기 위해 매일 치열하게 살았던 나의 20, 30대는 어쩌면 마흔에 은퇴하는 내 모습을 생생하게 상상했기 때문에 가능한 것이 아니었을까? 그것을 상상하지도 못한 사람은 나를 또라이라 부를

자격조차 없다고 생각한다.

대부분의 사람들은 평범하게 다른 사람들이 만들어 놓은 삶의 방식대로 살아간다. 나에게도 다르게 사는 방법을 알려 준 사람이 전혀 없었다. 그래서 나는 평범하게 생각하고 사고하며 살아왔다. 학창시절 우리는 약속한 것처럼 비슷한 꿈을 가지고 살았다. 열심히 공부해서 좋은 대학에 가고 남부럽지 않은 직장을 갖는 것. 그것이 우리의 꿈 아니었던가.

부모님과 학교에서 받은 주입식 교육 덕분에 나는 충분히 열심히 살았다. 그리고 잘 살아 내고 있다고 생각했다. 그것을 거부하며 사는 사람을 '또라이' 혹은 '문제아'라 생각했다. 나는 절대 '평범'에서 벗어나지 않으려고 애썼다. 그런데 나는 대학을 졸업하기 전에 평범한 인생을 거부하기 시작했다. 4년 동안 누구보다 열심히 공부했던 전공을 버리고 새 삶을 택한 것이다.

나는 세일즈와 마케팅이라는 산을 선택했다. 처음에는 물건을 판매했다. 하지만 시간이 지날수록 나의 마케팅 능력은 진화했다. 누군가를 만나면 그 사람을, 그 브랜드를 어떻게 브랜딩 해 줄 것인지 전략을 세우고 연구한다. 그 과정에서 정말 평범했던 사람이 브랜드가 되고 고객에게 버림받은 브랜드가 다시 살아나는 것을 보았다. 나는 학교에서 글로 배운 것을 도구로 삼지 않았다. 영업을 하며 현장에서 배우고 터득한 지혜를 돈으로 바꾸는 기술을 배운 것이다. 동시에 나는 매일 일하지 않아도 돈을 벌 수 있는 구조를 처음 접하게 되었다.

나는 책상 앞에 앉아 공부했다면 절대 가질 수 없는 삶의 지혜를 단기간에 얻었다. 지금은 그 기술을 SNS 마케팅과 접목해 코치로 활동하고 있다. 〈한국SNS마케팅협회〉를 통해 만나는 사람들은 대부분 자기 이름을 걸고 비즈니스를 하고 싶어 한다. 나는 그들과 잠시 이야기한 것에서 콘텐츠를 발견하고, 그것을 기획해 온라인에 '입소문'을 낸다. 그리고 그런 일에 몰두할 때 가장 긍정적인 에너지를 발산한다.

그 과정을 통해 그들은 앞으로 무엇을 하고 살지에 대한 고민을 해결했다. 그리고 나는 또 하나의 수입 파이프라인을 구축했다. 누군가를 브랜드로 만들어 주고 숨은 콘텐츠를 발견해 주는 것만으로도 수익을 창출해 낸 것이다.

나는 이제 서른 중반을 향해 달려간다. 20대의 경험을 바탕으로 30대에 10개의 수입원을 구축한 것은 어마어마한 일이다. 과연 몇 명이나 되는 30대가 아무것도 하지 않고 돈을 벌 수 있는 시스템을 구축해 두었을까? 내가 그중에 포함된다는 사실만으로도 감사하고 행복하다.

"어머니, 이제 몸 챙기며 하고 싶은 일을 먼저 하세요. 돈은 걱정 마세요."

"말만 들어도 고맙다. 며느리가 있어서 든든하고 행복해."

"그동안 열심히 저희를 위해 사셨잖아요. 이제 조금 편해지셔도 되죠."

사실 나는 엄마와 내화하는 것보다 시어머니와 대화하는 것이 더 편하고 좋다. 열일곱, 고등학교 1학년 때 시어머니를 처음 만났다. 그때부터 시어머니는 내 삶을 응원하는 가장 멋진 분이셨다. 34년 간 교직에 몸담으신 시어머니는 더 큰 꿈을 꾸고 있었다.

하지만 현실적으로 시어머니는 꿈을 이루지 못하셨다. 작가가 되고 싶었지만 소소하게 SNS를 운영하며 혼자 글을 쓰는 데 만족하셔야 했기 때문이다. 나는 시어머니의 지난날 꿈을 이루어 드리고 싶다. 그러기 위해서는 나에게 많은 돈과 시간이 필요하다. 그래서 오늘도 정말 열심히 최선을 다해 살았다. 시어머니에게 조금이나마 도움이 되고 싶었기 때문이다.

시어머니는 34년 동안 존경받는 교사로 일하셨다. 하지만 노후에 알아서 수익이 창출될 자동화 시스템은 구축하지 못하셨다. 이 부분을 늘 안타까워하신다. 우리 부모님 또한 마찬가지다. 평생 열심히 일하셨지만 움직이지 못하는 순간 돈이 생기지 않는다. 나는 일하는 부모님이 자랑스럽다고 생각했지만 이젠 너무 가슴이 아프다.

나는 너무 열심히 살지만 힘들게 사시는 부모님을 보면서 자랐다. 육십이 넘은 나이에도 일하는 것은 어쩌면 요즘 세상에 당연한 것일지도 모른다. 하지만 젊은 내가 뛰어다니며 일하는 것도 쉽지 않다. 그런데 육십이 넘어 부모님처럼 일한다면, 나는 정말 며칠 동안 골골대며 앓아누울 것 같다는 생각이 든다. 나는 그렇게 살지 않을 것이다.

열심히 사는 것이 아무리 좋다 해도 이제는 특별하게 살고 싶다. 우리는 그렇게 살 만한 충분한 가치가 있다. 그렇기 때문에 나는 몇 년 남지 않은 마흔에 은퇴할 것이다. 그것이 지금의 내 가장 큰 버킷리스트다. 인생의 반도 안 살고 은퇴한다는 것은 상식적으로는 말이 안 된다. 하지만 내 사상으로는 가능한 일이다. 하루 4시간 일하고 월 1,000만 원 이상 벌 수 있는 SNS 마케팅 구조를 만들어 둔 나에게는 무조건 가능한 일이다.

나는 이미 10개가 넘는 수입 파이프라인을 구축했다. 지금도 나는 코치, 강연가, 뷰티블로거, 유튜버, 마케팅여왕 등으로 활동하며 다양한 경로로 수익을 창출한다. 그중 강연과 코칭 분야에서 가장 많은 수익이 창출된다. 하지만 오랜 시간 마케팅해 온 뷰티 분야는 내가 움직이지 않아도 자동적으로 돌아가는 구조가 만들어져 있다. 이미 나는 그 분야에 하루 한 시간 이하의 시간을 투자하며 수익을 창출하고 있다. 적은 시간을 투자하고 많이 벌 수 있는 구조를 만들어 가는 과정에서 나는 또 한 번 나의 꿈에 대한 확신이 생겼다.

만약 우리가 평생 움직여야 돈을 벌 수 있는 구조만 존재한다면 우리는 몇 살 때까지 일해야 할까? 또한 몇 살까지 일할 수 있을까? 사실 나는 마흔 정도만 되어도 그냥 놀고 싶을 것 같다. 20대부터 30대까지 너무 다양한 경험을 했다. 나이 쉰이라고 해도 좋을 만큼 나는 젊은 날 직장인이 아닌 1인 기업가로서 다양한 경험을 축적해 왔다. 그래서 '마흔 정도 되면 정말 쉬어도 된다. 나 정도 열심히 일했으면 이젠 특별해도 된다. 충분히 그래도 된다'라는 생각을 자주 한다.

나는 마흔에 은퇴하는 또라이가 될 것이다. 물론 은퇴를 하더라도 일은 하게 될 것이다. 취미로 하는 일. 그 과정에서 나는 얼마나 행복하고 얼마나 성장하게 될까? 상상만 해도 최고의 날이 될 것 같다. 연 이자 3만 원을 벌기 위해 적금을 유지해야 한다고 생각하는 세대의 엄마는 20개의 수익구조를 만들겠다는 나의 이야기를 전혀 공감하지 못한다. 더군다나 한창 일해야 할 마흔의 은퇴는 엄청난 충격으로 받아들인다.

나는 은퇴한 이후의 삶은 생각해 본 적이 없다. 하지만 알아서 자동으로 '척척' 돌아갈 시스템은 생생하게 상상해 보았다. 그 상상 속에서의 나는 마흔에 자유롭다. 반드시 그런 나를 이룰 것이다.

33

거실에 내 차를 주차하는 또라이 되기

강동혁 사진작가, 영상작가, 미디어 콘텐츠 메이커

KNN방송국 촬영 기자와 사진작가로 활동했으며, 개인과 기업 브랜딩을 위한 사진, 영상 제작자로 활동하고 있다. 또한 현재 연년생 아들들과 함께 하는 사진 및 영상을 다양하게 제작해 많은 이들에게 동기부여가 될 수 있도록 노력하고 있다. 저서로는 《꼭 이루고 싶은 나의 꿈 나의 인생 2》가 있다.

• Email tuffuman@naver.com   • Blog blog.naver.com/tuffuman

푸른 잔디와 산책로가 잘 갖추어진 공원이 있다. 주택과 주택 사이 그리 크지 않은 땅을 사기로 했다. 예전부터 나의 꿈이었던 집을 짓기 위해서다. 큰 다락방이 있고 지하실이 하나 딸린 2층짜리 단독주택을 짓기로 했다. 우리 부부는 땅을 사기로 결정함과 동시에 늘 꿈꾸던 집을 짓기 시작했다. 위층에는 두 아들 녀석의 방을, 아래층 한쪽엔 부부의 침실을 마련했다. 거실은 아내의 소원대로 온 벽면을 책장으로 만들었다. 그리고 부부가 각자 활용할 수 있는 혼자만의 공간을 2개 만들기로 결정했다.

나만의 공간은 이 집에서 하나밖에 없는 지하실이다. 누구의 방해도 없이 혼자 즐길 수 있는 공간이다. 마치 영화에 나올 법한 공간이라 앞으로 그곳에서 보낼 시간을 상상만 해도 설렌다.

나는 영화와 게임을 좋아한다. 그래서 특별히 우리 집에는 프로젝터를 설치했다. TV 대신 설치된 거대한 스크린을 켜고 웅장한 음악과 함께 아들과 최신 게임을 즐길 수 있다. 아이들도 나도 새로운 공간에서 흥분된 마음을 감추지 못한다.

집 전체가 상상 이상이라 멋지지 않은 곳이 없다. 그래도 이 집에서 가장 중요한 곳은 따로 있다. 바로 1층 현관 옆에 있는 나의 차고다. 나는 어린 시절부터 상상해 왔다. 집 안에 차가 들어오는 것을 말이다. 상상화를 그려도 꼭 이런 상상화를 그려서 친구들은 내 그림을 보는 내내 웃었다. 하지만 꼭 우주비행선이나 하늘을 나는 자전거만 상상하라고 정해진 것은 아니지 않은가. 좋아하는 음악을 틀어 놓고 거실 소파에 앉아 나의 애마를 보는 시간이 정말 행복할 것 같았다. 그래서 이왕 상상하기 시작한 것을 현실로 만들기로 했다. 특별히 인테리어 업자에게 무리하게 부탁해 만든 지금의 집, 그 누구에게도 팔 수 없을 만큼 가치 있는 집이다.

안전히 주차할 수 있는 차고는 아파트에만 살았던 내가 가장 부러워했던 공간이다. 주택에서 흔히 볼 수 있는, 꽉 막힌 시멘트가 아닌 통유리로 거실 한쪽을 만들었다. 마치 자동차 전시장처럼 말이다. 지금 나는 거실에서 내 차를 언제든 볼 수 있다. 게다가 가벼운 정비도 가능한 공간까지 함께 설치했다. 내 인생에서 이것만큼 큰 사건은 없다고 생각한다.

"여보, 이제 잘 시간이야. 저장하고 빨리 자자."

"있어 봐. 아직 멀었어. 우리 집 담장을 세우기 전이라고…."

눈치챘는가. 실제로 나는 아직 그런 집을 짓지 못했다. 가상세계에서 현실로 올 때 가끔 허탈감을 느낀다. 내가 살고 있는 집은 아직 그 게임 안에서의 공간만큼 완벽하지 않기 때문이다. 내가 꿈꾸는 집은 대학생 시절 즐겨 하던 '심즈'라는 컴퓨터 게임에서 구현했던 가상의 집이다. 심즈는 내가 만든 캐릭터로 직접 만들고 꾸민 집에서 밥도 먹고 회사도 나가는 등 일상생활을 구현한 시뮬레이션 게임이다. 어렸을 적부터 이것저것 물건들을 만지고 고치는 것을 좋아했던 나에게 심즈라는 게임은 너무나 매력적으로 다가왔다. 특히 차를 좋아했기 때문에 게임을 통해 집을 지으면 항상 특별한 나만의 차고를 만들었다.

주택가를 걸으며 보게 되는 차고는 항상 평범하다. 재미가 없다. 그저 건축법에 맞춰 형태만 갖춰 놓은 것들이 대부분이다. 하지만 개인적으로 아까운 공간을 버려두는 것은 낭비라고 생각한다. 나는 길을 걷다 우연히 보게 되는 주택가의 차고를 보면서 생각했다. '이다음에 내가 집을 짓게 되면 반드시 거실로 차가 들어

올 수 있는 구조의 집을 지어야지'라고. 항상 아내는 집을 좀 더 특별한 공간으로 만들면 어떨까 하는 나의 생각을 존중해 주었다. 주택과 떨어져 있어 낯설게 취급받지 않는 집과 거실 안으로 들어오면 냉장고나 에어컨, TV처럼 밖으로 나가지 않아도 언제든 내용물을 들여다볼 수 있는 그런 집 말이다.

　그리고 보면 30대 중반이 된 지금까지도 차에 대한 나의 애정은 식을 줄 모르는 것 같다. 차가 구식이건 신식이건 간에 내 명의로 된 '나의 차'라는 존재가 나에게 다가온 의미는 언제나 '황홀' 그 자체였으니까. 수만 가지의 부품으로 이루어진 기계 덩어리인 '자동차'라는 존재는 언제나 나를 매료시켰다. 나는 항상 차를 기계가 아닌, 마치 친구나 가족처럼 대했다. 그랬기 때문에 보는 것뿐만 아니라 그것을 '운전'하는 행위 자체도 매우 사랑했다. 군대에서도 운전병을 자처했을 정도니.

　덕분에 차에 관한 많은 일화들이 있다. 처음 운전면허를 따고 아버지 몰래 차 키를 가지고 나가 새벽길을 질주해 본 경험쯤은 남자라면 누구나 한 번쯤 있을 것이다. 그런데 나는 그것과는 조금 달랐다. 컴퓨터를 뜯어 다시 조립하듯 내 차가 생기자마자 이 차를 어떻게 하면 온전한 '나의 차'로 만들 수 있을까 고민했다. 나만의 것이기 때문에 조금이라도 특별해지길 원했던 것 같다. 남들 같으면 정비소나 튜닝 숍에 맡길 일도 스스로 했다. 인터넷으로 방법을 찾고 공구를 갖춰 이것저것 뜯어 나갔다. 손대기 힘든 엔진을 제외하곤 다 뜯어 보았다. 실내 내장재도, 타이어도, 트렁크도 내 손을 거치지 않은 것이 없었다. 그러다 보니 나만의 차로 만들기 위한 꾸미기에 과함이 더해졌다. 별 옵션이 없는 국산 소형차에 특이함을 더하고자 현가장치와 휠, 심지어는 윙 스포일러까지 장착했다.

뭔가 특별해졌다는 뿌듯함에 SNS에 내 차를 올리기 시작했다. 그러자 나처럼 특이한 차를 좋아하는 사람들의 '좋아요' 세례가 이어졌다. 그렇게 내 차만의 특이함에 취해 있을 무렵, 미국이나 일본처럼 튜닝 규정이 느슨하지 않은 국내법이 발목을 잡기 시작했다. 1년에 1~2차례 불법 튜닝으로 신고당했다. 확실히 과함은 주위의 이목을 집중시켰고, 그것이 신고로 이어졌다.

처음 한두 번은 초범과 무고로 받아들여져 별 탈이 없었으나 결국 나중엔 벌금을 물게 되었다. 속상했지만 어쩔 수 없었다. 우리나라 튜닝법은 코에 걸면 코걸이, 귀에 걸면 귀걸이였다. 로마에 가면 로마법을 따라야 하듯 힘없는 내가 현행법을 지키지 않으면 큰 손해가 발생하는 건 자명했다. 그것은 곧 가족과 아내에게까지 피해가 가는 일이었기 때문에 나는 내 차의 특별함을 하나둘 포기해 나갔다.

하지 않아야 될 것을 포기하면서도 나는 끊임없이 나의 관점에서 집을 짓고 있었다. 마음으로, 머리로 집을 지으며 앞으로 일어날 일들을 위해 벤치마킹을 시작했다. 그때 SNS에서 발견한 여러 채의 집은 게임 속에서 상상했던 나의 집 이상으로 멋지고 아름다웠다. 나는 계속해서 내가 그리고 우리 가족이 함께할 집을 상상하며 그 옆에 함께할 내 차도 상상한다.

세상에는 포기했지만 포기할 수 없는 것들이 있다. 말로는 포기했지만 나는 포기하지 못했다. 조금 더 좋은 차였다면 어땠을까? 조금 더 좋은 환경이라면 어땠을까? 늘 그런 생각을 하며 남과 나의 상황을 되짚었던 것 같다. 하지만 시간이 지나 열정적으로 했던 게임에 저장된 나의 상상 속 집을 보면서 나는 생각을 바꾸었다.

늘 내가 꿈꾸고 갖고 싶었던 집은 그냥 단순한 집이 아니다. 나는 남들처럼 좋은 집에 살고 싶었던 것이 아니다. 내가 좋아하는 것을 위해 만든 집을 원한 것이다. 남들로부터는 또라이 소리를 듣더라도 그렇게 지어진 집이 내 마음에 흡족하다면 그것으로 완벽하다. 나는 반드시 거실로 들어온 내 애마와 함께 잠들고 함께 하루를 시작할 것이다.

강동혁

또라이들의 전성시대 3

34~44

박경례 김민지 이경석 이종우

박정진 오성숙 안세영 설미리

전미연 박선규 배상임

또라이로 살며
남들과 다른 인생 꿈꾸기

박경례 | 부동산 컨설턴트, 공인중개사, 강연가, 동기부여가, 자기계발 작가

20여 년 동안 쌓은 부동산 경험을 바탕으로 네이버 카페 〈30대를 위한 부동산투자 연구소〉를 운영하며 강연가로 활동 중이다. 평생 월급이 나오는 시스템과 부동산투자 노하우를 '부동산 5주 과정'을 통해 전수하며 부동산 초보들의 부동산 안목을 키워 주는 데 기여하고 있다. 저서로는 《부자가 되고 싶다면 부동산 투자를 하라》, 《앞으로 5년 부동산이 답이다》, 《꼭 이루고 싶은 나의 꿈 나의 인생》 등이 있다.

- Email little22@naver.com
- Cafe cafe.naver.com/anyomnia
- Blog blog.naver.com/sophia88888
- C·P 010.9600.4984

"안녕하세요! 잘 지내시죠? SNS로 근황을 계속 보고 있었어요. 컨설팅도 받고 부동산과정도 수강하고 싶어서 연락했습니다."

오래전 내가 운영하던 부동산에서 함께 근무했던 이정미 씨가 오랜만에 연락을 해 왔다.

"정말 오랜만이네요."

나는 오랜만에 전화를 걸어온 그녀가 반갑기도 한 데다 부동산과정을 듣는다고 해서 목소리 톤을 높였다.

"내가 진즉 알아봤어요. 멋져요. 박 사장님은 뭐든 다 해낼 줄

알았어요. 남편에게도 매번 박 사장님 자랑을 했습니다. 함께 몇 개월 같이 일한 걸로도 행복했어요."

그녀 또한 나를 계속 치켜세웠다.

이정미 씨는 함께 부동산 실장으로 근무할 당시에 알게 된 분이다. 그러다 내가 운영하는 부동산 사무소가 바쁠 때 잠시 일을 봐 주기도 했다. 그러면서 내가 어떤 사람인지 좀 더 정확히 알 수 있었다고 한다.

우리는 사적인 연락을 할 만큼 가까운 사이는 아니었다. 하지만 나의 기억 속에 그녀는 착한 사람 중의 한 사람이었다. 그녀는 봉사정신이 투철하고 남의 일에 발 벗고 나서기 좋아하는 사람이었다. 남을 돕기 위해 바쁜 그녀와 같이 어울릴 시간적 여유도 없었고 서로 다른 생활을 하다 보니 만나지 못하는 게 당연했다. 그녀는 굉장히 낙천적인 성격에 웬만한 일로는 성을 내는 법이 없었다.

책을 출간한 후 강연이나 여러 활동들을 하는 나의 모습을 보면서, 나처럼 언제나 열정적으로 일하고 모든 일을 최선을 다해 추진하는 사람은 그전에도 지금도 본 적이 없다고 치켜세웠다. 나를 인정해 주는 또 한 사람을 만나니 참 행복했다. 동시에 '내가 헛살지는 않았구나!'라는 생각이 들었다.

그녀는 투자할 만큼의 돈이 모이면 나에게 꼭 연락하겠다고 생각하며 기회만 엿보고 있었다고 했다. 그러다 빌딩을 살 정도의 돈이 준비되어서 연락했다고 한다. 그녀도 공인중개사로 오랫동안 일했고 나름의 인맥도 있지만 자신은 딱 거기까지라고 했다. 내가 봐도 그랬다. 그녀는 그저 봉사정신이 투철하고 남을 잘 배려하지만 부동산에 대한 전문적인 부분은 미비했다. 부동산은 감도 있어야 하고 기동력과 머리회전도 빨라야 하는데 그렇지는 못했다. 그래서 그녀는 부동산을 사야 될 때 팔았고 팔아야 될 때 사곤 했다. 그래도 그녀는 그런 것들에 미련을 갖거나 후회하거나 하는 법은 없었다. 그냥 자신의 복이 거기까지거니 했었다.

그런데 이제는 본인의 단점을 인정하고 제대로 노후를 대비하고 싶다고 한다. 거기다 부동산과정까지 들으려고 내가 운영하는 〈30대를 위한 부동산 투자연구소(이하 삼부연)〉에 등록하겠다고 한다. 그리고 차근차근 배워 나가고 싶다고 했다.

〈삼부연〉을 운영하면서 나의 생활 리듬도 많이 바뀌었다. 그전에는 고객을 우선했다면 지금은 일단 내가 운영하는 〈삼부연〉의 가족들에게 먼저 좋은 물건을 찾아 주게 된다. 어미의 심정으로 그들에게 먼저 선택권을 주고 많은 도움을 주고 싶기 때문이다.

그들은 언제나 문자로 전화로 나에게 궁금한 사항을 물어본다. 그렇게 질문지를 받아서 컨설팅을 하다 보면 방향을 잘못 잡거나 우왕좌왕하는 경우를 굉장히 많이 보게 된다. 잘못된 투자로 손실을 보는 경우도 많이 봤다. 투자하기 전 컨설팅을 통해 거의 손실을 볼 수 있는 상황에서 구제해 준 경우도 많다. 그렇게 인연이 된 〈삼부연〉 가족들은 지금도 나에게 피드백을 받으면서 나와 함께 나아가고 있다. 그런 사람들에게 도움을 줄 수 있는 내 모습이 참 좋다. 그리고 그들과 함께하면서 나 역시 긍정적인 기운을 받게 되어 만족스럽다.

생각해 보면, 나의 또라이 기질은 부동산을 운영할 때도 있었던 것 같다. 나는 남들과 똑같은 방식이 아닌, 나만의 영업 전략을 세우곤 했다. 그리고 그것이 적중할 때가 많았다.

또한 나는 좋은 물건이 있으면 가만히 있지를 못하는 성격이다. 물건을 누군가에게 뺏길까 봐 내일까지도 못 기다린다. 당장 현장에 달려가서 봐야만 직성이 풀리는 것이다. 당장 달려가지 않으면 잠도 안 온다. 하루에만 분양사무실과 상가부지 세 곳을 다녀올 정도다. 그렇게 이곳저곳을 다니면서 그 물건이 돈이 될지 안 될지 나름대로 주변 환경, 입지 등을 보며 판단한다.

그런데 참 이상하다. 집안일을 하다 보면 너무 힘들고 지쳐 눈이 퀭할 정도로 쑥 들어간다. 하지만 임장을 가는 일은 아무리 힘에 부쳐도 즐겁기만 하다. 아니, 힘들다는 생각 자체를 망각한다. 그저 부동산으로 남들에게 도움을 줄 수 있는 것만으로도 큰 행복감을 느낀다. 특히나 양질의 매물을 찾아내고 그 매물이 제대로 된 주인을 찾아갈 때 나의 행복지수는 급상승한다.

인생을 살다 보면 내가 생각한 대로 그리고 내가 원하는 대로 모두 이루어지는 것은 아니다. 하지만 그런 모든 것들도 내가 바꿔 가면 된다고 생각한다. 그리고 그렇게 내가 바꾸어 가는 인생이 나에게 기회도 주고 전환점도 만들어 주는 것 같다. 항상 내 마음 깊숙이에 어디로 튈지 모르는 또라이가 살고 있다. 그래서 계속 톱을 달리는 부동산을 넘겨주고 나와도 미련이 남지 않았었다. 나는 이렇게 남들과 다른 또라이로 살아가는 인생이 즐겁고 미치도록 행복하다.

박경례

내가 원하는 삶을 위해
죽을 때까지 도전하기

김민지 | 1인 기업가, 동기부여가, 자기계발 작가, 자기계발 멘토

자신이 좋아하는 일을 하기 위해 과감히 직장에서 탈출한 여자다. 7급 공무원 재직 시절, 다른 세상이 궁금해 홀연히 독일로 떠난 후 가치관이 송두리째 바뀌었다. '세상은 넓고 할 일은 많다!'를 모토로 오늘도 '나만의 업'을 위해 앞만 보고 달려가는 중이다. 건강한 식생활에 관심이 많아 온갖 음식을 탐구하고 이를 많은 이들에게 알리고 있다.

• Email bobaera@naver.com　　　　　　• C·P 010.3697.9733

　　나는 원래 '자아'라는 것이 없는 사람이었다. 물론 학창시절엔 그때그때 시험을 위해 공부하긴 했지만 어디까지나 '그냥 해야 해서'가 이유였다. 나는 특이할 정도로 의사표현이 늦었다. 부모님 말씀에 의하면 아주 어렸을 때도 시도 때도 없이 멍했고 감정표현도 극히 드물었다고 한다. 게다가 학습능력도 떨어져 부모님이 심각하게 걱정하기도 했다. 그래서 그런지 내 기억 속엔 어릴 때의 내 모습이 남아 있지 않다. 초등학교 5학년부터 생각난다. 아마 그 이전에는 내 머릿속에서 어떠한 자극도 일어나지 않았나

보다.

그나마 중학생 이후부터는 조금 나아져 사리 분별도 하게 되었다. 어떤 것을 해야 하는지 정도는 어렴풋하게나마 깨달았던 것 같다. 나는 비록 잘하는 건 없었지만 선생님 말씀도 잘 듣고 친구들과도 그럭저럭 어울리는 평범한 아이가 되었다.

이는 고등학생을 지나 대학생이 될 때까지 이어졌다. 대학 때 잠깐 춤 동아리에 들어 열심히 흔들고 다녔던 것이 내 일탈의 전부였다. 먹고살 만한 중산층 집안에서 태어난 덕에 그다지 돈에 쪼들린 기억이 없다. 따라서 무언가를 절실하게 해 볼 생각조차 안 했다. 나도 부모님처럼 그저 고만고만하게 밥 굶을 걱정 없는 직장 얻어서 사는 것이 최선의 길이라 여겼다.

내가 공무원을 준비한 1차 목표는 '생존'이었다. 나는 앞서 말했듯 할 줄 아는 게 하나도 없었다. 특기도 없고 취미도 없는 무색무취의 인간이 바로 나였다. 그렇다고 공부라도 잘하느냐 하면 그것도 아니었다. 이른바 스펙이란 게 하나도 없었다. 남들 다 가지고 있다는 고득점 토익 점수가 나를 대변하는 전부였다. 그래서 나에겐 별다른 선택의 여지가 없었다. 나는 그저 먹고살기 위해 공무원을 택했다.

처음 입사할 때만 해도 나는 내가 참 걱정되었다. 뭐 하나 잘하는 것이 없었기 때문이다. 그러나 놀랍게도 지금껏 어리숙하던 나 자신은 감쪽같이 사라졌다. 오히려 신입직원이라 느끼지 못할 만큼 빠르게 업무에 적응해 나갔다. 미흡한 업무는 주말에 나와 항상 완벽히 파악하고 끝냈다. 의아한 부분이 생기면 집에 와서도 계속 고민하며 일을 처리했다.

상사를 대할 때도 공손하지만 단호하게 의사를 전달했다. 받아야 하는 자료가 기한이 다 되었으면 기분 상하지 않게 닦달했다. 상사에게 보고할 때는 항상 간결하게 결론부터 말했다. 어떤 일을 추진할 때는 중간 중간에 몇 번이고 보고하며 상사와 생각을 공유했다. 그땐 미처 생각하지 못했지만 지금 와서 보면 나를 신뢰하지 않을 수가 없는 행동만 했다.

대인관계에 있어서도 나는 영리했다. 보통 어떤 집단에 들어가면 여자부터 친해져야 한다. 여기에는 남녀의 특성을 본능적으로 파악했던 것이 도움이 되었다. 실제로 높은 직급은 거의 남자 상사가 차지하고 있지만 조직의 살림살이를 챙기는 것은 거의 대부분 여자 직원들이다. 가족을 미루어 보아도 대외적으로는 남편이 권력과 권위를 가지고 있는 듯 보이지만 실세는 아내인 경우가 많다. 이와 마찬가지로 조직의 숨은 실세들은 바로 중년의 여자 직원들이었다.

그들은 소문을 만들어 내고 퍼뜨리는 데 엄청난 역할을 한다. 그리고 같은 무리라고 생각되지 않을 경우 철저히 배척한다. 한번 배척당하면 다시 그 무리에 낄 수 없다. 따로 놀면 되지 않느냐고? 그건 직장생활을 안 해 본 사람의 이야기다. 따로 노는 순간 모든 일이 골치 아파진다. 월급, 출장, 휴가 등 자질구레한 일들이 모두 차질을 빚기 시작한다.

나는 중년의 여자 직원들과 매우 잘 지냈다. 남자 상사들에겐 딱딱하게 보고만 했을 뿐이지만, 여자 직원들에겐 아주 살갑게 굴었다. 커피 타는 일, 설거지, 다과 준비하기 등 온갖 허드렛일을 도왔다. 그리고 실제로 그들과 이야기하는 게 정말 재밌었다. 내가 한참 어려서 그랬는지 나에게는 다른 사람의 뒷담화가 별로 들어오지 않았다. 나는 그저 내 이야기를 하고 그들의 이야기를 들어주며 정을 쌓아 갔다.

남자 상사들로부터는 일 잘한다는 평가를 받고, 여자 직원들하고는 든든한 인간관계의 성벽을 쌓은 나는 직장생활을 말 그대로 수월하게 해 나갔다. 어떤 사람에 대한 평가는 첫 1~2년에 거의 결정된다고 봐야 한다. 그 이후엔 아무리 잘해도 이미지를 뒤집기 어렵다. 반대로 한 번 좋은 인상을 심어 주면 원래 열심히 하니까, 라는 꼬리표가 붙는다. 나는 이미 동기들 중에서도 가장 촉망받는 직원으로 꼽히고 있었다. 내가 직장생활을 힘들어할 하등의 이유가 없었다.

그러나 나는 이상하게 힘들었다. 인정받고 잘나가는 공무원이었지만 힘들었다. 정신없는 신입시절이 지나고 보니 나는 어느새 영혼 없이 일하는 무색무취의 인간으로 다시 돌아와 있었다. 일이 힘든 것은 상관없었다. 문제는 그 일을 내가 진정 자발적으로 나서서 했는가였다. 타인의 인정에 휘둘린 나는 내 평판을 깎아 먹지 않으려고 더욱 책임감 있게 일했다. 나는 칭찬과 인정을 위해 일했다. 그리고 그것을 성취감이라 착각했다.

마음이 점점 공허해지는 것을 느낀 나는 해결책을 찾아야 했다. 나는 착하게 학교를 졸업하고 취직하고 직장생활도 훌륭히 잘해 왔는데 왜 공허한 것인지 답답했다. 나는 곧 그 이유를 깨달았다. 바로 내 '스토리'의 부재였다. 남의 말을 착하게 잘 듣고 살아 왔을 뿐, 나에게는 내가 주도적으로 어떤 것을 만들어 나갔던 경험이 전무했던 것이다. 그러니 내 인생엔 정작 나는 없고, 빈껍데기들만 가득했다. 이것이 내 삶을 무미건조하게 만든 결정적 이유였다. 내 인생은 누가 봐도 감동도 없고 재미도 없었다.

나는 그래서 내 인생을 한번 비틀어 보기로 결심했다. 지나치게 평탄한 내 인생을 바꿔 보고 싶었다. 나도 누군가에게 나의 인생을 재미있게 들려주고 싶었다. 내게 만약 자녀가 있다면 내가 그동안 어떻게 살아왔는지, 어떤 인생이 중요한 것인지 정도는 말해 주고 싶었다. 근무 3년 차에 승진을 앞두고 나는 독일로 1년간 돌연 떠나게 되었다. 내가 내 인생에서 자발적으로 한 첫 결정이자 도전이었다. 그리고 지금껏 내 안 깊숙이에서 잠자고 있던 자의식을 깨워 준 역사적인 모험이기도 했다.

거처도 마련하지 않고 홀로 훌쩍 떠난 독일에서는 내가 모든 것을 결정하고 해결해야 했다. 24시간이 나에게 온전히 주어지는 만큼 시간관리도 철저히 해야 했다. 자유가 주어진 대신에 그만큼 책임도 뒤따랐다. 처음 6개월은 거처도 마련하랴 어학원도 다니랴 적응도 하랴 빠르게 지나갔다. 한 번도 독립해서 생활한 경험이 없었기 때문에 혼자 사는 것의 기쁨도 만끽했다. 마침 크리스마스 시즌도 끼어 있어 친구들과 특별한 연말을 보내는 등 추억도 함께 쌓아 갔다.

어느 정도 독일이라는 나라에, 그리고 유럽이라는 곳에 적응하고 나자 나머지 기간에는 홀로 있는 시간을 충분히 가졌다. 이상하게도 새벽 5시면 눈이 뜨여서 집 옆 하천에서 조깅을 하거나 책을 읽었다. 이 기간에는 대체 내가 평생을 어떤 방향으로 살 것인지 고민했다. 나라는 사람이 대체 어떤 종류의 사람인지도 함께 고민했다. 내가 어떤 것을 할 때 최대로 만족할 수 있는지 생각하고 또 생각했다.

내가 당시 읽었던 책 중에는 《나는 일주일에 4시간 일하고 1000만 원 번다》라는 책이 있었다. 나는 그때의 충격을 잊을 수 없다. 근무시간이 철저히 정해져 있는 직장에 다니고 있던 나로서는 처음 접하는 신세계였다. 저자를 비롯한 많은 사람들이 고용사회에서 탈피해 자신만의 직업을 구축하고 자유롭게 살아가고 있

김민지

었다. 내가 직장생활을 하며 느꼈던 모든 고뇌가 그들에게는 해당되지 않는 이야기였다.

그들은 이른바 '1인 기업가'라고 불리고 있었다. 자신이 자신을 고용하는 형태의 직업이니 자유로운 것이 당연했다. 모든 것을 자발적으로 해 나가는 모습을 보며 마치 콜럼버스가 아메리카 대륙을 발견하고 흥분했듯 나 또한 엄청나게 흥분했다.

이런 1인 기업이라는 형태에 심취한 나는 한국에 돌아가기 전까지 관련 서적을 탐독하고 커뮤니티 활동도 열심히 했다. 내가 콘텐츠를 만들어 수익을 낼 수 있다는 점, 그리고 1원 한 장 없이 시작할 수 있다는 점이 나를 매혹시켰다. 무엇보다 내가 하고 싶은 일을 내 마음껏 할 수 있다는 것이 가장 마음에 들었다.

독일에서 귀국해서는 본격적으로 1인 기업가의 발판을 닦아 나갔다. 낮에는 근무했고 일과 후에는 밤늦게까지 나만의 성을 구축했다. 주말에는 관련 세미나를 열심히 들으러 다녔다. 내 월급과 지난날의 적금은 몽땅 배우는 데 쓰였다. 큰돈에 머뭇거리기도 했지만, 내 인생 전체를 봤을 때 이 금액은 비싼 것이 아니라고 생각하며 마음을 다독였다. 일주일에 7일을 쉴 새 없이 칼럼을 쓰고 홍보를 하고 관리를 했다.

이렇게 열심히 준비한 내 첫 콘텐츠로 과연 수익화에 성공했을까? 성공했다면 아마 이 글을 쓰고 있지도 않았을 것이다. 나는 그때 나와는 전혀 맞지 않는 엉뚱한 주제를 선택했었다. 내게 진정성이 없으니 콘텐츠를 만들면 만들수록 괴롭고 따분했다. 나는 성공할 것이라 자신하며 퇴직했는데, 점점 희망이 안 보이니 스스로가 위축되고 자신감도 떨어졌다.

당장의 미래가 안 보여 이번에는 영업에 뛰어들었다. 독일의 어느 제품을 이제 막 한국에 들여와 안착시키는 단계에서 내가 투입되었다. 나는 크고 무거운 기기를 커다란 배낭에 담아 메고 서울 곳곳을 누비며 방문 판매를 했다. 멀뚱히 쳐다보는 사람 앞에서 주섬주섬 기기를 꺼내 시연하는 일과 잡상인 취급을 당하며 쫓겨나는 나날이 이어졌다. 하지만 이것도 다 경험이라 생각하며 즐겁게 여겼고 내가 배워야 할 점이 무엇인지에 집중했다.

영업을 잘하고 싶어 공부를 해 보니, 큰 깨달음이 있었다. 영업이든 사업이든 창업이든 설령 직장인이든 우리 모두는 '나'를 브랜딩 해서 세상에 알려야 할 의무가 있다는 것이었다. 세상에 제품을 파는 것이 아니라 나를 팔아야 한다는 깨달음을 얻었다. 왜 나한테서 사야 하는지에 대한 기준이 뚜렷하게 서 있어야 뭘 팔든 팔 수 있다는 생각이 들었다. 그래서 이때부터는 '나'라는 인간 자체에 집중하게 되었다.

이러한 일련의 사고의 흐름을 거쳐 나는 현재 내 스토리를 담은 책을 집필하고 있다. 어느 무엇보다 나 자신의 경험과 이야기가 가장 중요함을 이제야 깨달았다. 지난날의 시행착오가 뼈아프지만 그만큼 얻은 것도 많다. 도전은 하면 할수록 나에게 이득으로 돌아온다. 성공하면 성공한 대로 실패하면 실패한 대로 무언가를 얻는다. 그러니 실패해도 기죽을 필요가 전혀 없다.

지금 나만의 경험, 나만이 해 줄 수 있는 이야기로 다시 몇 번째의 도전을 하고 있다. 그래서 그런지 비록 몸은 힘들지만 마음은 한없이 가볍고 상쾌하다. 드디어 내 옷을 찾아 입은 느낌이다. 분명히 이것 또한 크고 작은 시련들에 맞닥뜨릴 것이다. 방향을 다시 설정해야 할 수도 있고 아예 내용 자체를 갈아엎어야 할 수도 있다. 그럴 때면 나는 또 아플 것이다. 하지만 나는 안다. 이렇게 하나씩 좁혀 나가다 보면 금세 내가 원하는 인생을 살고 있으리란 것을. 오늘도 나는 묵묵히 나만의 탑을 쌓으며 나아간다.

'사업자지원연구소' 설립해
창업가의 멘토 되기

이경석 '한국창업마인드코칭협회' 대표, 프리미어 창업 코치, 세무사 사무실 사무장,
재테크 전문공인중개사, 공감 사업자지원 센터장

창업가들을 위한 창업교육과 상권 분석, 정부지원사업 활용, 세무와 노무 관리, 경·공매 등 성공적인 재테크를 위한
'원스톱 창업 컨설팅'을 진행하며 지속적이고 안정적인 성공창업생태계 조성에 기여하고 있다.

• Email suk3268@naver.com

나의 고향은 신안 비금도다. 나는 초가집에서 자랐다. 몇 가구 빼고는 대부분 초가집이라 이상할 것도 없었다. 방과 부엌 사이에 조그만 유리창이 있었다. 그 유리창에 호롱불을 놓고 부엌까지 환해지는 효과를 보기 위함이었다. 반면에 옆 동네의 외갓집은 멋진 집에 삶이 여유로웠다. 어릴 적 산과 들, 바다를 배경 삼아 성장해서 감수성이 풍부했었던 듯하다.

모범생에 가까웠던 나는 중학교를 마친 후 큰집이 있는 광주의 고등학교에 진학했다. 새벽마다 배달되는 신문이 유일한 나의

소통 창구였다. 다락방에 올라가면 고전들이 한가득 쌓여 있었다. 그것들을 가방에 담아서 학교에 가져갔다. 수업시간에 《논어》, 《대학》, 《중용》 등 고전을 펼쳐 놓고 대학 노트에 필사하는 시간이 늘어 갔다.

글 쓰는 것을 즐기면서 옛 사람들과 소통하고 있었다. 특히 《삼국지연의》는 여러 번 읽을 정도로 좋아했던 기억이 난다. 비오는 날 수필도 써 보고, 악보도 없는 작사, 작곡을 하며 대학가요제에 나간다고 친구에게 말하곤 했다. 이 시기에 빠져든 신문의 정보와 사설, 고전은 내 인생철학에 결정적인 영향을 미쳤다.

대학 진학은 어려운 가정형편에 발목을 잡혔다. 엄마와 작은누나에게 대학에 가고 싶다고 통곡하면서 애원했지만 받아들여지지 않았다. 모범생이던 나의 사고는 바뀌어 갔다. '내 일은 내가 챙겨야 한다. 나만이 나의 꿈을 지켜줄 수 있다'라고.

결국 대학은 뒤로하고 나의 본격적인 사회생활이 시작되었다. 서울에서 작은형이 가게와 건축업을 하고 있었다. 나는 작은형의 가게 일을 도와주게 되었다. 다양한 업종의 아르바이트가 시작된 것이다. 아르바이트비는 수입액과 상관없이 도표와 그래프를 그려 가면서 이미지화했다. 큰형수는 "그래프까지 그려 가며 돈을 모으는 사람은 처음 봤다."면서 웃음으로 격려해 주곤 했다. 나는 아르바이트비를 차곡차곡 저축했다. 나를 위해서는 100원에도 인색했지만 조카들의 용돈은 충분히 주었던 것 같다. 이런 생활 태도로 인해 친척들과 주변 사람들은 나를 신임했다.

20대 중반에 노래방을 오픈했다. 당시 노래방은 전국적으로 선풍적인 인기를 끌고 있었다. 사람들은 투자비용이 부담되어 쉽게 창업하지 못했다. 창업에 1억 5,000만 원의 자금이 투입되었다. 당시는 돈의 가치가 귀하던 시절이다. 가족들이 그동안 모은 돈과 지인들에게 부탁해 자금을 빌려주었다. 아버지도 그동안 저축한 돈을 전액 빌려주셨다.

연말에 개업하니 손님들이 몰려왔다. 하지만 호재는 여기까지였다. 연말이 지나자 손님이 주말에는 많지만 주중에는 많이 줄었다. 그러나 이상하게도 다른 지역의 잘되는 노래방은 항상 만원이었다. 나는 왜 다른 지역의 노래방이 잘되는지 알아보기로 했다. 결국 많은 조사와 연구 결과 상권과 입지가 성패를 좌우한다는 것을 깨달았다. 상권의 중요성을 이때 안 것이다.

이때 당시 나는 매일 다른 지역의 상권과 입지를 분석하러 다녔다. 어느 날 신축 건물이 눈에 띄었다. 내가 지금까지 연구한 것이 정확하다면 '대박자리'라는 생각이 들었다. 즉시 건물주를 만나 계약했다. 하지만 그러자마자 나는 고민에 빠졌다. 계약금 300만 원은 입금했지만 보증금인 잔금과 인테리어비가 없었던 것이다.

1호점 빚도 아직 남았는데 2호점을 낸다고 하면 가족들의 반응이 어떨까? 그것도 자그마치 1억 원이 넘는 보증금과 공사비가 투입된다. 내 나이 겨우 스물여섯 살이었다. 하지만 나는 포기할 수 없었다. 나의 미래가 여기에서 결정될 거라는 직감이 들었다. 크게 성장할 것인가, 아니면 먹고만 살 것인가! 대학에 가고 싶다고 울고 불며 남에게 의지했던 과거의 내가 아니었다. 내 삶. 온전한 나의 삶. 내가 주도적으로 결정해야 한다는 것을 그때 깨달았다.

나는 내 상권 분석 능력을 믿었다. 계약 후에도 낮, 저녁, 밤, 새벽에 백 번도 넘게 탐문했다. 이미 주사위는 던져진 것이다. 하지만 아무리 연구해도 공사비를 구할 방도가 없어 내가 직접 공사를 하기로 결정했다. 직접 돌아다니면서 목재, 페인트, 유리 등의 재료와 인건비의 납품가를 파악했다. 목수와 페인트 일을 할 수 있는 사람들도 만나 일정을 조율했다.

건물 준공이 확정되자 자재를 주문하고 공사를 시작했다. 시간이 흐를수록 자금의 압박이 생겼다. 그때 생각나는 지인이 있었다. 부산의 지적공사에 다니던 사촌 형이었다. 광주에서 3년간 한 방을 썼던 그 사촌 형은 갑작스런 나의 요구에도 나를 믿고 거금을 마련해 보내 주었다. 지금 생각해 보면 정말로 고마운 일이다.

이렇게 공사가 마무리되어 갈 즈음 대박이 날 수 있는 상가를 또 발견했다. 움직이면 상가 자리만 눈에 들어왔다. 다음 날 건물주와 만나 계약을 진행했다. 3호점을 계약한 것이다. 짧은 시간에

3개의 가게가 생기게 되었다.

하지만 나는 여기서 멈추지 않았다. 4호점을 계약했다. 이미 검증도 마친 후여서 확신이 있었다. 오픈한 2호점이 잘되고 있지 않는가? 3, 4호점도 상권분석이 정확하다면 성공할 것이다. 다행히 많은 사람들의 적극적인 지지와 성원, 내가 성공하길 간절히 바라는 가족들의 도움으로 4개의 노래방이 성공적으로 완성되었다. 예상대로 장사는 잘되었다. 결국 이런 과감한 또라이 짓으로 나는 20대에 상권과 입지의 고수가 되었다.

내 의식은 확장되어 갔다. 정주영, 마케시타, 이병철 등 자수성가한 사람들의 자서전을 읽으면서 내가 추진하고 있는 일들은 어려운 게 아니란 걸 깨달았다. 크게 성장하기 위해서는 진통을 견뎌 내야 한다. 쉬운 건 없다. 그들은 자금 부족과 같은 문제에 봉착했을 때 나보다 10배, 100배는 힘들었을 것이다, 라고 생각했다. 결국 4호점까지의 창업은 보란 듯이 성공했다. 창업 후 돈을 잘 번다는 소문에 나의 주변으로 사람들이 몰려들었다.

부는 저절로 따라왔다. 먼저 분당의 작은 아파트를 구입했다. 차후에 분당의 50평 아파트를 추가 구입했다. 골프회원권, 제주도의 고급 콘도를 구입해 레저와 해외여행도 즐겼다. 아내의 서른두 살 생일에 벤츠 E-CLASS를 선물해 주고 나는 벤츠 S500을 구입해 타고 다녔다.

상권분석을 연구하고 개발해 20대 후반에 큰돈을 벌었다. 상권은 변화무쌍하지만 상권분석을 통해 부의 추월차선에 올라탈 수 있다. 창업 시에 이는 가장 중요하다. 2015년부터 3년 연속 파주의 상가, 분당의 상가, 천안의 5층 건물에서 2배나 3배 이상의 수익을 올렸다. 기존의 오피스텔 등 부동산을 포함해 임대사업자로 등록하고 부의 파이프라인을 확장한 것이다. 음식점이나 노래방, 커피숍, 카페 등 자영업 상권분석 전문가에서 상가나 건물 매입의 상권분석 전문가로 업그레이드된 것이다.

나는 부의 추월차선을 타고 속도감 있게 1인 부자로 거듭나고 있다. 무슨 일을 해도 정상의 자리에 올랐다. 이제는 창업가가 말하지 않아도 고민을 알 수 있다. 행동하지 않아도 성공 진행 방향을 제시해 줄 수 있는 내공이 생겼다.

창업의 고수에서 나아가 작가, 강연가, 창업코치, 재테크 멘토로 사는 인생 2막을 세무사 사무실을 운영하면서 오랫동안 준비해 왔다. 현재 〈사업자지원연구소〉를 설립해 운영 중이다. 산전수전 다 겪은 내 경험과 지식과 지혜를 사람들과 공유하며 성공철학을 나눌 수 있는 창업가들의 멘토로 살 것이다. 이는 내가 젊었을 때 과감 없이 돌진한 또라이적인 기질이 있었기 때문에 가능한 일이었다.

나는 원하는 것을 얻기 위해서 항상 도전했다. 도전이 나의 삶

자체였다. 돈이 없는 상황에서도 20대에 연속적으로 창업에 성공했다. 30대에는 부부가 전문직에 도전해 합격한 후 성공적으로 사무실을 운영하고 있다. 40대에는 재테크에 성공하고 메신저의 삶을 살게 되었다. 성공한 사람들은 마인드를 중요시한다. 그리고 소신 있는 철학을 가지고 있다. 생각의 각도와 생각의 속도에서!

나는 성공한 사람들의 책을 꾸준히 읽으면서 의식을 확장하며 10년 뒤의 내 모습을 상상했다. 고전을 읽으며 체득한 성공 마인드를 바탕으로 10년마다 새로운 목표를 세우고 절실히 살아왔다. 누구나 원하는 꿈을 가지고 있다. 그렇게 꿈을 꾸는 사람들의 등대 역할을 해 주고 싶다. 비금도의 등대처럼.

37

대한민국 최고의
유아 축구 코치 되기

이종우 '솔뫼스포츠' 대표, (사)한국 스내그 골프 협회 이사, 기업가, 강연가, 자기계발 작가, 동기부여가

경기도 부천에 위치한 스페인식 축구 교육 기관인 '솔뫼 축구 센터'의 대표다. 서울, 인천, 경기 지역 유치원에 방과 후 축구, 골프 교육을 제공하는 '솔뫼 스포츠'의 대표이기도 하다. (사)한국 스내그 골프 협회 이사, 교육 사업 본부장으로서 예비 지도자들에게 주기적으로 어린아이 운동 코칭법을 교육한다. 작가이자 동기부여가라는 꿈을 키우며 운동 지도자들과 스포츠 기업가들의 멘토로 상담 활동을 하고 있다. 현재 '마음이 강하고 적극적인 아이로 키우는 운동의 힘'을 주제로 개인저서를 집필 중이다.

• Email nookie129@nate.com   • Blog blog.naver.com/nookie129
• Instagram solmoesports

대한민국 축구 지도자들과 아이가 축구선수로 활동하고 있는 부모라면 꼭 읽어야 하는 필독서 중《그들은 왜 이기는 법을 가르치지 않는가?》라는 책이 있다.

책의 저자는 스페인 유학파 축구 지도자로서 대한민국 축구계에서는 이름이 널리 알려져 있다. 바로 현 부산 아이파크 키즈의 조세민 감독이다. 그 책의 표지를 보면 그의 경력 중에 전 '솔뫼 스포츠 교육운영 팀장'이라고 되어 있는 부분이 있다. 여기서 '솔뫼 스포츠'라는 회사에 대해 알아보자.

이 회사는 자칭 '대한민국 No.1 유아 축구 교육 브랜드'라는 타이틀로 수도권 여러 지역 유치원 아이들에게 방과 후 축구 활동을 보급하고 있다. 뿐만 아니라 경기도 부천에서 '스페인식 축구 교육기관, 솔뫼 축구 센터'라는 이름으로 아카데미를 운영하고 있다. 그리고 나는 솔뫼 스포츠의 창립자이자 서른세 살의 CEO 이종우다. 선수 출신이냐고? 아니다. 체육학과를 나왔냐고? 아니다. 불과 7년 전까지만 해도 나는 공대를 다니던, 단순히 축구를 좋아하는 청년이었다.

그 당시만 해도 내 친구들 그리고 친한 선후배들은 모두 대기업에 취직하는 것이 성공인 줄 알았다. 함께 대학시절을 보낸 친구들 중 대부분은 대기업에 취직했다. 가장 먼저 삼성에 취직한 친구를 축하해 주려고 찾아간 삼성 사옥 앞에서 친구는 나를 보며 "내가 성공한 게 보이냐?"라고 했다. 나는 그 친구가 대기업에 취직하기 위해 얼마나 노력했는지 알고 있었다. 그래서 '성공'이라는 단어를 말할 수 있는 그 친구의 자신감 있는 표정이 부러웠다. 나는 진심으로 그 친구를 축하해 주었다. 그 친구는 고맙게도 '하고 싶은 것, 잘하는 것'을 직업으로 갖고 싶다며 휴학을 결심한 나를 걱정해 주었다.

당시 축구가 제일 좋았던 나는 멋진 스포츠 에이전트가 되어 스포츠 현장에서 선수들과 소통하리라 꿈꾸었다. 그리고 꿈을 위해 'FIFA Player's Agent(피파 에이전트)'라는 시험을 준비 중이었다. 나는 학원에 다니며 현직 스포츠 에이전트로부터 FIFA의 각종 규정과 법률, 국내외 프로 축구의 세계를 배웠다. 그런데 그 '공부'가 그렇게 흥미롭고 매력적이었다. 주중, 주말 상관없이 아침 7시면 어김없이 집 근처 도서관으로 발걸음을 옮겼다.

그러던 어느 날 아들이 도대체 무엇을 하려고 저렇게 갑자기 이상해졌는지 궁금해하시던 부모님과 인생을 논하게 되었다. 우리 어머니는 숭실대학교 전자공학과 출신의 유치원 원장님이다. 《기적의 부모수업》이라는 책의 저자이기도 하다. 아버지는 58년 개띠로 내가 고등학교 3학년 때 명예퇴직을 하신 전직 삼성맨이다. 내가 가장 아끼고 사랑하는 분이기도 하다. 부모님은 내가 정말 잘하는 것과 나의 진짜 목표를 물었다. 대답할 수 없었다. '막연함'이 '간절함'으로 바뀌기 위해서는 조금 더 구체적인 꿈이 필요했다.

부모님은 그냥 대학을 졸업하고 대기업에 취직하는 것이 어떻겠느냐고 물어 오셨다. 축구선수 경력도 없고, 체육학과를 나온 것도 아닌 내가 단순히 축구가 좋다는 이유만으로 스포츠 쪽으로 나아가는 것은 생뚱맞다고 하셨다. 하지만 나는 내가 어른이 되었다고 판단한 순간부터 부모님을 포함한 어른들의 말보다 세상의 목소리 그리고 내 마음에서 들려오는 목소리에 귀를 기울이기로 했다. 내가 좋아하는 축구 일을 하기 위해 할 수 있는 것은 모두 다 해 보아야겠다고 다짐했다.

　당시 용돈도 필요했던 나는 알바도 할 겸 무작정 한 축구교실에 찾아가 축구 코치 일을 배우고 싶다고 했다. 최저 시급만 달라고 했다. 하지만 경력도, 명분도 없는 나였다. 감독님은 일단 해 보고 잘하면 그때 돈을 떠나 중요한 역할을 맡기겠다고 했다. 감독님은 멘토가 필요했던 내게 도움을 받을 수 있을 거라는 믿음을 주었다. 나는 감사한 마음으로 서초 초등학교 방과 후 축구 클럽에서 코치생활을 시작했다.

　처음에는 감독님이 훈련을 진행하는 것을 지켜만 보는 역할이었다. 하지만 시간이 지나면서 조금씩 아이들을 코칭할 기회를 얻게 되었다. 그런데 코칭 경험이 전혀 없는 내가 아이들에게 훈련 내용을 재미있고 쉽게 설명해 준다는 반응이 돌아왔다.

　집으로 돌아오는 길에는 오늘 내가 알려 준 '축구의 기술'과 이를 아이들에게 코칭하는 데 필요한 다양한 놀이 형태의 프로그램을 떠올렸다. 그리고 이때 떠오른 아이디어들을 그림을 그려 메모하기 시작했고 이것이 지금은 내 자산이 되었다.

　그렇게 몇 주의 시간이 지난 후 감독님은 나에게 유아부를 맡아 보는 것이 어떻겠냐고 했다. "그냥 놀아 주면 되는데 조금 어려울 거다."라고 했다. 나는 그 말이 싫었다. 분명히 '축구 코치'라는 직책으로 아이들을 지도할 건데 그냥 놀아 주라는 그 말. 아직도

이종우

많은 유아 축구 코치들이 전문인으로 인정받지 못하는 이유는 대부분의 지도자가 그런 생각을 갖고 있기 때문이다. 감독님의 제안이 있던 그날 밤, 어머니와 함께 저녁식사를 했다. 나는 내 상황을 솔직하게 말했다.

"유아들에게도 전문적인 축구 교육을 할 수 있다는 것을 증명하고 싶어요. 그런데 어머니가 유치원을 운영하고 계시니까 그 아이들을 대상으로 기회를 주세요."

축구에 관한 스펙도, 명분도 없는 내가 뻔뻔하게도 그런 말을 자신 있게 뱉었다. 2012년, 내 축구 인생은 그렇게 시작되었다. 수많은 축구 서적과 지인에게서 받은 대한축구협회 훈련 교본 CD를 수백 번 돌려 보며 나만의 것으로 만들기 시작했다. 그 몇 달 사이에 대한축구협회의 지도자 자격증도 취득했다. 명분을 갖출 수 있는 것은 무엇이든 하고 싶었다. 선수 출신이 아니라서 대한민국에서 취득할 수 있는 자격증 레벨은 만 9세 미만까지만 지도할 수 있는 D급 지도자 자격증 하나뿐이었다.

혹시라도 나에게 또는 아이들에게 도움이 될 만한 기사가 있을지 모른다고 생각한 나는 매일 대한축구협회의 사이트에 들어가 닥치는 대로 내용을 스크랩했다. 그리고 이듬해 한국 축구 과학회에서 주최한 '2014 Science & Football' 공모전에 〈한국 유소년 축구 교육이 나아가야 할 방향〉이라는 주제의 논문을 제출했다. 1년 반 정도 되는 짧은 시간 동안 유아부터 초등학교 2학년까지의 아이들을 지도하며 느낀 점을 기록한 노트와 꾸준히 스크랩한 유소년 관련 기사들, 각종 육아 서적과 아동 심리학에 관한 전문 서적들을 분석하고 참고했다.

사실 이 공모전에 참가한 이유는 상금보다도 수상하게 되면 얻게 될 명분, 스펙 때문이었다. 축구를 지도하는 것이 너무나도 행복했던 나로서는 사실 이 일을 오래도록 할 수 있는 스펙이 중요했다. 공든 탑이 무너지랴. 지식은 쌓는 만큼 쌓이게 마련이다. 공모전을 준비하는 과정 동안 나는 축구뿐만이 아니라 '아이'에 대해서도 전문가가 되어 가고 있었다. 그리고 가르치는 것보다 가르치는 대상에 집중하는 것이 코칭의 본질이라는 생각을 갖게 되었다. '대한민국에서 비선수 출신이 가르칠 수 있는 연령이 만 아홉 살까지라면 그 친구들을 지도하는 사람 중에서는 최고가 되자'라고 다짐했다.

지금까지는 축구를 잘 가르치는 것에 집중했다면 그때부터는 아이들이 즐겁게 축구를 배우는 방법을 연구하기 시작했다. 유튜브에서 해외 유소년 축구 훈련 동영상을 검색하던 중 스페인 마르세(Marcet) 재단의 유소년 축구 캠프 영상을 보게 되었다. 그러곤 '어떻게 저렇게 즐겁게 훈련할까?'라는 의문을 가지게 되었다. '직접 가서 보면 알게 된다'라는 이상한 믿음이 또 한 번 나를 움직였다. 그래서 결심한 것이 '스페인 축구 지도자 연수'였다. 사비를 털어 2014년 1월 스페인행 비행기에 올랐다.

서두에 언급한 조세민 감독과의 인연은 그곳에서 시작된다. 나는 그곳에서의 짧은 연수기간 동안 보고, 듣고, 느낀 모든 것을 기록했다. 축구 선진국은 달라도 너무 달랐다. 꿈이 가득한 얼굴로 한국에 돌아온 이후에는 지난 3년간의 자료 제작과 직원 교육에 몰두했다. 그 결과 내가 아닌 솔뫼 스포츠의 다른 코칭 스태프들도 나처럼 아이들이 즐겁게 훈련받을 수 있도록 지도하게 되었다. 또한 실력 향상과 인성 교육 그리고 학부모와 커뮤니케이션을 할 수 있는 각종 매뉴얼과 교육 자료들이 탄생했다.

그들은 내가 제공해 주는 교육에 감사한 마음을 표현하며 빠른 속도로 변화하고 발전하고 있다. 나는 축구선수 출신은 아니지만 이제 선수 출신마저도 교육할 수 있는 자격을 갖추었다. 그래서 나는 내가 대한민국 유소년 축구 교육에 큰 역할을 담당할 수 있을 만한 사람이라고 믿는다. 아직 내 도전은 끝나지 않았다. 시간이 가면서 나에 대한 나의 믿음은 더욱 강해지고 있다. 나는 대한민국 최고의 유아 축구 코치다.

38

한 번뿐인 인생 마음 가는 대로 살기

박정진 '이미지마음경영연구소(I&M Lab)' 대표, 첫인상이미지 코치, 라이프컨설팅 코치,
인간관계학습 코치, 자존감 심리상담가, 동기부여가, 배우

현대 사회에서 원활한 인간관계와 사회적 성공을 이루기 위해 필요한 첫인상이미지 관리법을 주제로 교육을 펼치고
있다. 저자는 그동안 호주 유학, 국제대학원 석사 졸업, 공군 인사장교, 패션모델, 대기업 인재개발실 근무, 영화배우
등 다채로운 삶의 경험을 축적해왔다. 이러한 경험을 바탕으로 터득한 최고의 이미지 연출법과 인간관계 코드에
관한 깨달음들을 글로 남겨, 누군가의 인생에 큰 변화와 도움을 주는 메신저가 되고자 한다. 현재 '첫인상'을 주제로 한
개인저서를 집필하고 있다.

- Email jjgroup617@gmail.com
- Cafe inmlab.co.kr
- Instagram inmlab
- Blog inmlab.kr
- C·P 010.3338.3361

"당신은 당신이 살고 싶은 인생을 살고 있는가?"

이 질문에 속 시원히 "Yes!"라고 대답할 수 있는 사람은 많지 않을 것이다. 내가 말하는 '마음 가는 대로 산다는 것'의 의미는 타인에게 피해를 주지 않는 범위 내에서 나의 자유를 적극적으로 누리는 삶을 말한다. 하지만 대부분의 평범한 사람들은 살면서 타인의 시선을 살피고 또 살핀다. 이들은 자신의 인생을 결정짓는 직업에서부터 사소한 오늘의 옷차림새까지 늘 남의 눈을 의식한다.

여기서 내가 하고 싶은 말은, 타인의 눈치를 보며 사는 삶은

존엄한 인생이 되기 어렵다는 것이다. 타인에게 의존하는 삶 또한 마찬가지로 존엄한 인생이 되기 어렵다. 진정으로 내가 내 인생의 주인이 되어 존엄한 삶을 살고 싶다면, 나 자신이 스스로 내 삶의 주체가 되어야 한다. 그래서 심리적, 경제적으로 완전히 독립적인 인생을 살아가야 한다.

인생이란 늘 선택의 연속이다. 우리가 오늘의 삶을 살아 내는 것도 결국엔 어제 죽지 않기로 내린 선택으로 인한 결과물이다. 하지만 많은 사람은 오늘의 인생을 자신이 선택한 것으로 생각하지 못한다. 그저 삶이 주어졌다고 생각한다. 아니, 삶이 유한하며 하루하루가 값진 것이라는 생각 자체를 하지 못한다. 그저 되는 대로 살아간다. 그들이 이렇게 생각하는 이유는 간단히 설명된다. 지금 '왜 사는지, 그리고 무엇을 위해서 살아가는지'에 대한 생각이 빠져 있기 때문이다.

혹시 이런 말을 들어봤는가? "인생이 정말 힘들 때면 중환자실을 방문해 보라."라는. 삶이 언제 끝날지 모르는 중증 환자들은 내일의 삶을 보장받을 수 없다. 그들에게는 오늘이 인생의 마지막 날일 수도 있다. 그렇기 때문에 그들은 인생의 목표가 확실하다. 내일의 삶을 사는 것. 그들은 '내일'을 꿈꾸며 오늘을 필사적으로 살아 낸다. 우리가 헛되이 보낸 오늘은 누군가 그토록 절박하게 소망했던 내일이다. 그러므로 내일을 꿈꿀 수 있는 사람이라면 누구든 최선을 다해 살아가야만 한다.

나의 인생관은 아주 단순하다. 나는 감사하게도 이 세상에, 그것도 대한민국이라는 나라에, 마음 따뜻한 부모님 밑에서 태어남을 선물 받았다. 여기까지는 내가 선택할 수 없던 것이다. 하지만 한 살, 두 살 나이를 먹고 마침내 스스로 사고하고 결정을 내릴 수 있는 나이가 된다면 이야기가 달라진다. 나는 스무 살 이후의 인생은 순전히 자기 생각과 선택의 결과물이라고 생각한다.

나는 한 번뿐인 나의 인생을 내 마음대로 살고 싶었다. 하지만 현실에서 이런 생각을 실현하기는 참 어려웠다. 나 또한 앞서 말한 평범한 사람들처럼 늘 타인의 기준에, 세상의 기준에 맞춰서 나를 바꿔야만 하는 과정을 지독하게 거쳐 왔다. 청소년기에는 학교 선생님들의 눈치를, 대학생이 되어서는 교수님들의 눈치를, 군대에 가서는 지휘관의 눈치를, 직장에 들어오고 나서는 팀장의 눈치를 보는 삶으로 말이다. 나는 위계질서 안에서 타인의 비위를 맞추며 살아가는 삶에 큰 괴로움을 느꼈다. 이렇게 소중한 나의 젊음과 청춘을 남의 비위나 맞추며 살아가는 일에 쓰는 것은 옳지 않다는 생각이 강하게 들었다.

공군 장교로 군 복무를 할 때의 일이다. 복무를 마칠 시점이 점점 눈앞으로 다가왔다. 그러자 나는 전역 후의 미래를 고민하지 않을 수가 없었다. 근 두 달간은 매일같이 미래에 대해 고민하다가 쓰러져서 잠들었다. 새벽에 갑자기 잠에서 깨는 일도 비일비재했다. 그런 깊은 고민 끝에 내가 꿈꾸었던 배우가 아니라, 일단 대기업에 취업하기로 했다. 그러곤 나만의 비즈니스 기반을 만들어 나가자는 결론을 냈다.

이 세상에 직장인이 꿈이어서 직장인이 된 사람은 아무도 없을 것이다. 직장인이라는 타이틀에는 수많은 꿈들의 포기, 그리고 현실에의 순응 등이라는 개인사가 함축되어 있다. 나는 이 세상의 많은 직장인이 두 부류로 나뉜다고 생각한다. 첫 번째는 자신의 운명에 순응하는 사람이다. 이들은 남들과 비슷한 삶, 적당히 사는 삶을 목표로 살아간다. 두 번째 부류는 자신의 운명을 개척하고자 노력하는 사람이다. 이들은 남들과 다른 나만의 가치를 실현하고 싶어 한다. 나는 늘 두 번째 부류에 속하는 사람이었다.

사실 군대에서 장교로 복무하면서도 나는 알고 있었다. 내게 누군가의 지시를 받으며 수동적으로 일하는 조직생활은 절대 맞지 않는다는 것을. 혹자는 이렇게 말할 수도 있다. 다들 적응하는 것뿐이지, 직장생활이 맞아서 하는 사람이 어디 있느냐고. 사실 나 또한 적응하려고 노력하면 그 누구보다 잘할 자신이 있다. 하지만 중요한 것은 '나는 그러고 싶은 마음이 추호도 없다'는 점이다.

내가 정말로 이루고 싶은 삶의 모습은 바로 1인 기업가다. 그런데 1인 기업이 아닌 기존의 사업은 예산이 많이 필요할 거라는 생각에서 쉽게 손대기가 어려웠다. 하지만 나에게는 다행히 대학생, 대학원생, 장교, 대기업 사원의 생활을 거치면서 꾸준히 독서하는 습관이 들어 있었다. 덕분에 나는 '나만의 책을 써서 1인 기업의 대표가 되어 보자!'라는 생각을 할 수 있었다.

책을 쓰는 과정에서 나를 되돌아보니 나는 늘 누군가에게 조언을 해 주는 것을 좋아했다. 힘이 없다가도 말을 하면서 힘이 샘솟는 것을 느낀 적도 한두 번이 아니었다. 여러 가지 나의 장점들을 조합해 보니, 앞으로 내가 나아가야 할 길은 세상을 상대로 희망의 메시지를 전하는 메신저라는 생각이 들었다. 나는 무언가에 꽂히면 곧바로 행동으로 옮기는 스타일이다. 그래서 즉시 저명한 메신저들의 책을 모조리 사서 쌓아 두고 읽기 시작했다. 가장 먼저 읽은 책은 앤서니 라빈스의 《네 안에 잠든 거인을 깨워라》라는 책이었다. 그리고 이어서 호아킴 데 포사다의 《마시멜로 이야기》, 《바보 빅터》 등의 책을 읽었다. 이러한 책을 읽으면 읽을수록 '어서 빨리 메신저가 되어서 나의 경험과 지혜를 세상에 알리고 싶다'는 마음이 간절해졌다.

나는 가족들에게 세상에 선한 영향력을 끼치는 메신저로서 살아가고 싶다는 나의 계획을 이야기했다. 그러자 부모님께서는 흔쾌히 내 결정을 지지해 주셨다. 누나 또한 언제나 나의 미래를 긍정적으로 응원해 주었다. 게다가 부모님께서는 작가가 되고, 1인 기업가가 되기 위해 필수적으로 들어가는 비용까지 지원해 주셨다. 나는 나를 믿어 주고, 경제적인 지원까지 해 주는 나의 가족들에게 큰 감사함을 느꼈다. 나의 꿈을 응원해 주는 가족들이 있다는 것은 크나큰 행운이다. 아마 이번 일에는 내가 늘 나의 미래 비전을 가족들과 공유하고, 이를 반드시 결과로써 증명해 낸 과거의 숱한 경험들도 영향을 미쳤을 것이다.

현재 나는 내가 그토록 원하던 '내 마음대로 사는 삶'을 만들어 가는 과정에 있다. 전보다 더 자유로워진 것은 맞지만, 내가 원하는 수준을 달성하기에는 아직도 많은 단계가 남아 있다. 나에게는 이를 반드시 이룰 것이라는 확신이 있다.

지금 이 글을 읽는 당신의 삶은 과연 안녕한가? 수많은 직장인들이 상사의 말에 꼼짝없이 따라야 하는 피동적인 삶을 살면서도 불평 한마디도 하지 못한 채 회사에 헌신한다. 사랑하는 가족, 애인, 친구들과 보낼 시간을 반납하면서 말이다. 하지만 과연 그게 누구의 배를 불리는 일일까? 나는 진정으로 내 마음 가는 대로 살고 싶다. 내가 쉬고 싶다면 회사의 눈치를 보며 허락받아야 하는 삶이 아니라, 나 스스로 언제 쉴지, 얼마만큼 쉴지를 자유롭게 결정할 수 있는 자기결정권을 갖고 싶다. 뿐만 아니라 세상에도 나의 존재감을 알리고 선한 영향력을 행사할 수 있는 큰사람이 되고 싶다.

나는 반드시 나의 목표들을 이룰 것이다. "끝에서 시작하라." 라는 말처럼, 나는 늘 목표를 이루었다고 가정하고 계획을 실행한다. 결국 모든 일은 자신이 어떠한 마음가짐으로 살아가느냐에 따라 결정된다. 나는 한 번뿐인 인생, 나의 마음 가는 대로 살아 낼 것이다. 그리하여 대한민국을 넘어 세계 최고의 강연가, 동기부여가, 첫인상이미지 코치, 배우로서 세상을 위해서 일할 것이다.

39

남들과 다른 또라이 정신으로
멋진 인생 살아가기

오성숙 겸임교수, 자기계발 작가, 동기부여가, 강사 코치

교육학 박사로, 경기대학교 겸임교수로 재직 중이다. 중앙대학교와 서울시민대학에 출강하고 있으며, 한국성인교육학회 학술이사로 활동 중이다. 작가이자 동기부여가라는 메신저의 꿈을 그리며 강사들의 코치로 강의 활동하고 있다. 현재 '강의 잘하는 법'을 주제로 개인저서를 집필 중이다.

• Email oss5004@naver.com
• Blog blog.naver.com/oss5004
• C·P 010.3689.5152

학교에 입학하기 전의 나는 초등학교 운동장에서 혼자 노는 것을 좋아했다. 놀이 기구가 몇 개 없었지만 그것을 가지고 노는 게 퍽 즐거웠다. 그때 나는 한 번씩 하늘을 올려다보며 하늘과 대화했다. 내가 갖고 싶은 것을 말하기도 하고, 나를 힘들게 하는 사람을 흉보기도 하며 끊임없이 종알거렸다. 지금 생각하면 주변을 의식하지 않고 마음대로 행동했던 그때의 모습이 낯설다.

우리 집은 가족 모두가 기독교인이다. 그러다 보니 어려서부터 교회를 다녔고 하나님의 존재를 의심 없이 믿었다. 나는 어려서부터 하나님이 늘 나와 함께하신다고 굳게 믿었다. 그래서 혼자 놀더라도 무섭거나 외롭지 않았다. 하늘에서 하나님이 지켜 주시고 말을 걸면 대답도 해 주신다고 믿었기 때문이다. 이런 나를 지켜보던 주변 사람들은 걱정을 많이 했다.

누가 보아도 정상적인 행동은 아니었다. 하지만 이런 행동은 초등학교를 들어간 후, 얼마 지나지 않아서 사라졌다. 초등학교에 들어가서 친구를 사귀고, 학교생활을 하면서 나는 조금씩 깨달았다. 조금이라도 다르게 행동하면 친구들에게 놀림당하고, 더 심하면 같이 놀아 주지 않는다는 것을 알았다. 그때부터 나는 하늘을 올려다보며 대화를 하지 않았다.

내가 경험한 학교는 그랬다. 튀는 행동을 하면 선생님께 꾸중을 들었고 친구들에게 놀림을 받았다. 수업시간에도 배우는 내용에 대해 계속 질문하면 선생님한테 혼났다. 선생님이 무서워서 나는 이해가 되지 않으면 무조건 외웠다. 그러다 보니 나의 생각은 점점 없어졌다. 특히 나만의 생각, 친구들과 다른 독특한 생각은 더욱 버려야 했다. 학교는 나에게 남들과 똑같이 행동하라고 암묵적으로 지시하고 있었다.

그런데 중학교 2학년 때의 일이다. 6월에 열린 학교 축제의 장기자랑에서 정말 '또라이' 같은 친구를 보았다. 그 친구는 장기자랑 마지막 순서에 등장했는데, 그 친구를 본 순간 우리는 너무 놀라 소리도 지르지 못했다. 왜냐하면 그 더운 날에 밍크코트를 입고 등장한 것이다. 우리는 입이 저절로 벌어졌다.

그 후로도 놀라움은 계속되었다. 남자아이는 헤드셋을 머리에 쓴 상태로 휴대용 카세트 버튼을 누르고 노래를 불렀다. 당연히 우리에게는 음악소리가 들리지 않았다. 때문에 계속 "쟤 뭐야?"를 반복하면서 지켜보았다. 노래를 한참 부르다 간주가 나오는 부분이 되었다. 그 부분에서는 더 기가 막혔다. 그 친구는 춤을 추기 시작했다. 그때는 디스코가 유행이었기 때문에 그 친구의 춤은 매우 괴상했다. 그리고 이어서 발레와 비슷한 춤을 추더니 다시 노래를 부르고 무대에서 내려갔다. 자신을 지켜보는 우리는 전혀 문제가 아니라는 식으로 혼자 즐기면서 장기자랑을 마친 것이다.

축제 이후 그 친구는 우리 학교의 대표 또라이로 통했다. 한동안 그 친구의 이야기로 시끄러웠다. 선생님들도 그 친구에 대해 관심을 갖기 시작했으니 우리 모두 문화적 충격을 받은 게 분명했다. 우리는 그 친구가 나타나기만 하면 수군거렸지만 본인은 전혀 상관하지 않았다. 오히려 그 분위기를 즐겼다. 우리는 하나같이 '역시 또라이 맞네'라며 그 친구를 이상한 아이로 단정했다. 중학교를 졸업하고 고등학교에 진학하게 되면서 그 아이는 기억에서 잊히게 되었다.

그러다 고등학교 3학년 여름, 우연히 길을 가다가 그 친구와 마주쳤다. 나는 중학교 때 그 친구와 말 한마디 나눠 본 적이 없었기 때문에 그냥 지나치려는데 그 친구가 환하게 웃는 얼굴로 매우 반가워하며 나를 붙잡았다. 그렇게 길에 서서 우리는 많은 이야기를 나누었다. 그런데 그 친구와 대화를 하면 할수록 아주 매력적인 친구라는 것을 깨달았다. 그리고 사실은 지극히 정상적이라는 사실도 말이다.

그래서 나는 그때 궁금했던 것들을 물어보았다. 중학교 2학년 축제 때 왜 한여름에 엄마 밍크코트를 입고 나왔는지, 왜 노래를 헤드셋을 낀 상태로 불렀는지, 정체 모를 춤은 무엇인지 등등. 그러자 친구는 한참 웃더니 이내 진솔한 이야기를 해 주었다. 알고 보니 그 당시에 연예인 학원에 다니고 있었다는 것이다. 연예인 학원에 들어가서 노래, 춤 등을 배우고 있을 때였는데 친구들에게 보여 주고 싶었다고 했다.

그리고 춤에 소질을 발견해 고등학교에 진학한 후에는 본격적으로 발레를 배우기 시작했다고 한다. 전문가에게 레슨을 받은 이후부터는 실력이 급속도로 좋아져서 아시아 대표로 뽑히고 아시아 국제대회에 나가서 남자부문 우승을 했단다. 순간 감탄사가 나왔다. 다시 만난 친구에게서 빛이 났다.

나는 그 친구의 활약을 축하해 주고 더욱 잘되길 바라며 헤어졌다. 친구와 헤어진 후 이런 생각을 했다. '우리가 무슨 짓을 했나? 저렇게 훌륭한 친구, 예술적 감각이 뛰어난 친구를 괴상한 아이로 만들었다니'라는. 마음이 아팠다. 우리가 그 친구의 튀는 행동을 개성으로 봐 주고 무대를 즐기는 그 친구를 칭찬해 주었으면 어땠을까? 많은 아쉬움이 남는다.

우리는 다름을 틀렸다고 말한다. 단지 정상과 비정상으로만 구분한다. 불과 얼마 전까지만 해도 우리나라에서는 어떠한 것을 이야기할 때 "유행에 앞선다", "유행에 뒤처졌다.", "유행을 따라 간다." 등 모두 유행이라는 기준에 놓고 말하곤 했다. 하지만 이제는 이런 분위기가 조금씩 달라지는 듯하다. 20세기와 다르게 21세기에는 좀 더 달라지는 세상을 만나고 있다.

개그맨보다 더 웃기는 교수로 알려진 김정운 씨는 '재미학'이라는 개념을 새롭게 제안했다. 20세기에는 근면 성실한 사람들이 성공했다면 21세기에는 그렇지 않다는 것이다. 21세기 지식정보화시대에는 근면 성실한 삶보다 재미를 추구하는 삶이 새로운 지식을 창출하는 데 유리하다고 강조한다.

그는 저서《노는 만큼 성공한다》에서 지식정보화 사회에서 필요로 하는 인재는 '노는 놈'이라고 설명한다. 여기서 노는 놈은 정보와 정보를 결합하며 새로운 정보를 만들어 낼 줄 아는 사람이다. 이런 사람의 힘은 바로 '재미'에서 나온다는 것이다. 기본적으로 재미를 추구하는 사람들이 창의적인 사람이 될 수 있다는 주장이다.

나는 21세기의 인재상을 환영한다. 우리는 다시 유년시절의 자유로운 영혼으로 돌아갈 필요가 있다. 최근에 나는 사토 미쓰로의 《하느님과의 수다》라는 책을 읽었다. 나의 어린 시절의 경험이 글로 쓰여 있었다. 나도 하나님과의 대화를 멈추지 않고 계속했다면 어땠을까? 혹시 이 책의 저자가 되지 않았을까? 아쉬움은 남지만 지금도 늦지 않았다. 이제부터 하나님과의 수다를 다시 시작한다.

오성숙

40

또라이 정신으로 끝에서 시작하기

안세영 '한국자존감코칭연구소' 대표, 자기계발 작가, 강연가, 자존감 치유 코치

쌍둥이 육아를 통해 자존감의 중요성에 대해 눈을 뜨게 되었다. '한국자존감코칭연구소'를 운영하며 많은 사람들이 자존감을 높이고 내면의 가능성과 잠재력을 발견해 행복한 삶을 살아갈 수 있도록 도움을 주고 있다. 저서로는 《책을 쓴 후 내 인생이 달라졌다》가 있으며 현재 엄마의 자존감을 주제로 한 개인저서의 출간을 앞두고 있다.

나는 쌍둥이 아이들을 가진 엄마다. 프리랜서로서 기업체에서 교육 일을 하던 나는 임신, 출산, 육아를 거치며 자연스럽게 '경단 녀(경력단절여성을 줄여 부르는 말)'가 되었다. 아이들이 자라며 어느 정도 나의 시간을 확보하게 되자 나는 슬슬 사회 복귀를 준비했 다. 그러던 차에 예전에 알던 지인의 연락을 받고 다시 기업체 강 의를 조금씩 하게 되었다. 그러면서 프리랜서로 기업체 강의를 하 고 있는 남편을 위해 교육 영업 일에 도전하게 되었다.

영업을 하기로 마음먹은 데는 몇 가지 이유가 있었다. 첫째, 아이들을 키우며 자투리 시간을 활용해 자유롭게 일할 수 있기 때문이었다. 둘째, 전문성과 역량은 있으나 영업력이 없는 남편과 강사분들에게 도움을 줄 수 있기 때문이었다. 셋째, 내가 하기에 따라 얼마든지 강사보다 더 많은 돈을 벌 수 있기 때문이었다. 넷째, 새로운 일에 도전해 보고 싶었기 때문이었다.

나는 우선 교육담당자들의 리스트를 받아 자료를 만들어 이메일을 발송하는 것부터 시작했다. 그리고 전화로 몇 차례 연락을 주고받은 후 직접 만나서 우리의 상품을 소개했다. 그런데 시간이 흘러도 처음의 기대만큼 성과가 나오지 않았다.

'어떻게 하면 고객이 내가 파는 교육 상품을 신뢰하게 할 수 있을까? 다른 사람들은 어떻게 영업을 하지?'를 끊임없이 고민하며 돌파구를 찾기 위해 노력했다. 그래서 옛 지인들과 영업을 업으로 하고 계신 분들을 한 분 한 분 만나 자문했다. 그러자 대부분 많이 전화하고 많이 만나는 것이 영업의 비결이라고 하시면서, 직접 발로 뛰는 것만이 답이라는 조언을 해 주셨다. 그런데 나는 육아와 일을 병행하느라 하루에 밖에서 움직일 수 있는 시간이 한정되어 있었다.

나는 다른 방법을 찾아야만 했다.

'매일매일 발품을 파는 영업이 아닌, 고객이 직접 나를 찾아오게 할 수는 없을까? 어떻게 하면 유수의 큰 경쟁업체들의 상품이

아닌 나의 상품을 눈여겨보게 할 수 있을까? 그리고 우리의 것을 믿고 선택하게 할 수 있을까?'

수없이 많은 고민 끝에 결국 강사의 브랜딩 작업과 마케팅이 중요하다는 결론을 내렸다. 우리 상품의 경쟁력과 차별성이 제대로 브랜딩 되어 있지 않은 상태에서 무작정 발로 뛰는 교육 영업은 무의미하게만 느껴졌다.

그러던 차에 운명처럼 〈한책협〉을 알게 되었다. 그곳에서 진행된 〈1일 특강〉을 통해 김태광 대표 코치를 만났다. 그러면서 그동안 성공, 부에 대해 갖고 있던 나의 시각이 완전히 바뀌었다. 김태광 대표 코치는 다음과 같이 말한다.

"스펙은 마트에서 파는 스팸과 같습니다. 많이 먹을수록 인생에 해롭기 때문이죠. 성공하기 위해서는 스펙이 아니라 책부터 써야 합니다. 사람들은 사회적으로 인정받고 성공한 다음에 책을 쓸 수 있다고 생각하지만 이는 명백히 잘못된 생각입니다. 책은 누구나 쓸 수 있습니다. 책을 쓰면 사회에서 전문가로 인정받고 성공할 수 있는 다양한 길이 열립니다. 나의 스토리를 책으로 펴내 나의 경험과 지혜를 파십시오. 끝에서부터 시작해야 합니다."

나는 이분을 만나면서 한동안 잊고 살았던 나의 꿈에 대해 다시 생각하게 되었다. '내가 정말로 원하는 것이 무얼까? 내가 진짜로 하고 싶은 일은 무엇이지? 내가 이 땅에 태어난 이유, 나의 소명은 무엇일까? 내가 생각하는 나의 한계를 벗어나 내가 가진 잠재력을 최대한 꽃피울 수 있을까? 그럴 수 있다면 지금 나는 무엇을 해야 할까?'라고.

내 안에 새로운 꿈이 꿈틀꿈틀 움트기 시작했다. 그것은 내 안에 겨자씨만큼 작게 자리하고 있던 작가라는 꿈이었다. 그리고 내가 가진 경험과 역량으로 사회에 선한 영향력을 주고 싶은 소망이었다. 나는 새로운 인생을 열고 내 삶의 주인으로 살고 싶다고 생각했다. 잊었던 꿈을 다시 갖게 되면서 신기하게 하루하루 설레고 가슴이 뛰었다. 어떤 의무감이나 필요에 의해서가 아닌, 내 안의 내가 진정으로 원하고 있었다.

그런데 처음부터 난관에 부딪혔다. 나의 선택과 생각을 언제나 지지하고 응원해 주던 남편이 반대를 한 것이다. 그동안 벌여 놓은 일들을 접고 나의 길을 가려는 것에 대한 서운함이 있었나 보다. 영업으로 서포트를 해 주겠다던 사람이 자신이 직접 선수가 되겠다고 하니 묘한 배신감과 당황스러움도 들었다고 한다. 그렇지만 이제는 나의 간절함과 진지함을 이해하고 그 누구보다도 든든한 지지와 응원을 보내 주고 있다.

나는 내 안의 목소리를 따라 다른 삶의 길을 선택했다. 지금까지 내가 해 왔던 방식이 아니라 완전히 다른 방식으로 내 삶을 디자인해야겠다고 생각했다. 몇 달 사이에 나는 공동저서 2권의 저자가 되었다. 그리고 현재 엄마의 자존감을 주제로 한 개인저서를 집필 중이다.

〈한책협〉에 와서 제일 먼저 한 일은 꿈을 적는 것이었다. 내 인생의 버킷리스트를 적고, 3년 후의 미래를 그렸다. 그러고는 수시로 내가 적은 꿈의 목록을 보면서 그것들이 이루어진 미래의 모습을 상상하며 동기부여를 받았다.

나는 매일매일 또라이 정신을 장착한다. 또라이 정신이란 남과 다르게 생각하는 것이다. 대부분의 사람들은 스스로가 만든 한계 안에서 자신은 할 수 없다고 생각한다. 성공하는 사람은 따로 있다고 믿는다. 그러나 평범함을 거부하는 또라이들은 자기 자신의 가능성을 믿고 자신만의 길을 간다. 한계는 내가 만든 것이고, 한계를 넘어서는 것도 나 자신이라고 생각한다. 그래서 세상의 기준에 나를 맞추지 않고 자신이 만든 기준으로 삶을 살아간다. 그리고 자신의 힘으로 세상을 변화시킬 수 있다고 믿는다. 그들은 매일매일 도전하고 성장하며 사회에 선한 영향력을 주는 메신저의 삶을 살아간다.

이 세상의 모든 위대한 사람들은 보이지 않는 힘을 믿었던 사람들이다. 보이는 세상만을 믿고 살아가는 현실적인 사람들은 꿈꾸는 능력을 잃어버리고 산다. 세상과 다른 사람들의 평가와 잣대대로 자신의 한계를 규정짓는다. 그래서 결국 작은 나로서만 사는

데 익숙해지고, 후회로 점철된 아쉬운 인생을 사는 경우가 많다.

브랜든 버처드는《메신저가 되라》에서 이렇게 말한다.

"당신은 세상을 변화시키려고 태어났다. 세상을 변화시키는 가장 좋은 방법은 자신의 지식과 경험을 이용해서 다른 사람들이 성공할 수 있도록 돕는 것이다."

당신 안에는 당신도 모르는 엄청난 가능성과 잠재력이 숨어 있다. 그 모든 것을 밖으로 꺼내기 위해서는 내가 이루고 싶은 것이 무엇인지, 한 번뿐인 내 인생을 어떻게 살고 싶은지 스스로에게 끊임없이 질문해야 한다. 내 인생의 주인은 나다. 소중한 내 인생, 자유롭고 멋지게 가슴 뛰는 삶을 살자.

41

선한 영향력을 끼치는
작가 엄마 되기

설미리 | 콘텐츠 기획 전문가, 1인 기업가, 동기부여 강연가, 자기계발 작가

한 아이의 엄마이자 온라인 마케팅 전문가로 활동하고 있다. 현재는 프리랜서로 콘텐츠 기획·제작과 컨설팅을 진행하고 있다. 꿈을 향해 가슴 뛰는 도전을 멈추지 않기 위해 꿈을 현실로 만드는 드림위커로서의 삶을 꿈꾼다. 인생을 살아오며 여러 시련과 고통을 이겨낸 자신의 경험을 바탕으로 누군가에게 힘을 보태주기 위해 메신저로서 활발한 활동을 펼치고 있다.

· Blog blog.naver.com/seolmiri131   · C·P 010.6660.2080
· Instagram sseolluv

나에게는 눈에 넣어도 아프지 않을, 사랑하는 아들이 있다. 내가 세상에 태어나 가장 잘한 일은 내 아들을 낳은 것이다. 나는 내 아들에게 특별한 엄마가 되어 주고 싶다. 꿈을 향해 끊임없이 배우고 도전하며 세상에 선한 영향을 끼치는 작가 엄마로서 말이다. 그리고 이것을 유산으로 남겨 주고 싶다.

유산이라고 하면 대부분 돈을 생각할 것이다. 돈은 경제적 자유와 풍요를 준다. 하지만 나는 그보다는 사람의 인성이 중요하다고 생각한다. 사람은 사람에게서 위로를 받는다. 나는 사람들에게

선한 영향력을 끼치는 삶을 사는 방법을 유산으로 남겨 주고 싶다.

나는 직장에 다니면서 육아를 하는 것이 오로지 내가 감당할 일이라고만 생각했다. '나 하나 희생하면 되겠지'라는 생각에 힘들어도 그런 표현을 하지 않았다. 그러나 직장에서 겪는 워킹맘의 비애, 사회적 현실과 육아를 하며 생긴 우울증은 혼자 감당하기에는 한계가 있었다. 그런 순간을 마주할 때마다 나는 아이 셋을 키우며 농사일도 하고 시부모님을 모시며 가정을 꾸려 온 나의 엄마가 존경스러웠다.

나는 가장 힘들 때 엄마를 떠올리게 된다. '엄마라면 이럴 때 어떻게 했을까?'를 말이다. 엄마는 고학력의 스펙을 갖고 있다거나 특별한 훈육 스킬을 갖춘 것은 아니었다. 그러나 한 가지 중요시했던 것이 있다. 엄마는 내게 항상 강조하셨다. 한 아이의 엄마가 된 내게 지금도 하시는 말씀이다. "미리야, 사람이 중요하다. 사람의 됨됨이가 중요해."라고. 사실 나는 잔소리처럼 반복하는 엄마의 말이 귀찮아서 건성으로 들었던 적이 많았다.

그런데 내가 아이를 낳고 키우면서 점점 엄마를 이해하기 시작했다. 그리고 엄마처럼 내 아들에게도 그 무엇보다도 됨됨이가 가장 중요하다는 것을 알려 주고 싶어졌다. 사람의 인성을 판단하는 기준은 선한 영향력을 끼치는 사람이라고 생각한다. 나의 아들이 세상을 긍정적으로 바라보도록 해 주고 싶었다. 그 긍정의 기운을 세상에 알리는 존재가 되길 바라는 마음에서다. 그러기 위해서 내가 먼저 선한 영향력을 끼치는 사람이 되어야겠다고 생각했다. 왜냐하면 나는 긍정적인 것과는 거리가 먼 사람이었기 때문이다.

나는 직장에 다니며 육아를 병행한다는 것이 고통스럽게만 느껴졌다. 나는 직장에서 '최초'라는 타이틀을 여럿 달고 있었다. 최초의 기혼자, 육아휴직 사용, 복직. 그래서 직장에서는 내가 직원들에게 좋은 표본이 되어 주길 바랐다.

아침이면 출근하기 바빴고 야근하는 날도 부지기수였다. 직급도 과장이었기 때문에 아래 직원을 관리하고 위 상사를 서포트하는 역할도 해야 했다. 아들의 얼굴을 보는 시간이 하루에 겨우 2~3시간꼴이었다. 업무량은 살벌했다. 퇴근 후에도 집에 돌아와 아이를 재워 놓고 다시 일하기가 다반사였다. 그렇다 보니 나는 점점 체력적, 정신적으로 지쳐 갔다. 내 안의 원망, 짜증, 답답함 등의 부정적 감정들이 점점 밖으로 표출되었다. 이러한 감정에 1순위로 영향을 받는 사람이 바로 나의 아들이었다. 나의 아들은 엄마의 부정적인 감정을 전달받으며 성장하고 있었다.

나는 엄마의 감정이 내 아이의 성장에 얼마나 큰 영향을 끼치는지 비로소 깨닫게 되었다. 일찍 깨닫지 못해 아이에게 죄스러운 마음도 컸다. 이때 나의 마음을 위로해 준 글이 있었다. 그 글은 미국의 기업가 빌 게이츠에 관한 일화였다. 〈뉴욕타임스〉의 한 여기자는 빌 게이츠와의 인터뷰를 마친 후 한 가지 조언을 구했다. 자신은 육아우울증으로 힘들지만 아이만큼은 훌륭하게 키우고 싶다는 것이었다. 빌 게이츠는 여기자에게 자신의 아내와 어머니의 사례를 설명하기 시작했다.

"저의 아내 멜린다가 육아우울증으로 힘들어할 때 저희 어머니를 찾아가서 고민을 상담했더라고요. 어머니는 멜린다에게 '자식에게 뭐든 다 해 주는 엄마가 좋은 엄마가 아니다. 끊임없이 배우고, 진심으로 신나하고, 누군가에게 끊임없이 좋은 영향력을 끼치는 모습을 보인다면 자녀들은 엄마의 선한 영향력을 보고 배우고 자란단다'라고 조언했다고 합니다."

나는 이 글을 보면서 눈물을 쏟았다. 내가 직장에 다닐 때 나의 아들은 엄마가 보고 싶어도 일찍 오지 못한다는 것을 알았다. 두 돌도 안 된 아들은 그 어린 나이에 이미 보고 싶어도 참는 방법을 알았다. 늘 지친 상태로 퇴근해 집에 들어가면 아들은 환하게 웃으며 나를 향해 뛰어왔다. 나는 그런 아들을 반기며 안아 주기보다 이 시간까지 안 자고 있었냐며 퉁명스럽게 말한 후 내 할 일을 먼저 했다. 나의 부정적인 감정과 상태가 아들에게 얼마나 큰 상처였을까 생각하니 한없이 눈물이 흘렀다.

빌 게이츠의 일화를 보며 나와 내 아들의 미래를 생각했다. 그리고 남편에게 "내가 일에 빠져 사는 것보다는 아들과 함께 성장하는 시간을 보내는 것이 좋을 것 같아."라고 이야기했다. 남편과 상의 끝에 나는 회사에 사표를 제출했다. 갑작스러운 퇴사 통보에 직장에서는 적잖은 충격을 받았다. 그리고 하나같이 "경력단절 여성은 재취업도 힘들다. 다른 곳으로 이직하면 또 다른 시작이고 적응도 힘들 텐데… 그런 것을 다 감당할 자신이 있느냐?"라며 나를 걱정했다.

나는 이직을 위해 퇴사를 결정한 것이 아니었다. 나와 아이의 미래를 위한 선택이었다. 나는 직장에서 퇴사 보류 제안을 받았지만 단번에 거절했다. 아직도 전 직장의 상사와 나의 지인들은 나의 퇴사를 사회적 현실에 굴복한 퇴사로 치부하곤 한다. 그렇지만 나는 개의치 않는다. 나는 퇴사 이후 지금의 순간을 즐기며 살고 있기 때문이다.

불과 2개월 전까지만 해도 나는 워킹맘이었다. 직장에 다닐 때는 아들과 함께한 시간이 많지 않았다. 나는 지금 이 순간의 행복을 즐기고 있다. 현재 프리랜서로서 콘텐츠를 기획하고 제작하는 일을 하고 있다. 비록 직장에 다닐 때보다 수입의 차이는 크지만 그 어느 때보다 행복하다. 나는 아이와 함께하는 시간 이외에는 온전히 나의 시간으로 쓰고 있다. 나는 끊임없이 배우고 도전하며 선한 영향력을 끼치는 작가의 꿈을 키우고 있다.

꿈이 있다는 것은 이런 것일까? 내가 행복해지니까 내 아들도 더 사랑스럽다. 나의 마음이 바뀌었을 뿐인데 모든 것이 새롭게만 느껴진다. 나의 경험과 지혜가 누군가에게 선한 영향력을 끼치고 그들이 변화하는 모습을 상상하는 것만으로도 설렌다. 나는 앞으로의 내 미래가 기대된다. 나로 인해 더 행복해질 나의 아들! 그리고 가족의 행복한 모습을 상상하니 입가에 미소가 저절로 지어진다.

지금의 나는 직장에 다닐 때와는 백팔십도로 다른 삶을 살고 있다. 일과 삶의 균형이 잡혀 가고 있다. 일에만 빠져 살았던 내가 지금은 한 걸음 물러서서 천천히 주위도 둘러보고 여유 있는 삶을 살고 있다. 작가의 꿈을 키우며 글도 쓰고 있다. 과거에는 '힘들어', '짜증나' 등의 부정적인 말을 자주 했다면 이제는 '행복해', '사랑해'와 같은 긍정적인 표현을 자주 하게 되었다. 이러한 긍정적인 마음이 늘어가다 보니 모든 것을 이룬 것만 같은 느낌이다.

나는 과거에 워킹맘으로 생활하며 힘들었던 경험과 지금의 변화된 나의 삶을 대한민국 모든 엄마들에게 전해 주고 싶다. 그리고 그들의 롤 모델이 되고 싶다. 그동안 '나'답게 사는 법, '나'로 사는 법을 잊은 채 살아온 엄마들에게 꿈을 찾아 주고 싶어서다. 선한 영향력을 끼치는 메신저로서 말이다. 더 나아가 지금도 직장과 육아, 삶의 균형을 맞추느라 힘들어하고 있을 엄마들에게 꿈과 정체성을 찾아 주고 싶다.

이제는 엄마가 꿈을 찾을 때다. 엄마가 아이의 꿈을 찾아 '이거 해라, 저거 해라'라고 하는 것이 아니다. 엄마가 꿈을 찾아 끊임없이 배우고 그 꿈에 진심으로 다가가는 모습을 먼저 보여 주어야 아이들은 보고 배우며 엄마처럼 살기를 꿈꾼다. 이것이 바로 세상에 선한 영향력을 끼치게 하는 것이다.

지금 당신이 힘든 이유는 꿈이 없어서가 아니라, 꿈을 찾으려 하지 않기 때문이다. 내가 꿈을 찾아 나서지 않는 이상 꿈은 나에게 다가오지 않는다. 나는 꿈을 이루며 도전하고 소통하는 작가로서의 나의 모습이 대한민국 모든 엄마들에게 꿈과 희망이 되길 바란다.

똘끼가 충만한 멋진 인생 살아가기

전미연 치과의사, 자기계발 전문가, 마음 코칭 전문가

개인 치과병원을 10년 넘게 운영하고 있다. 높은 자존감으로 평범한 삶에서 성공한 삶을 살게 되었다. 낮은 자존감으로 삶을 힘들어하는 사람들에게 자존감에 대해 코칭하고 있다. 저서로는 《보물지도 14》가 있고, 현재 '자존감'에 관한 개인저서를 집필하고 있다.

· Email dentimy@naver.com   · Homepage www. soodental. kr

나는 항상 '똘끼'가 충만한 사람이라고 불렸다. 모든 일을 똘끼 충만한 집중력과 열정을 가지고 이루어 왔기 때문이다. 그중에 특별하다고 하면 특별할 수도 있고 여행은 다 그렇게 다니는 것이지, 라고 말하면 또 그럴 수도 있는 여행 이야기를 해 보겠다.

1994년, 배낭여행이 활발하지 않던 시절 나는 친구와 처음 유럽으로 배낭여행을 떠났다. 여자 둘이서 해외여행을 간다고 했을 때 집안의 반대가 심했다. 내 동기들 남녀 통틀어 아무도 해외여행을 간 사람이 없었다. 심지어 대학생 오빠까지도 말이다. 그것도 여행사를 따라가는 것도 아닌 배낭여행이라고 하니 반대할 만했다고 생각은 한다.

하지만 나는 항상 똘끼가 충만했기 때문에 반대를 무릅쓰고 그대로 진행했다. 다만 40일 여행 기간 중 20일은 여행사와 같이 다니고 20일은 친구와 둘이서만 가는 것으로 타협했다. 그 당시는 스마트폰이 있기는커녕 인터넷도 전화선을 이용하던 시절이었다. 그래서 유럽여행 책만 달랑 한 권 들고 여행을 떠났다.

우리는 독일의 한 시골 마을에 도착했다. 디즈니 성의 모티브가 된 노이슈반스타인 성을 방문하기 위해서였다. 이 작은 시골 마을에는 이 성 이외에는 아무것도 있지 않았다. 여행 책자에도 별 내용이 나오지 않았다. 친구와 나는 근처 숙소를 잡았다. 주인이 우리를 2층에 있는 방으로 안내해 주었다.

방에 짐을 놓고 나오는데, 지하실이 언뜻 보이는 것이었다. 이 지하실에는 작은 어린이 하나는 들어갈 크기의 검은 솥이 매달려 있었다. 그 안에서는 무엇인가가 팔팔 끓고 있었다. 그 옆에는 우리가 생각하는 동화 속 매부리코 마녀 같은 아주머니가 검정 옷을 입고 서 계시는 것이었다. 덩치가 나의 1.5배는 되는 것 같았다. 순간 우리 둘은 어린 시절 동화 속 주인공이 된 듯한 착각에 빠졌다. 마녀에게 잡힌 어린이들? 우리는 부리나케 2층으로 올라가 짐을 챙겨 몰래 그 숙소를 빠져나왔다. 매부리코 마녀가 우리를 잡으러 따라올 것 같은 기분을 느끼며 그 도시에서의 숙박은 포기했다. 우리는 아름다운 성을 구경하고 바로 다른 도시로 이동했다.

1997년, 방학 동안 친구와 40일간 호주여행을 계획했다. 첫 번째 유럽여행과는 달리 이제는 온전히 우리만의 여행이었다. 우리는 버스를 타고 호주 반 바퀴를 도는 여행을 계획했다. 호주는 한 나라가 한 대륙인 만큼, 넓기도 넓었고 다양한 환경을 만날 수 있었다.

하루는 카누 트레킹을 했다. 강을 따라 2인용 카누를 타고 반나절은 올라가고, 반나절은 내려오는 코스였다. 방수 통에 도시락을 담아 카누에 올랐다. 가는 길이 올라가는 것이고 오는 길이 내려오는 것이니 갈 때는 마음껏 가도 되는 것이었다. 둘이 노를 저어라, 하며 신나게 카누를 탔다. 아름다운 경치에 빠져 얼마나 갔을까. 어느덧 점심 먹을 시간이 되었다. 그런데 주변에 아무도 없는 것이었다. 신비감도 가득하고, 두려움도 가득했다. 우리가 시공간을 넘어 외계인이 사는 곳으로 이동한 것은 아닐까. 신이 산다면 이런 곳에 살지 않을까. 중국의 강태공이라면 이런 곳에서 시를 쓰지 않을까 싶은 곳이었다. 물의 흐름이 올라가는 곳, 내려가는 곳이 있는데 그 차이가 심하지 않아 카누는 가만히 정지해 있었다.

우리는 자연을 즐기며 물 위에 둥둥 떠서 점심을 먹었다. 그 황홀한 느낌은 아직도 잊을 수 없다. 우리는 카누를 타고 내려오기 시작했다. 그런데 아무리 노를 저어도 속도가 나지 않는 것이었다. 분명히 물을 따라 내려가면 된다 했는데 말이다.

힘겹게 노를 저어 가다가 카누를 탄 지나가는 사람에게 물어봤다. 왜 이렇게 속도가 안 나는지. 제주도에 도깨비 도로라는 도로가 있다. 물을 부으면 물이 산으로 올라가는 것처럼 보이는 그 지형과 같은 원리의 강이라는 것이었다. 보기에는 내려가는 길인데 물의 흐름은 올라가는 것과 같다고 했다.

그래서 우리는 그 순간부터 자연을 즐길 여유도 없이 빡세게 노를 저었다. 버스를 놓치는 것은 아닌지 걱정했지만, 우리는 결국 한국인의 근성을 보여 주며 무사히 버스 시간에 맞춰 도착할 수 있었다. 이때의 기억이 아직까지도 남아 있다.

2000년, 세 번째 여행은 하얼빈이었다. 안중근 의사가 이토 히로부미에게 도시락 폭탄을 던진 곳이다. 나는 중국에 사는 동생에게 중국에 가 볼 만한 곳이 있는지 물었다. 그러자 동생은 '평생 한 번은 가 볼 만한데 아무도 두 번은 안 가는 곳'이라며 하얼빈을 소개했다.

하얼빈의 겨울은 빙설제가 유명하다. 겨울에 많은 도시에서 하얼빈 빙설제를 모형으로 만들어 놓는다. 친구와 나는 빙설제에

가 보기로 했다. 그리고 한겨울 하얼빈으로 향했다. 공항에 내려서 우리는 무엇인가 잘못되었음을 알았다.

영하 20도를 넘나드는 온도, 체감온도는 거의 영하 40도까지 간다고 한다. 하얼빈에 도착할 때까지만 해도 그 온도를 실감하지 못했다. 추워도 사람 사는 곳인데, 이런 마음이 들었던 것이 사실이다. 우리는 공항에서 버스를 타고 시내로 들어왔다. 버스정류장 근처의 호텔을 잡았다.

그런데 그 짧은 거리를 걷는 동안 사람이 동사하는 이유를 뼈저리게 느낄 수 있었다. 인간은 급격한 추위에 맞닥뜨리게 되면 일단 머리가 멍해져서 판단 능력을 완전히 상실하게 된다. 아무 생각도 안 하고, 행동도 내가 원하지 않는 행동을 하게 되었다.

우리는 추위를 무릅쓰고 빙등제를 구경했다. 그 환상적인 아름다움은 이루 말할 수가 없다. 누군가 평생 기억에 남을 여행지를 추천해 달라고 하면 나도 하얼빈을 추천하겠다. 하지만 나에게 다시 가 보라고 한다면, 동생이 말했던 대로 가지 않을 것 같다.

2016년에 떠난 곳은 브루나이 공화국이었다. 세계에서 가장 부유한 나라 중 하나다. 국가에서 국민에게 용돈을 주는 나라로 유명하다. 나라 전체가 질 좋은 기름 위에 떠 있다고 한다. 말레이시아 옆에 있는 이 나라는 제주도 3배만 한 크기의 나라다. 이 나라에는 대중교통이 없다. 있기는 한데 거의 이용을 안 한다고 한다. 어디를 이용하려면 자가용, 아니면 택시다.

브루나이 공화국은 내가 방문한 나라 중 가장 특이했다. 우리가 일상으로 만나는, 사람이 북적북적한 나라가 아니다. 꼭 레고로 조립해 놓은 어떤 도시에 들어와 있는 느낌. 사람이 띄엄띄엄 돌아다녔다. 그 묘한 분위기란. 역시나 다시 갈 것 같지는 않다.

2015년의 나의 가장 똘끼 충만한 여행. 나는 아내, 두 아이의 엄마, 며느리, 딸, 치과병원 원장 등 여러 가지 지위를 가지고 있다. 어느 날 문득 이 모든 것이 싫어진 순간이 찾아왔다. 그래서 나는 떠나기로 결심했다. 하지만 아무리 똘끼가 충만해도 쉬운 일은 아니었다.

나는 추석 연휴 나를 위한 여행을 떠나기로 했다. 비행기 표도 사고, 숙박할 곳도 정했다. 아무에게도 말하지 않았다. 그러고는 추석 연휴 며칠 전, 남편과 애들에게 통보했다. 시댁, 친정에는 당일 공항에서 연락하고 휴대전화를 껐다. 그리고 일주일간 나는 다시 휴대전화를 켜지 않았다.

모든 것을 놓아두고 나 혼자만의 여행을 떠난 것이다. 결혼을 안 한 사람은 그럴 수도 있지, 라고 생각할 것이다. 그렇지만 나같이 결혼해서 아이까지 있는 사람이라면 이것이 얼마나 대단한 일인지 알 수 있다.

세상을 똘끼 충만하게 살기로 했다. 지난 10년 동안 가족을 위해 나를 잠시 누르고 살았다. 이제 다시 나로 돌아가 또라이 인생을 살기로 했다. 또라이 인생이라고 별다를 것이 있는가? 누구에게도 물들여지지 않고 나만의 모습으로 인생을 살아가는 것이다.

그간 다녀 본 여행이 내 인생의 씨앗이 되어 지금 나는 치과의사로, 작가로 살아가고 있다. 가끔 마음이 내 갈 곳을 말해 주는 경우가 있다. 나는 그 소리를 듣고 홀로 여행을 떠났다. 그리고 그 여행이 나의 인생 여정을 또 다른 여행길로 인도했다.

지금 당장 또라이 같은 결정을 해 보자. 멋진 인생이 펼쳐질 것이다.

인기 강사가 되어
유명 방송국 프로그램에 출연하기

박선규 세일즈 전문 컨설턴트, 세일즈 전문가 및 강사 양성 코치, 자기개발서 작가, 동기부여가

세일즈 전문가로서 "인생에서 알아야 할 모든 것을 세일즈를 통해 배웠다!"라고 외친다. CJ 아나운서 출신이며 중국 베이징에서 뷰티 프랜차이즈 사업을 펼치며 1년 만에 억대 매출을 이루었다. 현재 자신의 경험을 녹여낸 세일즈 관련 저서를 집필 중이며, 작가로, 세일즈 컨설턴트로, 강연가로, 세일즈 코치로 제2의 인생을 디자인하고 있다.

대학시절, 대학 내 각종 행사의 사회를 많이 봤다. 그때마다 교수님이나 선배, 친구들이 한결같이 이렇게 말하며 칭찬해 주었다.

"선규야, 너는 아나운서 하면 잘하겠다."

나는 대학시절 성악을 전공했다. 고등학교 2학년 재학시절 우연히 세종문화회관에서 오페라 '춘희(La traviata)'를 보고 오페라 가수의 꿈을 갖게 되었다. 난생처음 오페라를 경험했는데, 그때의 여운이 아직도 내 가슴속에 남아 있다. 엄청난 스케일의 멋진 무

대장치, 아름답고 멋진 의상과 분장의 성악가들, 웅장한 오케스트라 연주 그리고 마이크 없이도 세종문화회관을 울리는 노랫소리. '종합예술이 이런 것이구나'라고 가슴 깊이 느낄 수 있는 순간이었다. 공연이 모두 끝나고 기립박수를 치며 나는 '나도 저런 멋있는 오페라 가수가 되어야지!'라고 다짐했다. 그래서 고등학교 2학년 때부터 성악을 전공해 음악대학 성악과에 진학했다. 대학 4년 동안 성악 실기 시험에서 한 번도 A학점을 놓친 적이 없을 만큼 노래 하나는 누구보다 잘했다. 대학 4년 동안 오페라 가수가 되겠다는 꿈은 한 번도 바뀐 적이 없었다.

대학 3학년 시절 예체능대학 학생회장에 출마해 당선되었다. 1년 동안 학생회장으로 활동하면서 예체능대학 내 체육대학, 미술대학, 음악대학별로 다양한 행사를 기획하고 진행했다. 학생회장이었기 때문에 자연스럽게 행사에서 사회를 보게 되었다. 무대 위에서 마이크를 잡을 때마다 나도 모르는 에너지가 흘러나왔다. 교우와 관객들을 당당하게 리드해 나갔다. 행사를 이끌어 가는 것이 즐겁게 느껴졌다.

어느 순간 그러한 무대를 점점 즐기게 되었다. 이때 나도 몰랐던 아나운서로서의 재능을 발견하게 되었다. 그렇지만 오페라 가수가 되겠다는 꿈은 결코 잊지 않았다. 대학 4학년이 되었고, 나는 총학생회 선거에 출마하게 되었다. 마음과 뜻이 맞는 체육대학 선배와 함께 총학생회 선거에 도전했다. 어렵고 힘겨운 선거전에

박선규

서 승리해 당선되었다. 난 부총학생회장으로서 학교와 학생들을 대표하는 총학생회 활동을 하게 되었다.

총학생회에서는 각 단과별로 벌이는 다채로운 행사를 기획하고 지원한다. 나는 부총학생회장으로서 여러 행사를 주관하고 사회를 볼 기회가 많아졌다. 그중에서 교내 '대동제'라는 축제 때 무용과에 재학 중이던 탤런트 손태영 씨와 공동 사회를 봤던 것이 기억에 남는다. 이 행사는 방송국에서도 취재를 나오고 행사 내용을 촬영해 갈 정도로 큰 행사였다. 이날 교수님들과 선배, 동기, 후배들의 많은 격려와 칭찬을 받으며 동시에 큰 부러움을 샀다. 이 행사에서 나는 사회자로서 큰 자신감을 얻었다. 행사를 마치고 나에게 늘 지원군이 되어 주셨던 음대 교수님께서는 이렇게 말씀해 주셨다.

"이참에 선규는 아나운서로 나가 봐라. 잘할 수 있을 것 같구나."

이 말 한마디가 나의 인생을 변화시켰다.

나는 말의 힘, 말의 위대함을 믿는다. 한때 아나운서를 꿈꿨던 나는 이제 아나운서가 아닌, 책을 쓰고 유명 작가가 되어 강연가, 코치로서 방송에 출연하길 원한다. 나의 생각이 변화하게 된 데는 두 인물이 큰 영향을 끼쳤다. 바로 김미경 강사, 김창옥 교수다. 김미경 강사와 김창옥 교수는 나와 비슷한 이력을 갖고 있다.

김미경 강사는 작곡을 전공했고, 김창옥 교수는 성악을 전공했다. 음악을 전공한 이 두 분은 현재 대한민국 스타 강사다. 그렇게 국민들에게 선한 영향력을 끼치고 남을 도와주며 억대 연봉의 수입을 얻고 있다. 또한 책도 꾸준히 쓰며 자신이 하는 일을 쉼 없이 알리고 있다.

요즘 시대는 소처럼 열심히 묵묵히 인내하며 일하는 것으로 성공하는 시대가 아니다. 나를 세상에 알리고 나의 지식과 경험을 어필해서 가치 있게 파는 시대다. 회사를 다니는 직장인들도 마찬가지다. 묵묵히 맡은 일을 열심히 하는 사람보다 자신의 능력을 윗사람들에게 어필하고 적극적으로 도전하는 사람이 빨리 승진하고 연봉도 남들보다 높다. 실력이 비슷하다면 자기 자신을 어필해 본인의 능력을 알리는 사람이 성공할 기회가 더 많다는 뜻이다. 실제로 능력은 뛰어나지만 대중적인 인기를 못 누리는 사람들도 적지 않다는 것을 알 것이다. 반면에 능력은 그렇게 크지 않은 것 같은데 본인의 지식과 경험들을 잘 포장해 유명세를 타며 부를 이룬 사람들을 본 적이 있을 것이다.

김미경 강사는 책을 통해 자신을 어필하고 지금은 작가, 강연가, 기업가로서 큰 부를 이루었다. 그런 그녀도 처음에는 그저 동네에서 작은 피아노 학원을 운영하는 원장에 불과했다. 음대를 졸업하고 할 수 있는 일이라고는 피아노 학원밖에 생각나지 않았다고 한다.

그녀는 자신의 천재성을 알게 된 때가 바로 동네의 작은 피아노 학원을 운영하며 힘든 시기를 이겨 냈을 때라고 말한다. 피아노를 가르쳐 주는 것보다 학부모들과 만나 이야기를 잘 들어 주고 상담해 주는 자신의 모습을 보고 자신에게 강사로서의 재능이 있다는 것을 알게 되었다. 그래서 스물아홉 살에 독학으로 준비해 강의를 시작했다. 그 후 20년 넘게 각종 교육 현장, TV, 라디오 등을 오가며 사람들에게 꿈과 희망을 심어 주는 인생코치 전문 강사이자 기업교육 컨설턴트로 활약하고 있다. '오피니언 리더들이 가장 만나고 싶어 하는 스피치 선생님'으로 자리매김했다. 그렇게 수백 명의 CEO와 정치인, 연예인 등을 코칭해 주면서 메신저의 삶을 살아가는 대표적인 인물로 손꼽히게 되었다.

내가 바라고 원하는 삶, 나의 꿈은 바로 김미경 강사와 같이 작가, 강연가, 코치로서 남들에게 꿈과 희망을 전해 주는 메신저의 삶을 사는 것이다. 내가 가진 경험과 지식으로 가치를 팔며 큰 수입 또한 얻을 것이다. 내가 목표하는 수입은 월 3,000만 원이다. 나의 개인저서가 출간되고 6개월 후, 반드시 이 수입을 달성할 것이다.

누군가 이 책을 보면서 또라이 같다고 비웃는 사람들도 있을 것이다. 그러나 이제는 또라이들이 세상을 리드하는 시대다. 전 세계인들의 삶을 백팔십도로 바꾼 아이폰의 창시자 고(故) 스티브 잡스만 봐도 알 수 있을 것이다. 그가 평범한 사람들과 시선을 나란히 했다면, 기존 상식에 얽매여 판단하고 남들과 같은 인생을 살았다면 지금의 애플이 있었을까? 그는 지금 이 세상에 없지만 그가 만든 아이폰은 하루에도 몇만 대씩 팔려 나가고 있다.

나는 책을 쓴 후 작가가 되어 강연가로, 코치로 활동할 것이다. 그리고 1년 후에는 KBS, MBC, SBS 방송국 아침 정보 프로그램에 인기 강사로 출연할 것이다. 특히 가장 출연하고 싶은 방송은 KBS의 〈아침마당〉이다. 고등학교 선배인 윤인구 아나운서가 진행하기 때문에 더욱 〈아침마당〉 프로그램에 애정이 간다. 나의 책에 대해 강연하고 나의 경험과 지식을 나누며 방청객과 시청자들에게 나를 알리고 싶다. 사람들에게 잠재된 능력과 힘을 찾도록 영감을 불어넣어 주고 개인의 삶에 적극적으로 동기를 부여해 주는 전문가로 성장할 것이다.

내 나이 마흔. 나의 진정한 인생은 이제부터다. 지금까지 다양한 경험을 하며 걸어온 인생. 치열했던 시간들, 마음 아픈 순간들도 많았다. 그저 주어진 환경에 충실하고 열심히 살면 성공할 줄 알았다. 구체적이지 않던 목표를 향해 하루하루 주어진 인생에 최선을 다해 살아온 나다. 하지만 이제는 아주 구체적이고 명확하게 내가 가야 할 길을 알고 있다. 그리고 난 내가 생각하는 것보다 더 훌륭하게 잘해낼 수 있을 것이라 믿는다.

나는 연약할지라도 내 안에 전지전능한 하나님이 함께하시기 때문이다. 내가 가진 세 가지. '하나님', '나의 꿈' 그리고 '믿음'. 사람은 자신이 생각하고, 믿고, 노력하는 만큼 이룬다고 하지 않았던가! 내 인생의 최고의 날이 곧 올 것이다.

"그대의 발 하나라도 밟는 곳 모두는, 내가 그대에게 주었으니."(여호수아 1:3)

"그대가 무언가를 명령하면 그 일이 그대에게 이루어질 것이요. 빛이 그대의 길 위를 비추리라. 그대가 명령하면 나는 그대에게 다가갈 것이요, 빛은 그대의 길을 밝히리라."(욥기 22:28)

1인 3역으로 사는
행복한 또라이 되기

배상임 중등교사, 독서지도사, 문학 심리상담사, 자기주도학습 코치

교사로서, 낮은 자존감으로 흔들리는 1318 청소년들을 위해 자존감을 높이는 교육을 펼치고 있다. 아이들을 가르치며 배우고 깨달은 경험들을 글로 남겨 누군가의 인생에 변화와 도움을 주는 메신저가 되고자 한다. 현재 '자존감'을 주제로 개인저서를 집필하고 있다. 또한 자기계발 작가, 동기부여 강연가, 부모 컨설턴트로서 인생 제2막을 펼치고자 한다. 저서로는 《보물지도 12》가 있다.

· Email bsyms99@naver.com   · C·P 010.9487.2752

"선생님, 동안이세요. ○○ 선생님보다 나이가 많다던데 그렇게 안 보여요."

"선생님은 이제 사실 만큼 사셨고 돈도 버실 만큼 버셨겠지요? 그래도 우리가 졸업할 때까지 선생님으로 계셨으면 좋겠어요."

최근에 중학교 1학년 아이들이 내게 한 말이다.

올해로 내 나이는 이순(耳順)이다. 요즘은 잘 쓰지 않는 '이순'을 검색해 봐야 정확한 내 나이를 알 것 같다. 비록 '이순'일지라

도 요즘 같은 시대에 살 만큼 살았다는 말을 하다니 어쩐지 조금 서운하다. 하지만 요즘 아이들은 상대방이 들으면 제법 서운한 말도 서슴지 않고 솔직하게 이야기한다. 아이들 나름대로는 친근감을 가지고 한 말임을 감안하고 들어야 웃을 수 있다. 이처럼 나는 중학생들과 개의치 않으며 지낸다.

IMF가 지나간 지 20년이 지났지만 아직까지도 잊히지 않는 일이 있다. 그 무렵 나는 K시의 여중에서 학생부장 교사로 지냈다. 우리 학교에서는 제1호 여교사 학생부장 교사였다. 대부분의 학교에서 남자 교사가 학생부장 보직을 담당하던 시절이었다. 그런데 내가 학생부장 보직을 담당한 이유는 여중생들을 엄마의 마음으로 잘 지도할 수 있다는 장점 때문이었다. 대부분의 학생들은 교칙을 잘 지키고 나의 지도에 따라서 학교생활에 잘 적응했다.

하지만 문제없는 세상은 없듯이 우리 학교에도 문제아는 있었다. 어른들이 하라는 일은 절대 하지 않거나 삐뚤어지게 하는 '청개구리 그룹'이다. 그룹의 닉네임은 '7공주'다. 말 그대로 7공주는 7명의 여중생들이 만든 그룹이다. 이들은 월요일 아침마다 단골 지각생들이었다. 왜냐하면 주말에 인근 타 도시로 원정 가서 신나게 놀았기 때문이었다. 그나마 교복이라도 제대로 입고 오면 다행이다.

그러던 어느 날 아침이었다. 그날도 어김없이 지각한 7공주를 지도하고 있는데 경찰차 한 대가 교문으로 들어왔다. 왠지 불길한 예감에 우두커니 서 있는 내게 경찰관이 다가오는 것이었다.

"안녕하십니까? K시 경찰서 ○○○ 경관입니다. 방금 전에 학교폭력발생 112 신고 접수 받고 현장출동 했습니다. 배상임 선생님입니까?"

귀를 의심했지만 놀랍게도 내 이름이었다.

아침에 학교 앞 골목길에서 아이들이 흡연을 한다는 주민의 제보 전화를 받았다. 교감선생님과 내가 골목까지 나가서 7공주를 학교로 데려오는 과정에서 약간의 실랑이가 있었다. 그런데 '학교폭력'이라니 황당한 일이다. 현장을 확인한 경찰관들도 어처구니가 없다는 표정으로 아이들에게 말했다.

"학생들, 허위신고 죄가 얼마나 무서운지 모르지? 지금 당장 112로 신고 취하 전화 하세요. 학생들을 잘 자라게 하려고 정성으로 지도하시는 선생님을 허위신고 하면 범죄란 것을 모르나요? 선생님의 지도를 잘 따르고 올바른 학생들이 되도록 노력하세요. 앞으로 이런 일이 발생하지 않도록 우리가 수시로 학생들 근태 상황을 학교로 문의해 보겠어요."

학교에 나타난 경찰차 사건 이후 '7공주'는 '5공주'로 이름이 바뀌었다. 심경의 변화를 일으킨 2명의 아이가 스스로 탈퇴했기 때문이었다. 그날의 충격이 컸던지 나머지 아이들도 행동거지가 조용해졌다.

그런데 탈퇴한 두 아이가 방학 중에 아르바이트를 했는데 밀린 급여를 못 받고 있다며 내게 고민을 털어놓았다. 나는 조금씩 마음을 열고 다가오는 아이들이 고맙고 대견해서 그 일을 해결해 주겠노라 덜컥 약속했다. 하지만 아이들에게 큰소리는 쳤지만 업주를 설득할 묘수가 없어 고민했다.

급기야 내가 한 아이의 부모 역할을 하기로 작전을 세웠다. 그 가게를 찾아가 아이들의 밀린 급여를 끝까지 안 주면 미성년자 고용법 위반 업소로 경찰에 신고하겠다고 당차게 으름장을 놓았다. 그것이 효과가 있었는지 그로부터 며칠 후 업주로부터 밀린 급여를 받아 낼 수 있었다. 말처럼 쉽게 해결된 것은 아니었지만 아이들과의 약속은 지킨 셈이다.

결코 이쁜 짓은 하지 않는 7공주를 위해 한동안 팔 걷고 해결사 노릇을 했다. 그해는 7공주와 전투를 하며 한 해를 마무리했다. 그런데 그다음 해에 우리 학교에 희한한 일이 생겼다.

해마다 한 학년씩 올라가고 머리가 커지면서 아이들은 자신들의 존재감을 패거리 문화로 드러내게 마련이다. 그런데 그해에는 학교가 조용해도 너무 조용했다. 그저 아이들이 순조롭게 교칙을 잘 지키며 학교생활을 했기 때문이라고 생각했다. 성향이 비슷한 아이들이 그룹을 지어 몰려다니는 모습이 사라진 것이다. '일복 많은 내게도 이런 행운이 오다니!' 하며 마음속으로 감탄했다. 그런데 평화로운 학교생활의 일등 공신이 작년 졸업생인 7공주라는 것을 한참 후에 알게 되었다.

작년에 시내를 주름잡고 놀던 7공주 선배들이 후배들을 잘 관리(?)한다는 것이다. 그 후배 관리 덕목 중에 '교칙 지키기'와 '절대로 지각하지 말기'도 포함되어 있었다. 아이들은 교사의 말보다 때로는 선배의 말을 더 잘 들었다.

병 주고 약 준다는 말처럼 나를 그토록 힘들게 했던 7공주였는데 이제는 고맙기까지 했다. 7공주의 학교생활 부적응 이유가 아이들만의 문제는 아님을 알고 있었다. 그 당시 부모들도 IMF로 힘든 시기였다. 당시에는 중학생 아이들이지만 부모가 돌볼 형편이 안 되면 아이들을 시설기관에 맡기는 경우도 있었다. 상황이 이렇다 보니 마음 붙일 곳 없어 외롭게 방황하다가 처지가 비슷한 아이들끼리 뭉쳐 7공주가 되었다. 외로운 아이들이 자기 나름대로 생존 방식을 터득한 것이다.

그런 아이들은 학생부장인 나를 힘들게 했지만 나는 왠지 측은지심이 더 컸다. 아이들은 겨울인데도 양말 없이 맨발로 등교할 때가 많았다. 나는 기모스타킹과 덧신을 사다가 아이들에게 신겼다. 부모님과 연락조차 하기가 힘든 때라 오히려 이 방법이 더 빨랐다.

아이들의 처지를 모르고 내가 아는 일반적인 방법으로만 지도했기 때문에 그땐 아이들과 먼 사람으로 지냈다. 이제 철이 든 아이들과 나는 가까운 사람으로 지낸다. 이것은 '또라이 선생'에게 주어진 축복이 아닐까. 가끔 아이들과 연락을 주고받는다.

"너는 괜찮은 사람이다. 그 옛날의 네가 아닌 지 벌써 오래되었다. 이젠 누구 앞에서라도 숨지 마라. 당당하게 웃으면서 살아가라."라고 당부하면 "사랑해요, 선생님!"이라고 답한다. 상큼 발랄한 아이들을 사랑하는 힘이 내 삶을 탱탱하게 만드는 원동력이다.

얼마 전 한 후배와 통화를 했다.

"언니, 나 명퇴교사 지명받았어요."

"어머나, 잘됐네, 네가 원하는 대로 되어서 말이야. 진심으로 축하해!"

축하 멘트를 하는 내 목소리는 밝았지만 마음은 착잡했다. 이젠 후배가 은퇴한다니 나의 처지가 마지막 잎새와 같다. 그래도 친구 따라 거름 지고 시장에 갈 수는 없다. 차라리 곧 다가오는 은퇴를 멋지게 맞이할 준비를 하자. 나는 그런 생각으로 자격증을 차곡차곡 취득했다. 그 결과 아동지도사 자격증, 청소년지도사 자격증, 노인과 사회복지 관련 자격증 등 다양한 자격증을 취득하게 되었다. 은퇴 후 사회에 재능기부를 하기 위한 준비인 셈이다.

그러던 어느 날 인터넷에서 네이버 카페 〈한책협〉을 발견했다. 〈한책협〉이라는 신세계를 만나고 나는 "유레카!"를 외쳤다. 호랑이는 죽어서 가죽을 남기고 사람은 이름을 남긴다고 했다. 나는 대한민국의 교사다. 교단에서 아이들과 살아오면서 가장 많은 시간을 들인 일이 '독서'이고 가장 오래 만나며 지낸 사람은 아이들이다. 바로 이것이다. 독서와 아이들의 이야기를 책으로 쓰고 싶다는 생각이 활화산처럼 꿈틀거렸다.

다가오는 겨울방학을 기다릴 틈도 없었다. 무엇에 홀린 듯 〈한책협〉의 〈1일 특강〉과 〈책 쓰기 과정〉에 등록했다. 그리고 지금 나는 공동저서 3권을 출간하고 개인저서를 집필 중이다. 그런 나를 보고 "이해할 수 없다. 사서 고생한다. 일 중독이다." 등 주변인들의 부정적 평가가 거세다. 그러나 내 인생 2막의 휘장을 걷어 올릴 사람은 다른 누구도 아닌 바로 나 자신이다. 내 인생을 바꿀 사람도 바로 나 자신이다. 나만이 할 수 있는 일이다.

내 인생 제1막은 대한민국 교사로서 행복한 나날을 보냈다. 그리고 지금은 작가, 강연가, 1인 기업가라는 1인 3역의 행복한 또라이로서 인생 제2막을 펼치려 힘차게 달린다.

또라이들의 전성시대 3

45~55

임원화 임현수 이하늘 허동욱

이채명 김유나 배경서 안서현

이경진 김채선 장희윤

크루즈 여행으로
전 세계 각국을 경험하기

임원화 '임마이티컴퍼니' 대표, 동기부여가, 강연가, 몰입독서 및 책 쓰기 코치, 1인 기업 멘토

모두의 잠재력을 깨우는 기업 '임마이티컴퍼니' 대표로서 집필, 강연, 코칭, 컨설팅, 특강, 워크숍, 칼럼기고 등을 활발히 진행하고 있다. 또한 지식과 경험을 나누는 메신저로서 다양한 대중들과 소통하고 있으며, 책 쓰기를 기반으로 1인 기업가를 시작하는 이들의 멘토로도 활약하고 있다. 저서로는 《하루 10분 독서의 힘》, 《한 권으로 끝내는 책쓰기 특강》 등이 있다.

잠에서 깨어나 밖을 바라보니 눈부신 햇살이 쏟아진다. 기지개를 켜고 일어나 창문으로 다가갔다. 수평선의 끝이 어딘지 모를 정도로 광활한 에메랄드빛 바다가 펼쳐진다. 잔잔한 물결이 햇빛에 반사되어 반짝이는 모습이 아름답다. 동그란 창문 아래를 내려다보니 파도가 흰 거품을 일으키며 하얗게 부서지고 있다. 말로 표현할 수 없을 정도의 기쁨과 충만함이 밀려온다.

나는 넓은 바다를 거침없이 항해하는 크루즈에 몸을 싣고 있다. 총 12층으로 구성된 배에는 직원이 1,000명이 넘고, 객실 또

한 1,000개가 넘는다. 이른바 크루즈는 '바다 위의 호텔'이라고 불린다. 럭셔리한 음식과 각종 휴양시설이 배 안에 다양하게 갖춰져 있기 때문이다.

10층에 위치한 뷔페식 카페를 가면 각 나라의 다양한 음식을 맛볼 수 있다. 최고급의 재료를 사용해 음식이 아주 신선하고, 디저트 또한 형형색색의 화려한 비주얼을 자랑한다. 5층의 레스토랑에서는 슈트와 드레스를 멋지게 차려입은 사람들이 은은한 조명 아래에서 스테이크를 먹고 와인을 마시며 대화한다. 실내에서는 넓은 통유리를 통해 탁 트인 전망의 바다를 보며 여유롭게 음식을 먹을 수 있다. 야외 테라스에서는 바닷바람을 맞으며 커피 한 잔의 여유를 즐기기도 한다. 홍콩, 베트남, 대만 등 각 나라에 정박할 때마다 그 나라 고유의 절경을 눈에 담으며 최고의 음식을 맛볼 수 있다.

저녁시간, 5층 카페에는 아름다운 바이올린 협주를 들으며 커피나 와인을 마시는 사람들이 즐비하다. 바에서는 많은 이들이 칵테일이나 맥주를 들고 음악에 몸을 맡긴다. 가끔 디제이가 선곡하는 신나는 노래가 흘러나오기도 하고, 특별한 이벤트로 이루어진 파티가 진행되기도 한다. 카지노를 즐기는 사람들도 있고, 쇼핑을 하거나 그림을 감상하는 사람들도 있다. 저녁 10시 30분에 하는 공연을 보러 가는 사람들도 있고, 각 나라의 의상을 입고 포토타임을 가지며 사진 촬영을 하는 사람들도 있다. 아침에 갑판 위 조깅트랙에서 조깅을 할 수 있고, 피트니스 센터에서 바다를 바라보며 운동도 할 수 있다.

11층 갑판 위로 올라가면 따스한 햇볕에 몸을 맡기고 선 베드에 누워 휴식을 취하는 사람들, 책을 읽는 사람들, 탁 트인 전망을 바라보며 커피를 마시는 사람들 등 다양한 모습이 펼쳐진다. 수영장에서 수영을 하거나 따뜻한 스파를 즐기는 사람들도 있다. 12층 루프 탑으로 올라가면 그물로 촘촘히 둘레가 처진 코트에서 땀을 흘리며 농구를 하는 사람들도 보이고, 커다란 대형 화면의 영화를 관람하는 사람들도 보인다. 안락한 소파에 다리를 올린 편안한 자세로 혼자만의 시간을 여유로이 보내는 사람들을 보고 있노라면 지상낙원이 따로 없다. 이렇듯 영화에서나 볼 법한 광경을 나는 크루즈 여행 일정 동안 매일 경험하고 있다.

나의 30가지 드림리스트 중에는 '세계일주를 하며 최고만 누리는 사람 되기'라는 꿈이 있다. 1년에 한 번 이상 해외여행을 갈 수 있는 사람이 되고 싶었고, 초호화 휴양지에서 휴가를 보내며, 전 세계 각국에서 다양한 경험을 하고 싶었다. 이 꿈이 실현되기 위해서는 두 가지 자유가 실현되어야 한다. 하나는 '시간적 자유'이고, 또 하나는 '경제적 자유'다.

대부분의 직장인들은 14박 15일 일정인 이 크루즈 여행을 할 수 없다. 신혼여행 일정도 길어야 일주일이다. 2주 넘게 한꺼번에

휴가를 낼 수 있는 직장은 아마 찾아보기 힘들 것이다.

대학병원에서 중환자실 간호사로 근무하던 직장인 시절, 친구와 함께 3박 4일 일정으로 필리핀 여행을 간 적이 있다. 지금 그때를 떠올려 보면 떠나는 당일 날까지 바쁘게 일했기 때문에 정신없이 떠났던 기억이 난다. 필리핀 현지에 도착했을 땐 피곤이 누적된 상태라 체력적으로 너무나 힘들었다. 필리핀 현지에 적응되어 여유를 가지게 될 즈음에는 어느새 한국으로 돌아가야 하는 때가 되었다. 여행 마지막 날에는 즐거운 마음보다는 다시 돌아가서 일해야 한다는 생각에 막막하고 불안한 마음이 더 컸었다.

이 여행을 가기 위해 쉬는 날 없이 바쁘게 일해야 했었다. 또한 다른 사람의 근무시간을 변경해야 하기도 해 필요한 경우 근무를 더 해야 하기도 한다. 빡빡한 일정으로 인해 여행에서 돌아와서도 충분히 휴식하지 못하고 부랴부랴 출근한다. 여행으로 누적된 피로가 근무하는 일주일 정도 쭉 이어졌다.

문제는 여기서 끝나지 않는다. 3개월 무이자 적용을 받으며 결제했던 여행 경비를 열심히 갚아 나가야 한다. 하루에도 일을 그만두고 싶다고 수십 번 생각하지만 절대 행동으로 옮길 수 없다. 매달 월급이 들어오지만 밀린 카드 값, 대출이자, 생활비, 고정 지출비 등을 지불하고 나면 잠깐 통장에 머물렀다가 스쳐 지나간다. 여행 경비로 썼던 비용을 해결하느라 당분간 절제하며 살아야 한다.

돈 걱정으로 스트레스는 더 쌓인다. 어느새 여행에서 좋았던 점도 까맣게 잊은 채 '가까운 동남아 여행을 한번 다녀와도 이렇게 힘들구나. 그냥 집에서 푹 쉬는 게 역시 가장 현명해'라는 결론을 내린다. 이런 패턴은 슬프게도 계속 반복된다.

필리핀 여행을 다녀왔던 나의 과거와 달리 지금은 많은 것이 달라졌다. 필리핀 여행비의 몇 배나 되는 크루즈 여행비에 대한 부담도 없고, 다시 한국으로 돌아가 일상으로 복귀해야 한다는 걱정이나 불안 또한 없다. 오히려 재충전이 일에 대한 에너지로 작용하고, 영감과 아이디어로 연결되면 좋겠다는 기대감이 있을 뿐이다. 다양하고 새로운 경험으로 인해 한층 더 성장했다는 생각이 든다. 일정도 넉넉하기 때문에 좋은 환경에서 충분히 휴식을 취하며 일상에서 하던 일들을 쭉 이어 나갈 수 있다는 점도 매력적이다.

'시간적 자유', '경제적 자유'를 젊은 나이에 빨리 이룰 수 있었기 때문에 나는 휠체어를 탄 노인이 되어 이 크루즈 여행에 오지 않았다. 보행기나 지지대의 힘을 빌려 천천히 이동하는 노인들을 보노라면 한 살이라도 젊을 때 더 많은 것을 누리고 경험해야 한다는 생각이 더 강렬해진다. 그들은 한평생 직장에서 일하고, 자녀를 키워 내며 열심히 살았을 것이다. 성실하게 살아온 자신의 삶에 보상을 해 주고 싶을 것이다. 그래서 기력도 많이 떨어졌고, 몸도 불편하지만 더 후회하지 않기 위해 이 여행을 택했을 것이다.

현재 내가 누리고 있는 이 크루즈 여행의 의미는 남다르다. 연봉과 복지 등 남들이 부러워하는 조건의 전문직을 박차고 나와 '슈퍼 꿈 또라이'로 살겠다는 결심과 노력의 결과이기 때문이다. 시간적 자유와 경제적 자유를 이룬 사람으로서 30대 초반에 크루즈 여행을 할 수 있게 되었고, 광활한 바다를 바라보며 꿈 너머 꿈을 꾼다.

나는 평범한 직장인일 때도 항상 비범하게 살고 싶다는 생각을 놓지 않았다. 남다르게 살고 싶었고, 특별하게 살고 싶었다. 내 잠재력을 발휘하며 더 크게 성공하고 싶었고, 남들이 부러워하는 사람이 되어서 주목도 받고 싶었다. 그래서 '해야 할 일'보다는 '하고 싶은 일'을 하기로 결심했다.

다수가 선택한 길에서 벗어나 스스로 원하는 인생을 개척해 왔다. 아무도 나를 믿어 주거나 응원하지 않아도 나는 내 꿈에 기회를 주었다. 그리고 외롭고 고독했던 시간들을 이겨 냈다. 기존의 관념과 싸워야 했고, 많은 눈물을 흘렸으며, 수많은 밤을 지새우며 고민하고 또 고민했다. 이처럼 치열하게 달려온 시간들이 있었기 때문에 감개무량하게도 나는 화려한 크루즈 안에서 이 글을 쓰고 있다. 넘실대는 바다 위 석양을 바라보고, 재즈 음악을 들으며 하루를 멋지게 마무리하고 있다.

럭셔리한 크루즈 여행으로 우아하게 전 세계 각국을 경험할 것이다. 좀 더 여행을 재미있게 즐기고 다양한 사람들과의 소통을 위해 3년 안에 영어회화를 유창하게 할 수 있는 사람이 될 것이다. 또한 40대에 은퇴하겠다는 결심으로 지금보다 더 큰 경제적 자유를 이룰 것이다. 사람들의 관점이 아닌 오직 나의 관점, 내 꿈의 관점으로 나아갈 것이다. 똑같은 생각이 아닌 비범한 생각으로 하루라도 더 빨리 부의 추월차선을 이룰 것이다. 세상에 펼쳐진 많은 진귀한 경험들을 내 성장의 원동력으로 삼을 것이다. '행복한 슈퍼 꿈 또라이'로 거침없이 나아갈 미래의 나를 응원한다.

SNS를 통해
막강한 영향력 행사하기

임현수 욜로 라이프 메신저, 청춘 멘토, 자기계발 작가, 1인 기업가

'욜로 라이프' 메신저로서 불확실한 미래를 대비하기보다는 현재의 가치에 집중해서 가장 자신다운 행복을 추구하고자한다. 혼자서도 '잘'사는 일상과 노하우를 SNS에 공유하며 대중들과 활발히 소통하고 있다.

초등학생 시절, 앞머리 한쪽만 길게 엣지 염색을 시켜 주는 것이 유행했었다. 부모님께서는 유행에 맞춰 나에게도 노란색, 초록색의 휘황찬란한 색을 물들여 주었다. 몇 달의 시간이 흘렀을까. 검정머리가 많이 자라게 되었고, 길게 자란 앞머리가 입까지 넘어올 정도가 되었다. 부모님께서는 미용실에 나를 데리고 가 염색한 앞머리를 잘라 주려고 했다. 나는 이때 하염없이 눈물을 흘리며 자르면 안 된다고 떼를 썼다고 한다. 그때의 시절과 현재의 모습을 연계시켜 보면 초등학생 시절부터 나는 개성 있고 튀는 것을

좋아했었던 것 같다.

현재 나의 나이는 스물여섯 살. 꽃다운 청춘의 시간을 즐기며 보내고 있다. 그런 나는 여전히 튀는 외모로 사람들의 주목을 받고 있다. 처음 보는 사람들은 "넌 참 특이해.", "개성적이야."라는 말을 자주 건넨다. 학창시절을 같이 보낸 고향 친구들을 오랜만에 만나면 "현수, 나이를 먹어도 여전하네."라거나 우스갯소리로 너는 역시 또라이라며 인사말을 하기도 한다.

도대체 나는 왜 그들에게 '또라이' 같은 존재가 되었을까? 아무래도 첫인상이 강렬해서 그런가 보다. 나는 패션과 미용에 아낌없이 투자하는 '그루밍족'의 성향이 뚜렷하다. 특히나 파스텔 톤의 밝은 염색머리와 귀 뒤에 새긴 타투들, 화려한 액세서리로 주목받는 것 같다.

여기에다 힙합스타일의 스트릿 패션을 주로 선보이다 보니 첫인상이 강렬하게 남아 있는 것 같다. 과거에 비해 옷 스타일은 차분해지고 있지만, 머리색은 오히려 더 화려하게 변하고 있다. 현재는 밝은 그레이와 검정색을 5:5 비율로 반반씩 염색한 상태다.

개성이 강한 홍대거리를 거닐어 보아도, 오랜 경력을 가진 미용실 원장님과 상담해 보아도 나같이 반반씩 투톤으로 염색한 사람은 보질 못했다고 한다. 나조차도 투톤의 반반머리로 염색한 사람을 실제로 본 적이 없다. 인터넷으로 남자 반반머리를 쳐 보아도 해 본 사람을 찾기가 어려웠다. 실제로 남자가 투톤으로 반반 염색을 한 모습은 거울에 비친 나 자신뿐이었다. 나는 남들이 시도하지 않는 것에 도전해 보고, 새로운 것을 경험하기 좋아하는 성향과 기질을 타고난 것 같다.

어머니와 누나들은 나의 이런 모습을 보며 이야기한다. 아버지와 나의 성향이 반반씩 섞였으면 얼마나 좋았을까. 아버지는 미용과 패션에 전혀 관심이 없다. 그렇기 때문에 가족들 사이에서 패션테러리스트로 일컬어진다. 또한 기본적인 화장품인 스킨, 로션조차 바르지 않는다. 때문에 관리 좀 하라며 매번 어머니에게서 핀잔을 듣기도 한다.

반면에 나에게는 다양한 종류의 화장품들과 염색약 등 미용제품들이 가득하다. 사 놓은 옷 또한 무수히 많다. 행거가 옷의 무게를 버티지 못하고 부서질 정도였다. 나는 나만의 스타일이 확고하고, 나를 가꾸고 꾸미는 것을 즐겨한다. 그렇기 때문에 누구도 시키지 않았지만 능동적으로 나를 꾸몄다. 그렇게 다른 사람들과 다른 개성적인 스타일을 갖출 수 있었다.

겉으로 화려하게 보이는 외모뿐만 아니라 나의 생활조차도 또래의 친구들과는 사뭇 다른 듯하다. 스무 가지가 넘는 외향적, 내향적 취미생활을 가지고 있으며, 다양한 SNS 플랫폼에 나의 모습을 공개하고 있다.

EDM 음악을 좋아하는 나는 국내, 해외 할 것 없이 클럽을 다닌다. '클러버'인 나를 보며 친구들은 이야기한다. 술도 안 마시고 담배도 피우지 않는데 클럽을 혼자 밥 먹듯이 다니는 걸 보면 진짜 너는 특이하다고. 술을 즐기진 않지만 누구보다 더 잘 놀고, 담배 냄새를 싫어하지만 담배 냄새 가득한 클럽 공간에 있는 것을 즐기니 내가 봐도 특이하긴 하다. 나는 진정으로 EDM 음악과 분위기를 즐기러 가는 것이다. 심지어 직업으로 DJ까지 꿈꾸고 있으니 가히 '또라이'라고 불릴 만하다.

그 외에도 '욜로'의 아이콘인 해외여행을 혼자 혹은 친구와 미친 듯이 다녀왔고, 자기계발에 대한 투자 또한 아낌없이 했다. 요리 국가자격증을 7개나 취득했고, 지금까지 6권의 저서를 출간했으며, 강연학교를 다니며 강연에 대한 공부도 했다. 그 외에 다양한 SNS 플랫폼을 공부하고, 유튜브 크리에이터 과정, 재테크 공부 등 내 나이 또래에 비해 다양한 걸 경험하고 시도했다. 나는 '한 번 사는 인생' 하고 싶은 것과 되고 싶은 것이 너무나 많다.

한 가지의 직업만으로 평생을 사는 것은 나에게 맞지 않았다. 나는 '멀티족'의 성향이 가득했다. 그렇기 때문에 나는 1인 기업가가 되면서 여러 가지 직업을 가지고 살아가기로 정했다. 현재는 〈욜로 라이프 연구소〉 대표로 있으며, 책을 쓰는 작가, 욜로 라이프 가치관을 전수하는 메신저, SNS 플랫폼 전문가, 유튜브 크리에이터 등 다양한 직업을 가지고 있다.

다양한 직업을 가지고 있지만 크게는 공통적인 요소가 결합되어 있다. 바로 사람들에게 선한 영향력을 주는 '인플루언서'와 '셀러브리티'를 꿈꾸는 것이다. '인생은 한 번뿐'이라는 가치관을 전수하는 책을 써내며 욜로 라이프 메신저로서 나를 알리고, 인스타의 세 가지 계정과 페이스북, 블로그, 유튜브, 네이버 카페 등 다양한 SNS 플랫폼을 활용해 퍼스널 브랜딩을 시도하고 있다.

물론 SNS가 시간낭비이고 헛짓거리라고 말하는 사람들도 있다. 하지만 1인 기업가가 된 이상 SNS만큼 가성비 좋은 마케팅은 존재하지 않는다. 그렇기 때문에 나는 취미로 즐기는 것을 넘어서 SNS 전문가가 되기로 정했다. 좋아하고 즐기던 취미가 직업으로 바뀐 것이다. 평소에 SNS를 활용하며 직접 경험했던 노하우와 여러 강사들의 강의, 수십 권에 달하는 SNS 마케팅 책을 읽으며 깨달은 것이 많아졌다.

현재는 나만의 SNS 마케팅과 퍼스널 브랜딩 방법에 대해 고민하고 있다. 강의료와 콘텐츠 제작비용, 유튜브 촬영 장비 등 SNS 플랫폼에 대한 투자만 1,000만 원이 넘는다. 남들이 보면 미쳤다고 이야기할 수도 있지만 나는 확신한다. 4차산업혁명, 정보화시대에 SNS를 제대로 배우고 실행한다면 장기적으로 수십 배의 가치를 가져다줄 것이라고.

더구나 책과 다양한 SNS 플랫폼 결합의 시너지 효과는 상상을 초월한다. 나만의 콘텐츠를 만들어 제대로 실행한다면 누구나 '셀러브리티'가 될 수 있는 시대가 되었기 때문이다. 1인 뉴미디어가 대중화되었기 때문에 나 자신을 홍보하고 잘 알리기만 하면 된다. 누구나 활용하는 SNS를 전문가에게 제대로 배워 실행한다면 마케팅업체에 돈을 주고 맡기는 것보다 몇 배의 가치를 얻을 수 있을 것이다. 왜냐하면 그들은 자신의 일이 아니기에 수동적으로, 기계적으로 움직일 수밖에 없기 때문이다. 누구도 나의 사업을 대체할 수 없다. 나만큼 열정 가득히 행동할 수 없다. 주인이 아닌데 주인 같은 마음을 가지고 일하라는 말이 모순인 것처럼 말이다. 우리는 이 점을 명확히 알고 시대에 걸맞은 마케팅 방법을 강구해야 한다.

나 또한 SNS를 활용해 1인 기업가로서의 나를 퍼스널 브랜딩하고 있다. 이제는 누구나 셀러브리티 혹은 인플루언서가 될 수 있다. 다양한 SNS 플랫폼을 연동시키고 나만의 독창적이면서 트렌디한 콘텐츠만 확실히 잡는다면 말이다. 나의 꿈과 목표는 더 커졌다. TV에도 출연하며, 파워 인플루언서로 자리매김하고 셀러브리티가 되는 것이다.

이미 책과 SNS를 통해서 20대 대표 일반 패널로 예능프로에 섭외되어 출연료를 받고 촬영한 적이 있다. 그 한 번의 경험이 얼마나 소중했는지 모른다. 이제는 자신감이 생겨났다. TV에 출연하는 것이, 유명해지는 것이 남의 일로만 여겨지지 않는다. 태어났을 때부터 개성적이고, 특이하고, 화려한 겉모습에 비해 반전의 매력이 있다는 말을 밥 먹듯이 들어온 나다. 이제 그런 나의 잠재력을 깨워 '욜로 라이프 메신저'로서 사람들에게 행복가치관을 전수할 것이다. 다양한 SNS 플랫폼을 활용해 사람들에게 막강한 영향력을 행사하는 '파워 인플루언서'이자 '셀러브리티'가 될 것이다.

또라이 정신으로
부동산 부자 되기

이하늘 **자기계발 작가, 동기부여가**

우연히 마주한 한 권의 책이 그간의 인생을 되돌아보는 계기를 가져다주었다. 책을 통해 스스로에 대해 이해하고
진정한 자신의 모습을 찾을 수 있었다. 저서로는 《미래일기》 외 다수가 있다.

대학교를 졸업을 하고 여느 20대처럼 똑같이 취업전선에 뛰어
들었다. 역시나 취업은 하늘의 별 따기였다. 학교를 졸업하면 모두
가 경쟁 상대가 되었고, 어느 회사든 정규직으로 입사하기 위해서
는 면접은 기회가 주어진 것만으로도 감사한 일이었다.

하지만 비정규직은 비교적 취업이 쉬웠다. 나 역시 대학교를
졸업하면서 비정규직으로 일할 수 있었다. 1년 단위 계약직으로
초·중·고등학교 학생들에게 음악을 알려 주는 음악 강사였다. 그
일은 내가 그만두지 않는 이상 자동적으로 재계약이 되면서 매년

연장되는 시스템이었다. 물론 그 속에서 평가를 통해 강의할 수 있는 시간을 배정받았다. 배정받은 시간에 따라 내가 원하는 시간대를 조율해서 강의할 수 있었다.

전년도 평가기준에 따라 그해 급여가 달라지기도 했지만 시간 대비 나름대로 괜찮은 일이기도 했다. 그러나 정규직인 교사와 달리 방학시즌이 되면 따로 수입이 없었다. 때문에 학기 중에 받은 급여를 잘 계산해서 방학에 사용할 돈을 따로 모아 두어야 했다.

매년 초 배정받는 시간으로 매달의 급여 계산이 가능했다. 항상 머릿속에서는 돈 계산이 먼저였다. 돈을 쓰는 것보다 모으는 것에 익숙했던 나는 주변의 다른 선후배들에 비해 돈을 잘 나누어 사용하곤 했다. 그렇게 배분해서 모은 돈으로 생활비와 함께 대학원 등록금도 낼 수 있었다.

그러나 이 일도 공급보다 수요가 많아지면서 내게 주어지는 강의시간이 반 토막이 났다. 주요 수입이 반 토막이 나면서 나는 돈에 대해 강박증이 생기기 시작했다. 항상 통장에 돈이 있어야 마음이 놓이곤 했는데 수입이 줄어들면서 생각처럼 돈을 많이 모을 수가 없었다. 강박증은 매년 심해져만 갔고 1년살이 신세인지라 연초가 되면 우울했다. '올해는 강의시간을 많이 받을 수 있을까?'라는 불안감은 나날이 나를 우울하게 만들었다. 경제적으로는 갈수록 나아질 기미가 보이지 않았고 부담감은 심리적으로 더

해 갔다.

예체능계를 공부하느라 내게 들어간 돈만 해도 엄청난 액수였다. 그동안 내게 투자된 시간과 돈에 비해 나의 매달 수입은 터무니없이 적었다. '내가 이 돈을 벌려고 이러고 있는 건가' 하는 생각이 머릿속에서 떠나지 않았다. 부모님을 뵐 면목도 없었다. 돈은 내게 더 이상 마음 편히 쓸 수 있는 수단이 아니었다. 미래를 위해 항상 절약하고 저축해야만 했다. 그래야만 여름, 겨울 방학에 부모님께 손 벌리지 않고 겨우 생활을 해결할 수 있었기 때문이다.

나를 위한 투자는 꿈도 꿀 수 없었다. 한창 예쁠 20대인지라 외적이든 내적이든 자신을 가꿀 수 있음에도 그건 사치로 여겨졌다. 그저 친구들이 예쁘게 꾸미고 맛있는 음식을 먹으며 즐거운 시간을 보낸 모습들을 올린 SNS를 보며 부러워했다.

그렇게 한동안 신세한탄을 하면서도 나는 돈 모으기에 정신이 없었다. 매달 학교 강사일로 고정 수입을 버는 한편 남는 시간을 이용해서 레슨을 하거나 주말에는 아르바이트를 하면서 부수입을 벌었다. 그래야만 직장인 평균 정도 되는 수입을 거둘 수 있었다. 그렇게 일주일을 매일 일하면서 한 달, 두 달, 1년을 보냈다. 그 시기에는 친구도 거의 만나지 않았다. 친구들을 만나려면 옷도 신경 써야 하고 먹는 것에도 돈이 지출되기 때문이었다. 안 먹고 안 입고 절약하면서 몇 개월 만에 많은 돈을 모았다. 그런데 모이는 돈을 보면서도 만족스럽고 행복하진 않았다.

돈 모으기에만 집중하다 보니 아무것도 보이지가 않았다. 그때 20대의 나의 모습이 초라하게 느껴졌다. 한창 예쁠 나이에 나는 없었다. 내게 남은 것은 통장에 든 돈이었지만 돈으로는 순간순간의 시간을, 추억을 살 수 없다는 생각이 들었다. 나는 돈에 대한 강박증, 압박감에 벗어나고 싶었다. 돈에 얽매이는 나 자신을 바꾸고 싶었다.

그런 내 인생이 〈한책협〉의 김태광 대표 코치를 만나면서 변화되기 시작했다. 돈에 대한 부정적인 생각과 마인드, 관점을 하나씩 바꾸어 갔다. 부자, 성공한 사람들의 마인드, 사고, 의식을 배우면서 점차적으로 돈의 가치를 깨달아 갔다. 돈은 '목적'이 아니라 '수단'이었다. 내가 원하는 모든 것을 이루기 위한 수단일 뿐이고 그에 대한 가치비용이다. 무언가에 가치비용을 지불하는 순간 나는 더 많은 것을 배우고 누리고 경험할 수 있다.

과거의 나는 돈을 모으는 것에 집중하고 지출은 최대한으로 줄였다. 그래서 나의 삶은 단조롭고 즐겁지 않은 순간들이 많았다. 한 가지 예로, 나는 다달이 나가는 월세가 아까워 전세 원룸에 살았었다. 그런데 일부 부자들은 집을 소유하지 않고 자신이 원하는 장소에 살면서 그에 대한 대가를 지불한다고 한다. 돈보다 자신의 생각과 느낌이 우선인 것이다. 그리고 그것이 삶의 원동력이 된다. 이 정도의 가치비용은 충분히 지불할 수 있다는 것이다. 〈한책협〉에서 그들의 생각과 사고를 배우면서 평소에 꿈꿔 오던 좋은 공간, 환경에서 살고 싶어졌다.

결국 나는 꿈꿔 온 대로 편히 쉬면서 더 많은 미래를 그려 나갈 수 있는 오피스텔로 이사했다. 김태광 대표 코치에게 배운 대로 돈을 대하는 나의 마음을 바꾸고 행동하니 돈을 소비해도 아깝지 않았다. 마음이 즐거웠다. 크고 아늑한 나만의 공간에서 진정한 쉼을 느낄 수 있었다. 하루 일과를 끝내고 집으로 가는 길은 언제나 행복했다. 나는 더 이상 월세가 아깝지 않았다. 이것은 더 나은 나를 위한 선물인 셈이었다.

과거와 달리 이제는 내게 스스로 선물을 주곤 한다. 고생한 나에게 명품 신발을 선물한다. 좋은 곳에서 소중한 사람들을 만나라는 의미다. 그러다 보니 어딜 향하는 발걸음마저도 행복하다. 젊었을 때 건강을 더 잘 챙겨야 한다는 말에 피로가 누적된 나에게 한약도 선물했다. 모든 것은 내게서 비롯된다. 내가 잘되어야 하는 것이다. 그러려면 나부터 정신적, 육체적으로 최상의 컨디션을 유지해야 한다. 최상을 조건을 유지하려면 그것에 대해 합당한 지불을 해야 한다. 돈이 필요한 것이다.

돈을 어떻게 생각하고 쓰느냐에 따라 삶의 질은 달라진다. '돈을 모으면 더 나아지겠지'라는 생각은 어리석은 생각이었다. 돈을 대하는 생각과 마인드를 바꾸면서 지금 나는 오로지 나를 위해 투자하고 있다. 내가 어떤 생각을 하고 행동하느냐에 따라 부는 자연스레 따라오게 마련이다.

돈을 좇기만 했던 사고를 바꾸기만 했는데도 마음이 한결 가벼워졌다. 그동안 내게 주어진 모든 것에 스스로 한계를 만들고 있었다. 수입이 많고 적음이 문제가 아니었다. 돈에 대한 나만의 가치, 관념이 필요했다. 돈은 생각에 따라 무한한 자원이 된다는 지혜를 얻었다.

나는 경제적 자유를 얻기 위해 지속적으로 부를 이룰 수 있는 마인드 관리, 부동산 경매를 공부하고 있다. 한정된 자원에 갇히지 않고 더 많은 것을 찾고 배울수록 세상에 가질 수 있는 것이 많다는 것을 알아 가고 있다.

있다가도 없는 것이 돈, 없다가도 있는 것이 돈이다. 더 이상 돈에 속박당하지 않는다. 원하는 것에 당당하게 돈을 지불한다. 그렇게 현재를 즐기면서 좋은 것을 더 많이 누리며 살아가고 있다. 한 번뿐인 인생, 젊었을 때 지금처럼 더 많은 것을 경험하고 누리며 살아갈 것이다.

또라이 정신으로 빌딩주 되기

허동욱 **독서습관 컨설턴트, 동기부여 강연가, 자기계발 작가, 청춘 꿈 멘토**

대기업에 다니면서 남는 자투리 시간을 활용해 오로지 독서에 투자했다. 한 살이라도 젊을 때 꿈을 이루고 세상에 선한 영향력을 미치고 싶어서 직장 밖으로 행군했다. 수백 권의 책을 읽으며 생긴 신념과 철학을 바탕으로 인생 2막을 살고 있다. 저서로는 《자투리 시간 독서법》, 《미래일기》 외 7권이 있다.

나는 태어나서부터 지금까지 도심에서 자라 왔다. 그래서 주위를 둘러보면 항상 많은 건물들로 가득 차 있었다. 항상 집 아니면 가던 곳만 갔었기 때문에 다른 사람들보다는 활동성이 없는 편이었다. 하지만 주위의 변화를 빠르게 인지하곤 했다.

평소에 가던 길을 걸어 다니면서 새롭게 건물을 짓거나 인테리어 공사를 하거나 상가를 임대하고 있는 직종이 변화되는 것을 유심히 관찰했다. 친구들과 함께 어디를 가든지 호기심이 가득한 눈빛으로 건물들을 바라보았다. 친구들은 그런 나를 의아해하며 이해하지 못하는 경우도 종종 있었다.

거리를 걷고 있는 사람들의 이동 경로나 어느 음식점에 손님이 많은지 등등 머릿속에서 나름대로 상권을 분석하기도 했다. 이러한 습관들이 쌓여서 주위의 건물이라든지 상가의 변화를 보다 쉽게 파악할 수 있었다. 그리고 언제나 나에게 유리한 쪽으로 상황을 만들어 갈 수 있었다. 그래서 나중에 내가 생활할 집도 아파트보다는 주택이나 상가주택과 같은 곳이면 좋겠다는 생각을 자주 하게 되었다.

부모님 두 분 모두 자영업을 하셨기 때문에 나는 어려서부터 고등학교 1학년 때까지 외할머니와 함께 생활했다. 부모님 가게는 외할머니 집에서 멀지 않은 거리에 있어서 학교가 끝나면 자주 방문하곤 했다. 그럴 때마다 나는 부모님과 함께 살고 싶은 마음에 "엄마, 우리 건물 짓자."라고 조르곤 했다.

그런데 돌아오는 답은 "동욱아, 우리는 그럴 형편이 못 돼.", "아직 돈이 없어서 그렇게 하지 못해."였다. 실망해 포기할 수도 있었지만 나는 9년 동안 한결같이 건물을 짓자고 졸랐다. 그리고 마침내, "말이 씨가 된다."라는 속담처럼 부모님께서는 자영업을 하던 가게에 건물을 짓기로 결단을 내리고 실행으로 옮기게 되었다.

한두 달 시간이 흐르면서 부모님께서 운영하시던 가게에는 공사가 시작되었다. 한 층 한 층씩 완성되며 올라가자, 그동안 상상

속에서 그리던 우리 집의 윤곽이 현실 속에서 나타나기 시작했다. 하루하루 건물이 지어지는 과정을 지켜보면서 나는 본격적으로 부동산에 눈을 뜨게 되었다. 건물을 짓는 것이 생각만큼 어렵지 않고 나도 자본과 마음만 있으면 할 수 있겠다, 라고 생각하게 된 것이다.

하지만 건물만 완성되었다고 해서 끝나는 것은 아니었다. 그 외에도 각 층을 어떻게 활용할 것인가부터 인테리어, 수도, 보안, 소방, 난방 시스템 등등 여러 방면에서 완벽하게 정비가 되어야 했다. 그렇지 않다면 건물이 완공된 후에도 제대로 관리를 할 수 없다. 그렇기 때문에 하나부터 열까지 꼼꼼하게 체크하면서 관리해야 한다.

어머니께서는 자영업을 하시면서 경영과 인력, 자산, 세무 관리 등을 맡아 하셨기 때문에 건물 관리 역시 수월하게 하셨다. 형과 나를 키우면서 젊은 나이에 자영업을 하는 것 자체가 대단한 일이다. 하지만 더 나아가 운영하던 가게에 건물을 올리신 모습을 보면 아들이라도 존경심이 들 수밖에 없었다.

입이 닳도록 건물을 짓자고 말했던 아들의 소망을 이루어 주기 위해 부모님이 노력하는 모습도 감동이었다. 건물의 막바지 작업 중에도 부모님께서는 나를 종종 현장에 데려가셨다. 그러곤 우리 가족이 생활할 공간을 보여 주시면서 어떻게 꾸밀 것인지 생각해 보고 결정하라는 말씀을 하셨다. 그 말을 들으면서 나는 꿈인지 생시인지 도무지 그 상황이 믿기지 않았다.

동시에 부모님께 건물을 물려받은 후에 지금의 우리 집이 되기까지 하나하나 신경 쓰신 부모님의 피와 땀이 헛되지 않게 하리라고 다짐했다.

이제 나는 책 쓰는 작가, 코치, 강연가가 되었다. 여기에서 더 나아가 한 살이라도 젊을 때 자산을 키우고 싶다. 그러기 위해 부동산과 경매를 통해 수입 파이프라인을 만들 것이다. 그렇게 나 자신의 가치를 높이고자 끊임없이 노력하고 있다.

부동산을 접하기 전에는 돈이 많은 사람들만 부동산을 한다는 편견을 가지고 있었다. 하지만 부동산에 많은 관심이 생기기 시작하면서 그 생각이 꼭 옳은 것이 아니라는 것을 깨달았다. 동시에 부동산에 대해 알기 위해서는 배워야 할 부분들이 많다는 것을 알게 되었다. 그래서 시중에 나와 있는 부동산 책부터 읽어 보면서 하나씩 배워 나갔다. 책에서는 배우지 못하는 실질적인 부분과 생생한 사례는 부동산 전문가에게 일대일로 컨설팅을 받았다. 그렇게 현시점에서 무엇을 준비하며 어떠한 액션을 취해야 하는지 감을 익혀 갔다.

부동산 투자는 단순히 땅과 건물을 사는 것만이 아니다. 투자 목적이 주거용인지 수익용인지부터 투자 대상이 주택, 상가, 아파트, 빌라, 오피스텔 등 다양하다. 후에 이것들의 가치를 어떻게 올릴 것인지 등 전반적으로 사업가 마인드가 필요한 분야다.

오직 빌딩주가 되겠다는 또라이 정신 하나로만 부동산과 경매를 공부했다. 그럼으로써 지금의 작가, 코치, 강연가에서 더 나아가 건물 관리 전문가 등 최고의 부동산 전문가로 거듭날 것이다.

첫 개인저서인 《자투리 시간 독서법》을 출간한 후에 나는 독서법 코치이자 동기부여가로 활동하면서 많은 사람들에게 선한 영향력을 끼쳤다. 그렇듯이 부동산에 대한 지식과 노하우를 가지고 더욱더 많은 사람들에게 더 큰 영향력을 끼칠 것이다.

지금도 나의 또라이 정신은 끊임없이 진화를 거듭하고 있다. 평생 현역 작가이자 코치, 강연가로서 꾸준히 책을 쓰고 외부 강연과 프로그램을 진행할 것이다. 더하여 부동산과 경매를 시작으로 스물여덟 살에 5채의 빌딩 주인이 되기 위해 배움을 돈으로 바꾸는 기술을 익힐 것이다. 그렇게 아낌없이 나에게 투자할 것이다.

나는 빌딩주가 되어 행복한 또라이가 될 것이다. 우리의 미래는 스스로 선택하고 만들어 갈 수 있다는 것을 깨우쳤기 때문이다. 한 살이라도 더 젊을 때 부동산 시스템을 구축해 시간적, 경제적 자유를 누릴 것이다. 머지않은 미래에 건물주가 된 모습을 상상하며 오늘도 나는 또라이 정신으로 나아간다.

49

또라이 정신으로 살며 꿈길 걷기

이채명 '행복드림연구소' 대표, 동기부여 강연가, 새터민 인생 코치, 자기계발 작가

2004년 탈북한 새터민이다. 고향을 떠난 뒤 연이어 맞이한 절망 속에서도 희망의 끈을 놓지 않았다. 현재는 자유의 땅 대한민국에서 자기계발 작가로, 1인 창업가로 행복한 삶을 살아가고 있다. 또한 사람들에게 희망을 전하는 동기부여가로 활발한 활동을 펼치고 있다.

늘 가족이 먼저였던 나다. 하지만 어느 순간 나 자신을 찾는 것이 더욱 중요하다는 것을 깨달았다. 가족을 핑계로 내 삶을 벼랑으로 몰아가는 그런 삶은 더 이상 살고 싶지 않았다. 이 생각을 하게 되면서 나는 꿈길을 걷기 시작했다. 살아 있어도 죽어 있는 그런 삶을 산다면 먼 훗날 후회로 인생을 마무리할 것 같았다. 그래서 또라이 정신으로 꿈을 향해 나의 길을 가고 있다.

북한에서 태어난 나는 일생 동안 인간이 누려야 할 모든 권리를 빼앗기고 살아왔다. 자유가 무엇인지, 희망이 무엇인지, 꿈이

무엇인지조차 몰랐다. 이렇게 자란 나는 어쩌면 가족의 생계를 핑계로 꿈과 희망, 자유가 그리웠는지도 모른다. 그렇게 몇 년이라는 긴 시간을 돌고 돌아서 자유가 허락된 한국으로 오게 되었다.

한국 국민의 신분증을 받은 나는 실감이 나지 않았다. 정말 내게도 자유가 주어졌다는 사실이 믿기지 않아 매일 지갑 속에서 신분증을 꺼내 보고 또 보았다. 그런데 그 기쁨도 잠시, 또다시 자본주의 경쟁사회에 적응해야 하는 장벽 앞에 서게 되었다. 톨게이트 근무를 하던 나는 언제 쫓겨날지 모르는 계약직 일을 이어 가면서 북한의 가족과 중국의 아들에게 돈을 보내 주어야 했다. 점점 내 삶에 자신이 없어졌다. 그러자 내 안의 내가 이렇게 말을 해 왔다.

"내 인생은 대체 어디가 끝인 걸까. 왜 걷고 또 걸어도 내가 가는 길은 끝이 보이지 않을까. 잘 살아 보겠다고 집을 떠난 것이 죄라면 죄일까. 그토록 사랑하는 내 가족 모두와 이별하면서까지 나는 대체 무엇을 바라는 걸까. 사람들이 그토록 말하는 행복이란 대체 뭘까. 사랑이란 대체 뭘까. 나 너무 아파. 가족도 나도 모두 지키고 싶단 말이야."

그러자 내 안의 또 다른 내가 나에게 이런 말을 했다.

"그래, 가족도 너도 모두 지키기 위해 지금 너는 너 자신을 먼저 찾아야 해. 너 자신이 없는 삶에 가족이 있을 것 같아? 삶이 그렇게 호락호락한 것 같아? 착각하지 말고 네 인생부터 찾아. 네가 바라는 행복이 뭔지 그 답을 찾는 건 너의 몫이야."

나는 내 꿈을 찾기로 했다. 작가가 되어 나의 이야기를 많은 이들에게 해 주고 싶었다. 하지만 나는 작가가 되려면 뛰어난 스펙이 있어야 하는 줄로만 알았다. 성공한 삶을 살려면 화려한 대학을 나와야 하는 줄 알았다. 그래서 매일 혼자 자괴감에 빠져 주눅 들어 있기만 했다.

그러다 우연히 서점에서 《출근 전 2시간》이란 책을 읽으면서 책 쓰기를 가르쳐 주는 곳을 알게 되었다. 그곳은 바로 김태광 작가가 운영하는 〈한책협〉이었다. 나는 바로 김태광 작가를 찾아갔다. "나 같은 사람이 책을 쓸 수 있을까요?"라는 질문에 오히려 나 같은 사람이 책을 써야 한다는 대답을 들었다. 그 순간 나는 희망을 보았다.

이것저것 재지 않은 채 등록부터 했다. 그런데 뒤늦게 북에 있는 가족이 마음에 걸렸다. '세상에 나의 이름이 알려지면 혹시 북에 남은 가족에게 피해가 가진 않을까?' 이런저런 생각 끝에 결국에는 등록을 취소하게 되었다. 그렇게 몇 개월 시간을 흘려보냈다. 하지만 그동안 머릿속에서 떠나지 않았던 생각은, 나는 이대로 멈추고 싶지 않다는 것이었다.

나는 무언가를 이루기 위해서는 때로는 소중한 것을 잠시 내려놓아야 한다는 걸 깨달았다. 나는 또다시 〈한책협〉으로 발걸음을 옮겼다. 이번에는 정말 포기하지 않을 것이라고, 아파도 내 인생이라면 아픈 대로 끝이 어딘지 가 보고 싶다고 굳게 다짐하면서.

이렇게 작년 한 해 동안 나는 손품과 발품을 아끼지 않았다. 네이버에서 성공한 사람들을 검색하는 데 손품을 팔았고, 발품 팔아 그들의 강연장을 찾아다녔다. 성공한 그들도 나와 같은 사람이다. 그들이 해냈다면 나도 할 수 있다고 생각했다. 그렇게 나는 성공한 사람들이 하는 대로 모두 따라 했다. 백 번 쓰라면 쓰고, 외치라고 하면 외쳤다. 누가 봐도 또라이라 할 정도로 꿈에 미쳐 있었다.

가로등 불빛이 밝히는 밤길을 홀로 걸으며 나는 이런 생각을 하곤 했다. '지금 조금 힘들어도 괜찮아. 오늘 내가 내딛는 한 걸음 한 걸음이·나에게 성공의 열매를 가져다줄 거니까. 나는 꿈이 있어 외롭지 않아'라고. 그러면서 꿈이 이루어질 거라고 혼잣말을 중얼거리며 밤길을 걸었다.

나는 그렇게 새터민에서 작가가 되었다. 그러자 내 꿈은 하나하나 커져 갔다. 지금은 공동저서를 포함해 총 6권의 저자가 되었다. 오늘 지금 이 시간에도 나의 개인저서 《내 생애 단 한 번 희망을 가지다》는 베스트셀러를 달리고 있다. 꿈은 나를 배신하지 않았다. 노력에 진심을 더한다면 그 어떤 꿈이라도 반드시 이룰 수 있다.

자신의 꿈을 외로이 방치하지 말자. 꿈은 간절하게 주인을 기다리고 있다. 시작하기도 전에 미리 겁부터 먹지 말고 일단 시작해 보자. 후회하더라도 무언가 해 보고 후회하는 쪽을 선택해야 한다. 그러면 그것은 경험이 되고 지혜가 된다. 그렇게 두려움이 하나씩 사라지게 된다. 내 감정이 불러오는 실체 없는 두려움 앞에 무릎 꿇지 말자. 정말 해 보고 싶은 일이 있다면 그 일에 노력과 진심을 더해야 한다. 꿈을 가지게 되면 소중한 시간의 가치를 깨닫게 된다. 그리고 삶이 긍정적으로 바뀌게 된다. 그렇게 순간순간 행복한 감정이 밀려온다.

그다음에는 내가 이룬 꿈이 다른 누군가의 희망이 되기를, 꿈이 되기를 소망하게 된다. 이렇게 어떤 시련도 이겨 낼 수 있는 힘, 강함 속에서 선한 행동이 생기게 된다. 착함과 선함은 분명 다르다. 착하게보다 강하게 살면서 선한 영향력을 나누는 사람이 되어야 한다. 이 선함은 진정 강한 나 자신에게서 나오는 행동이다.

나는 누가 뭐래도 꿈으로 내 인생을 디자인할 것이다. 또라이라면 어떠한가. 누군가의 비난이 두려워 내 인생을 살아가지 못하고 삶 뒤에 숨어 버린다면 미래는 더욱 어두워진다. 자신에게 당당해져야 한다. 자괴감에 빠지면 세상은 끝도 없이 두려워지고, 어두워 보인다. 내 생각에 따라 세상은 어두워 보일 수도 있고 빛나 보일 수도 있다.

현실에 함몰되지 않는 나만의 꿈, 나만의 인생을 살아가야 한다. 열심히만 산다고 삶이 행복해지고 노후가 편해지는 것은 아니다. 누군가 만들어 놓은 조직 안에서는 나만의 자유를 누릴 수 없다. 고정관념을 깨고 한계를 벗어나면 새로운 세상이 보인다. 세상을 움직이고 나를 지배하는 내 마음의 조종사가 되어 꿈길을 걸어가자. 우리 인생에는 연습이 없다. 누구나 아마추어로 살아간다. 실수와 실패를 통해 삶을 경험하고 깨달음을 얻고, 지혜를 얻는다. 잘 깔린 포장도로에서는 아무것도 발견할 수 없다.

앞으로도 내 꿈은 계속 커져 갈 것이다. 내가 멈추지 않으면 꿈은 영원한 내 친구가 된다. 꿈이 먼저 나에게 힘들다고, 그만 가자고 할 때까지 나는 계속 꿈길을 걸을 것이다. 내가 이룬 꿈이 또 다른 누군가의 희망이 되고 꿈을 깨워 준다면 이 길을 멈추지 않겠다. 멈춰 있는 삶이 되기 싫어서 이 순간에도 나는 또라이 정신으로 꿈을 향해 나아가는 중이다.

50

'꿈 또라이'가 되어 나만의 특별한 삶 살기

김유나 '김유나감정코칭연구소' 대표, 동기부여가, 자기계발 작가, 라이프 코치

9년간 직장생활을 하는 동안 끊임없이 '나답게 사는 법'에 대해 고민해 왔다. 그 해답에 대한 개인저서가 곧 출간될 예정이다. 현재 '김유나감정코칭연구소' 대표로서 활발히 활동하며 '나'에 대해 고민하는 사람들에게 선한 영향력으로 꿈과 희망을 찾아 주고 있다. 인생에서 진정으로 소중한 것을 잃어버린 사람들을 위해 삶의 방향을 제시하는 강연을 함께 하며 영향력을 넓히고 있다.

'또라이'는 비속어로, 사전에 나오지 않는 말이다. 또라이라는 소리를 들으면 기분 나빠하는 사람이 많다. 문제아, 미친 사람, 사고뭉치, 악동, 평범한 사람과는 궤를 달리하는 이상한 사람이라는 의미를 가지고 있기 때문이다. 하지만 나에게 '또라이'는 좋은 의미로 들린다. 주변 시선에 굴복하지 않고 자신이 하고 싶은 것을 끝까지 밀어붙이는 뚝심 있는 사람으로 받아들여지기 때문이다.

어릴 적 기억이 희미해서 엄마에게 종종 어릴 적의 내 모습은

어땠는지 물어본다.

"너? 그냥 평범했지. 어느 하나 특출한 것도 없었고 별난 것도 없었어. 그런데 대학 들어가고 나서부터 무엇을 하든 조금씩 욕심을 내더라."

엄마 말대로 나는 고등학생 때까지는 무엇을 하고자 하는 의지가 없었다. 생기 없이 주어진 인생을 살고 있는 중이었다. 희망, 성공, 열정 이런 단어를 도무지 이해할 수가 없었다. 친구들이 자신의 꿈에 대해서 이야기할 때도 내게는 그 소리들이 물속에서 들리는 것만 같았다. 확신에 차서 이야기하는 친구들에게 공감하지 못하다 보니 점점 그들과 멀어졌다.

작가가 되겠다면서 눈을 빛내며 자신의 소설을 보여 주던 그 친구는 어떻게 지낼까? 디자이너가 되겠다며 유학을 갔던 그 친구는 어떻게 지내고 있을까? 지금 다시 만난다면, 응원해 주지 못해서 미안했다고 사과하고 싶다. 또라이가 얼마나 좋은 건지 이제라도 알게 되었으니 다행이다.

살아온 인생을 되돌아보자. 열심히만 살았는가, 또라이처럼 특별하게 살았는가? 나는 살면서 무언가에 몰두해 본 적이 단 한 번도 없다. 열심히는 했는데 죽어라 하지는 않았다. 이를 악 물고 할 이유가 없었다. 돈이 없어서 끼니를 굶어 본 적이 없다. 큰 집은 아니더라도 몸 누일 곳이 있었고 집주인의 사정에 따라 이사를 하곤 했지만 그래도 내 방은 있었다. 악착같을 이유가 없었다.

나는 항상 "그냥 이 정도 사는 걸로 만족해. 돈 없어서 굶진 않잖아."라고 말했다. 성인이 되어 인생의 주인이 되어 보니 내 인생에 굴곡이 없는 것은 욕심이 없었기 때문이라는 생각이 든다. 누군가는 굴곡 없는 인생을 부러워할지도 모른다. 모든 사람들은 자신이 가지지 못한 것을 부러워하기 때문이다. 하지만 굴곡이 없기 때문에 간절함을 가질 수 없었다. 이렇게만 인생이 끝난다면 그저 그런 인생인지라 재미가 없을 것이다.

다행이라고 해야 할까, 나에게도 시련이 찾아왔다. 부모님의 연이은 사업 실패로 금전적으로 힘들어졌다. 내 능력의 한계치에서 절망도 해 봤고 돈 때문에 사람이 초라해질 수도 있다는 것을 알게 되었다. 인생은 물결치는 그래프와 같다. 오르막길이 있으면 내리막길도 있다. 잔잔한 굴곡도 있고 큼직한 굴곡도 있다. 나는 그 굴곡 속에서 얻게 되는 것을 놓치지 않았다. 갈망이라는 것을 배우고 욕심을 가지게 되었다.

경제적 자유를 갈망하게 되었다. 다른 사람들과 다르게 살기 위해서 고민했다. TV를 보며 성공한 사람들의 특징에 대해서 알게 되었다. 그 사람들은 열심히만 살지 않았다. 또라이처럼 특별하게 살았다. 실패에도 전혀 개의치 않고 불도저처럼 밀고 나가서 결국에는 성공했다.

특별해지기 위해서는 본인 스스로에 대해서 잘 알아야 한다. 나는 왜 이렇게 살아왔는지 내 삶의 태도를 되돌아보기로 결심했다. 스스로 낙천적이라고 생각해 왔지만 돌이켜 보니 나는 그 누구보다도 부정적이고 우울한 사람이었다. 항상 부정적인 결과를 생각했기 때문에 지레 겁을 먹었다. 누군가 긍정적인 이야기를 나에게 해 주어도 부정적이고 우울한 이야기로 대응했다. 부정적인 경우의 수들을 나열하면서 그 사람을 비꼬았다. 하지만 내면에서는 긍정의 이야기들이 실현되기를 원했다. 특별한 인생을 살아가고 싶은 마음이 있었다.

나의 부정적이고 낙천적인 태도를 바꾸기 위해 꿈 또라이 친구를 만들고자 했다. 그래서 함께 일하던 직장 동료 A와 나의 고민에 대해서 이야기를 나눴다. 그런데 A도 나와 같은 고민을 하고 있었다. 스스로에게 하는 긍정적인 말도 중요하지만 다른 사람이 나에게 해 주는 말의 영향도 크다. 그래서 우리는 서로 응원하는 말, 내가 듣고 싶었던 말을 상대방에게 해 주기로 했다.

나는 A에게 "A 씨는 할 수 있어요. 충분히 그럴 능력이 있어요. 우리는 성공합니다. 잘하고 있어요. 앞으로 더 잘할 겁니다."라고 말해 줬다. 익숙하지 않았던 처음에는 말하는 것도, 듣는 것도 부끄러웠다. 하지만 시간이 흐르면서 점차 당연하게 받아들이게 되었다.

나도 모르게 부정적인 결과를 이야기할 때면 직장 동료가 알

김유나

아채고 다시 의식을 긍정의 방향으로 흐를 수 있도록 유도해 줬다. 어느 순간부터 나와 A 씨가 성공하는 것은 당연하다는 생각이 들었다. 같은 목표를 가진 꿈 또라이 친구가 얼마나 중요한지 깨닫게 되었다. 주변을 그런 사람들로 채우려고 현재까지도 노력한다.

진짜 인생을 위해서는 스스로뿐만 아니라 주변 환경도 바꿀 정도의 노력이 있어야 한다. 주어지는 대로 열심히 살지 말고 또라이처럼 특별하게 살아야 한다. 우리의 의식과 무의식은 다시 원래의 부정적인 상태로 돌아가려고 한다. 계속적인 자극을 줄 수 있도록 환경을 바꿔야 한다.

지금 세상은 엄청나게 빠른 속도로 발전하고 있다. 그저 그런, 남들과 같은 생각으로는 결코 성공할 수 없다. 당당하게 자신을 드러내고 새로운 아이디어를 과감하게 실행하자. 성공자들은 모두가 비슷한 세상 속에서 가장 나답게 또라이처럼 사는 것이 가장 확실하고 빠르게 성공할 수 있는 길이라고 말한다.

나답게 사는 것에 대해서 고민해 왔지만 쉽게 답할 수 없다. 우리 모두 각자의 삶이 있다. 이 세상에 나와 똑같은 삶을 사는 사람은 한 명도 없다. 이 세상 유일무이한 존재라는 것을 생각하면 나다운 삶이라는 것을 쉽게 정의할 수가 없기 때문이다.

내가 정의하는 '나다운 삶'은 눈치 보지 않고 타인에게 피해를 주지 않는 선에서 내 마음이 시키는 대로 행동하는 것이다. 몇 년 전부터 나답게 살다 보니 삶이 밝아졌다. 주변 사람들이 떠나가기보다는 더 가까워졌고 대화하는 것이 즐겁다. 나의 감정과 마음을 제일 소중히 여기겠다고 선언했고 현재도 진행형이다.

특별한 삶을 이루기 위해 특별한 노력을 함께 하고 있다. 울산에서 분당까지 캐리어를 끌고 가서 주말 동안 찜질방에서 지낸다. 〈한책협〉 강의를 듣기 위해 분당에 있는 동안에 많은 것들을 내 것으로 만든다. 사람들이 나를 믿고 찾을 수 있도록 개인저서를 집필하고 강연의 퀄리티를 높이기 위한 수업도 듣는다. 포기하지 않고 열정을 유지하기 위해 나와 같은 꿈을 가진 사람들과의 모임도 가진다. 결혼하자마자 주말마다 남편을 집에 홀로 두고 분당으로 가는 내 모습을 보며 또라이라고, 미쳤다고 하는 주변 사람들의 말들이 이제 나에게는 칭찬으로 들린다.

나만의 방식으로 내 삶을 특별하게 만들고 있는 중이다. 내가 가는 길을 사람들이 너그러운 시선으로 보게 될 날들이 머지않았다고 믿는다. '꿈 또라이'가 되어 나만의 특별한 삶을 살기 위해 현재도 노력 중이다. 당신은 어떤 또라이가 되어 어떤 특별한 삶을 살고 싶은가?

평생 꿈에 미친 또라이로 살기

배경서 부모교육 전문가, 강연가, 동기부여가, 자기계발 작가, 유아교육 전문가, 부모상담가

유아교육과를 졸업하고 아이들을 가르치는 교사로 근무하는 동안 '영유아기 시절에 자존감을 탄탄하게 다져야 큰 꿈을 가지고 자신의 인생을 행복하게 살 수 있다는 것'을 깨달았다. 현재 부모교육 전문가, 유아교육 전문가로 활동하며 모든 부모와 아이들이 자존감을 높이고 행복한 삶을 살 수 있도록 강연, 컨설팅을 진행하고 있다. 저서로는 《내 아이의 자존감을 높이는 육아의 기술》, 《보물지도 12》가 있다.

꿈에 미쳐 현재 하고 있는 모든 것을 포기하고 꿈을 좇아 본 적이 있는가? 나는 하던 일을 그만두고 꿈을 찾고 좇는 데 올인했다.

내 꿈을 찾고 꿈을 위해 움직이기로 마음먹은 시간은 오래되지 않았다. 대학교를 가기 위해 진로 선택을 할 때도 나에게는 꿈이 없고 하고 싶은 일이 없었다. 도대체 어떤 과에 가야 하는지 고민하는 것이 죽을 맛이었다. 진로를 정하고 그것을 위해 노력하는 주변 친구들의 모습이 멋있어 보이고 부러웠다. 그때 나는 하

고 싶은 것이 있다고 하더라도, 비전이 없고 이루어질 수 없는 것
은 꿈이 아니라고 생각했다. 그렇다고 공부를 잘하는 것도 아니었
기 때문에 비전 있는 좋은 과를 선택할 수도 없었다.

꿈도 없고 원하는 것도 없었기 때문에 나는 부모님이 추천해
주는 사회복지과에 진학하게 되었다. 사회복지과에 들어간 이유는
앞으로 사회복지 관련 직업이 전망이 좋았기 때문이다. 사회복지
과를 졸업하면 사회복지사가 될 수 있다. 사회복지사는 취직이 잘
되고 남을 돕는 직업이기 때문에 겉으로 보기에 선한 직업이었다.

하지만 막상 사회복지과에 들어가고 나서는 바로 후회했다. 남
을 돕는 것은 좋지만 내가 진정으로 원하는 일이 아니었기 때문
이다. 사회복지과에서 1학년을 마친 나는, 고민했던 두 가지 진로
중에 호텔경영과를 택하지 않은 것을 가장 크게 후회했다. 내가
정말로 원했던 진로는 호텔경영과였기 때문이다. 하지만 당시 상
황과 취업을 위해 선택한 사회복지과는 학교를 다니는 내내 나를
후회하게 만들었다.

나는 내가 정말 하고 싶고 꿈꾸는 일을 선택하지 못했다. '어
떻게 하면 원하는 일을 할 수 있을까' 고민하지 않고 나를 둘러싼
환경과 상황에 나를 맞추었던 것이다. 그래서 나는 사회복지과에
서 공부하면서도 즐겁지 않았다. 그저 빨리 졸업해서 벗어나고 싶
은 마음뿐이었다.

그렇다면 사회복지과를 졸업하고 나서 나는 사회복지사가 되었을까? 대답은 '아니'다. 사회복지사가 되기 위한 공부를 하면서 이 일은 나와 맞지 않는다고 생각했다. 하지만 이미 입학했고 돌이킬 수 없다고 생각했다. 그래서 어쩔 수 없이 공부하고 사회복지사가 되기 위해 노력했다. 하지만 막상 졸업하자 좋아하지 않는 일을 할 자신이 없었다. 때문에 나는 졸업하고 나서 약 1년간은 나를 위한 자기계발 시간을 가지자고 마음먹었다.

그렇지만 그러한 마음을 먹은 것도 잠시였다. 어쩌다 보니 나는 졸업하자마자 어린이집에 취직하게 되었다. 어린이집에 바로 취직한 이유는 간단했다. 내가 생각했던 것보다 월급이 많았기 때문이다. 스물두 살 사회초년생이었던 나는 '어디 가서 이렇게 큰돈을 받으며 일할 수 있을까'라고 생각했다. 안정적인 것을 원하던 나에게 매달 꼬박꼬박 들어오는 월급은 엄청난 로망이었다. 그 생각에 마음먹었던 자기계발은 뒤로 미루고 바로 어린이집에 취업했다.

어린이집에서 일하면서 처음에는 뭐든 열심히 즐거운 마음으로 임했다. 하지만 일하면 할수록 점점 더 나은 환경에서 일하고 싶은 욕망이 생겼다. 그 당시 내가 생각하기에 어린이집보다 더 나은 환경은 유치원에서 일하는 것이었다. 그리고 나는 그 욕망을 이루기 위해 다시 대학교에 입학하기로 결정했다. 어린이집에 다니기 시작한 지 1년 만에 직장과 야간학교를 병행하며 내가 원하는 것을 이루기 위해 시간과 노력을 투자했다. 힘든 시간이었지만 더 나은 환경을 선택할 수 있다는 생각으로 버텼다.

그런데 3년이 지날 무렵, 이 길이 정말 나에게 맞는 길인지 의심되기 시작했다. 쉴 수 있는 시간조차 주어지지 않는 많은 업무에 나는 점점 지쳐 갔다. 나를 위해 일하는 것인지 남을 위해 일하는 것인지 알 수 없었다. 그 과정에서 여러 어린이집을 옮겨 다녀 봤지만 결국은 같은 결론으로 이어져서 더욱 괴로웠다.

직장에 다니면서 깨달은 것이 있었다. 내가 직장에 다니는 동안은 직원인 이상 주어진 일 이상으로 열심히 해도 그만이고 주어진 일 이하로 해도 결과는 똑같다는 것이다. 일을 잘하든 못하든 언제 해고될지 모르는 직원은 결국 회사의 부속품일 뿐인 것이다.

나는 쳇바퀴처럼 똑같이 굴러가는 직장생활에 점점 지루함을 느끼고 지쳐 갔다. 나를 발전시킬 수 있는 긴장감이 없고 간절함이 생기지 않았다. 나를 발전시키기 위해 열심히 일하더라도 눈에 보이는 성과가 없었기 때문에 자극이 되지 않았다. 나는 일을 할수록 일에서 벗어날 수 없는 현실이 답답해졌다.

그래서 결국 나는 직장을 나왔다. 그리고 더 나은 환경에서 내가 원하는 일을 찾기 위해 노력했다. 그 과정에서 김태광 작가의 《운명을 바꾸는 기적의 책쓰기 40》이라는 책을 읽었다. 그리고 단 몇 개월 만에 내 인생을 뒤흔들 거대한 꿈을 찾았다. 그리고

배경서

지금 그 꿈을 이루기 위해 한 걸음씩 나아가고 있다.

지금 자신이 하고 있는 일이 진정 원했던 일이고 꿈이었는가? 이 물음에 "NO!"라는 대답을 한다면, 생각해 볼 필요가 있다. 진짜 원하는 일이 무엇인지, 그리고 그 꿈을 이루기 위한 노력을 하고 있는지.

이제 내 꿈은 평생 꿈에 미친 또라이로 사는 것이다. 누가 뭐라고 해도 나를 믿고 더 큰 성공을 향해 나아갈 것이다. 자신의 가치를 알고 그 가치를 의미 있는 곳에 사용하는 것을 꿈꾸자. 나는 〈한책협〉에서 나의 가치를 깨달았다. 그리고 그것이 의미 있게 사용되기를 바라며 책을 쓰고 있다. 책이 출간되면 나의 책을 필요로 하는 곳에서 나의 지식과 생각을 공유하고 전할 수 있게 된다. 다른 사람에게 도움을 줄 수 있고 진심을 담은 조언을 해 줄 수 있다는 것은 행복하고 감사한 일이다.

지금 생각해 보면 내가 사회복지과를 나온 것 또한 다른 사람을 도울 수 있는 밑거름이 된 것 같다. 그리고 어린이집 일을 하게 된 것도 내 꿈을 이루기 위한 하나의 과정이었다고 생각한다. 그런 과정들이 모여 더 큰 꿈을 꿀 수 있는 내가 되었다고 믿는다.

나 또한 이제 막 꿈을 꾸기 시작했다. 아직은 눈에 보이는 결과가 없고 막막해서 답답함을 느끼기도 한다. 하지만 한 가지씩 꿈을 이루고 성취해 나가다 보면 엄청나게 발전한 나를 보게 될 것이라고 확신한다. 자신의 꿈이 무엇인지 진심으로 생각하고 떠올려 보자. 그리고 그것을 이루기 위해 미친 듯이 노력하는 꿈 또라이가 되어 보자. 진짜 꿈에 미친 사람들이 당신의 꿈을 응원하고 있다.

특별한 내 인생 응원하기

안서현 '한국세일즈마케팅코칭협회' 대표, 세일즈 여왕, 자기계발 작가, 동기부여가

'한국세일즈마케팅코칭협회' 대표로서, 그리고 세일즈 매출증대 코치로서 활발하게 활동하고 있다. 많은 이들이 자신의 능력을 끌어올리고 큰 성과를 낼 수 있도록 컨설팅해 주고 있다. 저서로는 《버킷리스트 15》가 있으며 현재 '억대연봉 세일즈의 비밀'에 관한 주제로 개인저서를 집필 중이다.

내 소원 중의 하나는 남들처럼 평범하게 사는 것이다. '나도 다른 사람들처럼 그저 평범하게 살고 싶었다'라는 말이 더 맞겠다. 남들처럼 아이들 키우며 남편이 벌어다 주는 월급으로 행복하게 사는 그런 인생 말이다. 남들은 나에게 특별함이 있다고 칭찬해 주고 나를 부러워하지만 나는 오히려 그렇게 말하는 그녀들이 부럽다.

딸 넷 중 막내딸로 태어났다. 집안은 그렇게 가난하지는 않았지만 그렇다고 넉넉한 편도 아니었다. 언니들은 공부를 너무 잘했

다. 다들 전교 1등이니 겨우 중간에 머물러 있는 내 성적은 관심 밖이었다. 언니들의 1등 성적표는 부모님의 자랑거리였다. 언니들의 1등 성적표는 무뚝뚝한 아버지도 미소 짓게 했다. 그 상황에서 내가 할 수 있는 건 오로지 노력이었다. 어린 마음에 머리가 나쁘면 노력이라도 해야 중간 정도 가거나 부모님 눈에 조금이라도 들 수 있지 않을까 했기 때문이다.

딸만 넷을 낳은 부모님은 아들을 낳고 싶어서 막내딸인 내 이름을 정말 촌스럽게 지어 주셨다. 학교에 들어가면서부터 이름 때문에 놀림을 너무나도 많이 당했다. 학년이 바뀔 때면 몰래 새로운 교실에 가서 출석부를 없애 버리고 싶었다. 내 이름만 살짝 지우고도 싶었다. 새 학기가 시작되는 첫 등교 날이 나에게는 커다란 스트레스였다. 남자아이들의 놀림을 당해야 했기 때문이다.

그래서 수능이 끝나자마자 나는 아르바이트를 시작했다. 돈을 벌어서 이름을 바꾸고 싶었기 때문이다. 한 달 동안 아르바이트를 해서 33만 원을 벌었다. 그렇게 번 돈 중에서 20만 원을 주고 작명소에서 이름을 지었다. 그때 법무사 비용이 15만 원이었는데 사정해서 10만 원에 서류를 만들었다. 법원에 서류를 제출하고 일주일 뒤에 내 이름은 지금의 이름으로 바뀌었다. 내 인생의 새로움이 시작되는 순간이었다.

그런데 꿈같은 대학생활이 시작되었음에도 나는 전혀 행복하지 않았다. 당시 바로 위의 언니도 대학생이었던지라 부모님이 한꺼번에 2명을 사립대에 보내기는 힘들다고 하셨던 것이다. 그래서 나는 내가 원하지 않았던 국립대학교에 들어가게 되었다. 그렇게 들어간 학교였으니 학교생활이 즐거울 리 없었다. 그 때문이었을까. 나의 대학생활은 두 번의 자살 시도와 함께 지나갔다. 그리고 그 두 번의 자실 시도로 인해 나는 가족들과 멀어졌다.

대학교 3학년이 되어서 취업신청서를 냈다. 에어로빅 강사를 하기 위해서였다. 에어로빅을 하고 있었지만 강사가 되기 위해서는 과정을 따로 배워야 했다. 나는 강사가 되고 싶다는 목표 하나만 바라고 엄마에게 강습료만 받아서 무작정 서울로 왔다. 시골에서만 살던 나는 서울에 와서 성공하는 게 목표였다. 엄정화 주연의 〈바람 부는 날이면 압구정에 간다〉를 보면서 어린 마음에 불빛이 찬란한 서울을 동경했기 때문이었다. 하지만 아무것도 없이 맞닥뜨린 서울생활은 호락호락하지 않았다.

고시원에서 1년을 보냈다. 새벽에 2시간, 저녁에 2시간을 에어로빅 강사로 일했다. 그런데 에어로빅 세계는 회원들의 텃세가 심했다. 10년 동안 에어로빅을 한 회원들 눈에는 나이 어린 강사가 애송이로 보였던 것이다. 내가 강사인데도 자기 자리라며 나보고 비키라고 하는 회원도 있었다. 나는 그때 다짐했다. 반드시 여기서 버텨서 회원들이 나를 '우리 선생님'이라고 부르는 날을 만들 거라고 말이다. 나는 다른 강사들보다 옷도 화려하게 입었고 한 번 입은 운동복은 두 번 다시 입지 않았다. 금실을 넣어 레게머리 도 했다. 나이는 어리지만 다른 강사들과 다르다는 것을 보여 주 고 싶었다.

그렇게 1년을 버티니 드디어 회원들이 스물두 살밖에 안 된 나 를 "우리 선생님, 우리 선생님." 하고 살갑게 부르며 살뜰히 챙겨 주기 시작했다. 회원들이 나를 투명인간 취급할 때마다 상처받고 혼자 많이도 울었던 순간들이 떠올랐다. 그때의 기분은 혼자 서울 살이를 힘들게 이겨 낸 내 노력에 대한 보상을 받은 기분이었다.

내가 태어나고 자란 곳은 강원도 태백이다. 1980년대에는 '강 아지가 만 원짜리 지폐를 물고 다녔다'라고 할 정도로 경기가 좋 았다고 한다. 하지만 석탄합리화가 되면서 석탄을 캐던 곳은 폐광 이 되었다. 그러면서 먹고살 곳을 잃은 지역주민들이 나라와 단합 해 강원랜드를 만들었다.

서울생활을 한창 하던 나는 부모님의 권유로 강원랜드에 이력 서를 넣었다. 카지노 딜러 합격 통보를 받고 다시 고향으로 내려 오게 되었다. 6개월의 합숙훈련 끝에 강원랜드에 딜러로 입사했 다. 이제 내 딸도 어엿한 대기업 직원이 되었다고 부모님이 좋아하 셨다. 하지만 나는 채 1년도 못 채우고 편지 한 장 남긴 채 밤기

차를 타고 야반도주했다.

남들이 볼 때는 미쳤다고 생각할지도 모르겠다. 하지만 나는 억만금을 준다고 해도 하고 싶지 않은 직업이 카지노 딜러다. 카지노 딜러의 세계에서 선후배 관계는 엄격했다. 그런데 한 여자 선배가 자신이 좋아하는 남자가 나를 좋아한다는 이유만으로 24시간 내내 쫓아다니며 괴롭혔다. 결국 나는 카지노 게임을 하는 도중에 심하게 하혈하며 쓰러졌고 119에 실려 갔다. 부모님은 내가 그만두길 원하지 않았지만 어린 나는 그 괴롭힘이 반복될까 봐 두려웠다. 나는 퇴원하는 날 밤에 짐을 싸서 다시 서울로 올라왔다.

아무것도 남은 것이 없는 채로 다시 서울에 올라온 나는 매일 밤마다 울었다. 외로워서 울었고 가진 게 없어서 울었다. 서울의 수많은 불빛 중에 왜 내가 살 곳은 없는지 하늘이 원망스러웠다. 늘 울면서 다짐했던 건 하나였다. 3년 안에 반드시 차도 사고 백화점에서 명품 가방도 사고 말겠다는 것이었다.

그러다가 에어로빅 강사를 할 당시 내가 담당했던 회원 중 한 분이었던 성형외과 원장님의 권유로 우리나라 거의 최초로 성형외과 상담실장이 되었다. 병원코디네이터라는 직업은 사실 내가 일을 시작할 때 없던 직업이었다. 병원에 도움이 되고 싶었지만 서울 사람이 아니라 아는 지인이 거의 없었다. 이리저리 고민하다가 여러 동호회에 가입해서 인맥을 넓혀 나가기로 했다. 새벽에는 수

영을 배우고 아침에는 CEO과정에 참여했다. 저녁엔 와인동호회, 주말에는 골프를 배웠다. 그렇게 인맥을 넓혀 나갔다.

어느덧 나는 혼자서 병원 매출 1억 원을 올렸다. 다른 병원 원장님들 사이에서 소문이 나면서 러브콜도 많이 받았다. 지금도 가끔 인사하러 원장님 병원에 놀러 가면 직원들이 '1억 원 실장님'이라고 부른다.

나는 우리 가족 중에 유일한 또라이다. 가족들 입장에서 보면 어디로 튈지 모르는 럭비공처럼 보일 것이다. 언니들은 따뜻한 가정을 이루고 평범하게 살아가고 있으니 말이다. 이혼을 하고 나서 아이들이 보고 싶다고 우는 나에게 "왜 우리 막내딸 인생은 이리도 풀리지 않는 거냐."라며 어머니는 가슴을 치셨다. 잘하겠다며 최선을 다해 살았는데 내 삶의 결과는 해피엔딩이 아닌 새드엔딩이었다.

나는 그저 내 삶을 잘 살아내고 싶었던 것뿐이었다. 남들보다 튀거나 특별한 삶을 살고 싶었던 게 아니다. 나는 빛나는 인생을 살고 싶었다. 단지 그것뿐이었다. 하루를 살더라도 내가 바라는 삶을 살고 싶었다. 내가 노력한 전부만큼의 대가를 바란 것도 아니었다. 남들처럼 평범하게 살면서 내가 노력한 만큼만은 대가를 받고 싶었던 것뿐이었다.

그런데 그것마저 신이 허락하지 않으신다면 나는 지금보다 더

피나는 노력을 할 것이다. 내 인생과의 타협은 더 이상 없다. 이젠 내가 물러서지 않으리라.

"하나님! 듣고 계시죠? 저 하나님도 인정하는, 꿈에 미친 안서현이에요! 저 이제 안 물러나요!"

목표를 향해
끊임없이 도전하는 삶 살기

이경진 플라잉요가 강사, 자존감 치유 코치, 감정 디자이너, 자기계발 작가, 긍정 메신저

플라잉요가 강사로 활동하고 있으며, 사람들이 자신과 소통할 수 있도록 이끌어 주는 마음 메신저로도 활동하고 있다.
앞으로 자기계발 작가로, 1인 창업가로, 사람들에게 희망과 용기를 전하는 동기부여가로 새로운 도전을 시작하고자 한다.
현재 가장 나다운 모습으로 행복하게 살기 위한 방법을 제시하는 개인저서를 집필 중이다. 저서로는 《버킷리스트 15》가
있다.

초등학생 때 어른들이 "너 커서 뭐가 되고 싶니?"라고 물으면 나는 "대통령도 되고 싶고, 선생님도 되고 싶고, 가수도 되고 싶어요!"라고 대답했다. 그만큼 어릴 적부터 하고 싶은 일도 많았고, 욕심도 많았다.

나는 남들 앞에 나서는 것을 좋아하고, 주목받는 것을 좋아해 여행 가이드나 외교관, 연예인을 꿈꿨다. 하지만 부모님은 평범한 직장인이나 안정적인 공무원이 되길 바라셨다. 그래서 대학교에 입학할 때 가장 무난하고 평범한 학과라고 생각되는 영어영문학

과에 지원했다. 또한 추후에 복수전공을 선택할 때도 안정적인 사회복지 공무원이 되기 위해 사회복지학과에 지원했다.

그렇게 20대 초반까지만 해도 진짜 내가 원하는 삶이 아닌 사회가 정해 준 틀에 맞게, 부모님이 원하는 방향으로 삶을 설계해 나갔다. 하지만 어느 순간 '한 번 사는 인생, 정말 내가 하고 싶은 대로, 꿈꾸는 대로 살아야겠다'라는 생각이 들었다.

먼저 내가 첫 번째로 꿈꾼 것은 학교사회복지사였다. 사회복지학을 복수전공으로 선택했기 때문에 첫 번째 꿈을 찾는 과정에서는 사회복지와 관련된 업종을 찾아보았다. 어릴 적 꿈이 학교 선생님이기도 했고, 아이들을 워낙 좋아했기 때문에 '학교사회복지사'라는 직업은 나의 심장을 뛰게 만들었다.

학교사회복지사가 되기 위해서는 청소년을 위한 수십 시간의 자원봉사와 대학교 '학교사회복지' 수업을 이수해야 한다. 이처럼 많은 시간과 노력을 들여야 하고, 일하는 양에 비해 월급은 적고, 계약직이기 때문에 전공생들이 꺼려하는 직업이다. 때문에 현직 학교사회복지사 선생님과 교수님들은 나에게 다른 길을 생각해 보라고 조언했다. 하지만 나는 멘토링, 방과 후 학습 활동과 같은 수십 시간의 청소년 봉사활동과 대학 학과과정을 통해 학교사회복지사가 되는 데 필요한 모든 조건을 충족시켰고, 성공적으로 과정을 마쳤다.

두 번째로 꿈꾼 것은 CS 강사였다. 그동안 수많은 아르바이트를 하면서 만났던 고객들은 내 서비스에 만족했고, 나 또한 누군가에게 기쁨과 감동을 주는 일이 즐거웠다. 기업체나 회사에 다니며 강의를 하고, 감정노동자의 입장에서 함께 마음을 공유하고 싶었다.

서비스 정신을 전문적으로 배우고 싶은 생각이 들어 현대모비스 고객센터에 입사했다. 고객은 업체에 대한 불만족스러운 부분을 직원과 얼굴을 직접 대면하고 이야기할 때보다 전화로 통화할 때 더 강하게 표출한다. 심지어 자신의 감정을 주체하지 못하고 막말을 하거나 욕을 하는 고객도 종종 있다. 이러한 이유 때문에 콜센터의 근무 경력이 더 깊이 있는 서비스를 제공할 수 있다고 생각했다. CS 강사의 밑거름이 될 것이라 판단했다.

부모님은 CS 강사는 남 앞에 서는 직업인데, 내 키가 작으니 되기 힘들 것이라고 말씀하셨다. 하지만 나는 나만의 색깔과 매력으로 충분히 성공할 수 있다고 생각했다. 그렇게 1년 동안 현대모비스 센터에서 꿋꿋이 근무했다. 그곳에서 많은 것을 배웠고, 감정노동자의 고충도 알게 되었다.

세 번째 꿈은 뮤지컬 배우였다. 초등학생 때 학교 주최로 시낭송 대회가 열렸다. 나는 그때마다 10개 이상의 시를 외우고 선생님과 친구들 앞에서 내가 외운 시에 감정을 담아서 아름답게 낭송했다. 대회에 참가할 때마다 항상 상장을 받았고, 그것이 너무 즐겁고 뿌듯했다. 고등학생 때는 연극 동아리 활동을 통해 도 대회와 시 대회에 나가 은상과 동상을 수상했다. 후에 대학생 때도 학과 축제에서 영어 시 낭송을 하며, 한 번 더 무대의 쾌감을 느낄 수 있었다.

뮤지컬 배우를 마음속에 품고 어떠한 것들을 준비해야 되는지 알아보았다. 먼저 실전 감각을 키워야 한다는 판단을 내렸다. 그래서 아르바이트를 하며 모은 돈으로 뮤지컬 학원에 다니기로 결정했다. 일대일로 연기와 노래를 개인 레슨 받으며 실력을 키웠다. 남들보다 느리지만 차근차근 꿈에 한 걸음씩 다가갔다.

친구들은 10대 때부터 뮤지컬을 준비하거나 연극영화학과에 진학해야 가능한 일이라며 나를 말렸지만 나는 개의치 않았다. 꿈에는 준비하는 시기나 나이가 상관없다고 생각했기 때문이다.

네 번째 꿈은 아나운서였다. 유명한 방송인이 되고 싶었지만 뛰어난 외모를 가진 것도, 노래나 연기를 신들린 것처럼 잘하는 것도 아니었기 때문에 전략이 필요했다. 그래서 공중파 아나운서는 되기 힘들더라도 케이블이나 인터넷 방송의 아나운서로 활동하며 방송인이 되어야겠다고 판단했다. 하지만 아나운서의 장벽은 나에게 너무 높기만 했다. 그래서 조금 돌아가더라도 일단은 방송 기자가 된 후 아나운서를 노려봐야겠다고 생각했다. 하지만 방송 기자 또한 장벽이 너무 높아서 우선 매거진 기자가 되어 천천히 앞으로 나아가기로 결심했다.

매거진 회사에 입사해 매일 인터뷰할 대상을 찾아 전화를 100통씩 하며 인터뷰 날짜를 잡았다. 일주일에 두세 번은 카메라와 매거진 2부 정도를 챙겨 서울뿐만 아니라 대전, 대구, 전주, 군산 등 전국을 다녔다. 그렇게 지방으로 취재를 가면 하루에 3~4명 정도를 인터뷰하고, 협찬 여부를 물어 사무실로 돌아오곤 했다.

주 5일 근무에 6시 퇴근이었지만 집에 돌아가서 원고를 쓰느라 밤 11시, 12시까지 일하기가 부지기수였다. 또한 주말 중 하루는 평일에 다 못 쓴 원고를 마저 써야 했기 때문에 사실상 주 6일 근무나 마찬가지였다. 근무 외 추가 수당도 전혀 없었고, 월급을 받아도 나가는 돈이 더 많아서 부모님께 손을 벌려야 했다.

업무량이 많아 몸이 너무 힘든 데다 부모님도 안정적인 직장에 다니라고 계속 말씀하셔서 심적으로도 많이 힘들었다. 게다가 많은 사람들이 회사에 입사했다가 일이 힘들고, 월급이 적어서 그만두는 상황이었다. 하지만 간절하게 소망하는 것이 눈앞에 그려졌기 때문에 나는 포기하지 않았다.

다섯 번째 꿈은 플라잉 요가 강사다. 어렸을 때부터 고소공포증이 있어서 높은 곳에 올라가지 못했다. 육교만 올라가도 다리가 부들부들 떨렸다. 그런 내가 어떻게 플라잉 요가 강사가 될 수 있었는지 주변 사람들은 의아해했다.

처음에는 단순히 취미로 하루에 2~3시간씩 요가 수업을 들었다. 그런데 어느 날, 센터 실장님이 나에게 플라잉 요가도 한번 체험해 보는 것이 어떠냐고 하셔서 접하게 되었다. 그런데 플라잉 요가는 신세계였다. 플라잉 요가의 매력을 깨달은 순간, 내 안의 두려움을 깨고 싶은 도전정신이 생겼다. 수업 때마다 나 자신과 싸우며, 조금씩 발전해 나갔다. 다른 사람들은 아무것도 아닌 일이라고 생각할지 모르지만 플라잉 요가를 배우는 과정에서 얻는 성취감이 정말 컸다. 매일 성장해 나가며 플라잉 요가 자격증을 취득했다. 현재는 강사로 활동 중이다. 부모님은 운동하다가 자칫하면 다칠 수도 있고, 안정적인 직업이 아니라며 걱정하신다. 하지만 나는 강사로 활동하고 있는 나 자신이 자랑스럽고 이 나날들이 참 행복하다.

현재 나는 개인저서를 준비하고 있다. 유달리 감성적인 편이어서 어렸을 때 물건이나 현상을 관찰해 틈틈이 시를 썼다. 하지만 아버지가 시인은 가난한 직업이라며 취미로 하라고 말씀하신 이후로 시를 쓰지 않았다. 하지만 나는 예전부터 막연하게 책을 쓰고, 작가가 되고 싶다는 생각을 많이 했다.

'내가 진짜 원하는 일이 무엇일까?'에 대해 매일 고민하던 어느 날, 우연히 서점에서 어떤 책을 읽게 되었다. 그 책에서 〈한책협〉

에 대해 소개하는 글을 잠깐 읽게 되었는데, 그날이 내 인생의 터닝 포인트가 된 날이다. 곧바로 나는 〈1일 특강〉을 신청했다. 작가의 꿈을 이룰 수 있다는 확신이 들었다.

어머니는 내가 문예창작학과 출신도 아니고, 전문분야에 종사했던 것도 아닌데 어떻게 책을 쓸 수 있겠느냐고 이 또한 반대하셨다. 하지만 나는 내 마음의 울림을 들었고, 내 가슴이 뜨거워지고, 내 눈동자가 빛나고 있음을 느꼈기 때문에 굴복하지 않았다.

말하는 대로 이루어진다는 말이 있듯이 나는 내가 외친 꿈들을 하나하나 실현해 나가고 있다. 내가 가장 사랑하는 사람들, 나를 잘 알고 있는 주변 지인들이 모두 "불가능해!"라고 말할 때 나는 "가능해!"라고 받아쳤다. 그러면서 꿋꿋이 내 삶을 희망하고, 꿈꾸는 대로 설계해 나가고 있다.

어떤 이는 나를 보며 "저거 또라이 아냐?"라고 말할 수도 있다. 나는 긍정적 또라이이기에 "응. 또라이 맞아."라고 웃으며 대답해 줄 수 있다. 꿈에 미쳐 사는 내가 정말 사랑스럽고, 하루하루가 행복하다.

이경진

54

아버지에게 받은 사랑을
세상에 널리 베풀며 살기

김채선 프리아나운서, 행사 MC, 시인, 자기계발 작가

웅변학원 원장, 어린이집 교사, 보습학원 국어강사 등 다양한 직업을 거쳤다. 현재는 밝은 미소와 매력적인 목소리라는
자신만의 강점을 살려 프리아나운서로 활발하게 활동하고 있다. 앞으로 대한민국 최고의 프리아나운서로, 베스트셀러
작가로 활동하며 많은 이들에게 선한 영향력을 끼치는 삶을 살아가고자 한다.

나는 어려서부터 유난히 아버지를 좋아했다. 그래서 아버지에
대한 추억이 많다. 아버지가 숟가락을 놓고 마실을 가실 때면 언
제나 따라 나갔다. 마을에 아담한 공원이 하나 있는데 어른들은
여기에 자주 모여 이야기를 나누곤 하셨다. 점심식사 후나 밤에
는 공원 이곳저곳에 사람들이 가득 찼다. 담배를 피우는 사람도
있었다. 오목을 두는 사람도 있었다. 그러면서 서로 오늘 있었던
이야기를 나누며 하루의 피로를 풀었다.

나는 아버지 등에 업히듯 서서 사람들의 이야기를 들었다. 그

러다 코끝이 아버지의 등에 닿으면 땀 냄새 섞인 아버지의 냄새가 났다. 이 냄새는 아버지가 쇠똥을 치우고 거름을 긁어모으는 쇠스랑에서도 났다. 나는 땀 냄새와 섞인 아버지 특유의 냄새가 참 좋았다.

또한 아버지가 화장실에 가시려고 하면 밥을 먹다 말고 얼른 일어섰다. "아버지, 같이 가."라고 하면서. 아버지가 화장실에 들어가시면 나는 그 앞에서 아버지가 나올 때까지 쭈그리고 앉아 있었다. "아버지, 빨리 나와. 추워." 내 소리를 들으신 아버지는 걱정스런 얼굴로 화장실을 나와서 얼른 내 손을 잡고 방으로 들어서셨다.

달빛이 환하게 비추는 어느 가을밤이었다. 아랫담 큰집에 갔다가 늦은 시각이라 아버지가 업어 주셨다. 아버지의 등이 참 따뜻했다. "아버지, 달빛이 너무 좋아.", "그래. 우리 채선이 감상적이네."라며 아버지와 도란도란 이야기하며 돌아오는 그 길이 참으로 정겨웠다. 집에 오는 내내 둥근 달이 환한 빛을 내며 나와 아버지를 따라오는 것이 신기하기도 했다.

밤이면 아버지는 언제나 나를 꼭 안고 주무셨다. 당신의 다리사이에 내 다리를 넣은 채로. 훗날 내 바로 위의 언니는 그런 내가 질투도 나고 부럽기도 했다고 말해 주었다. 그 말을 듣고 나니 언니한테 미안한 마음이 들었다.

당시 내가 살던 시골에는 눈이 아주 많이 왔다. 어른들도 푹 푹 빠지면서 다녔다. 우리는 버스가 끊겨서 학교를 못 가거나 가더라도 두어 시간을 걸어서 가니 늦게 도착했다. 그러니 동상도 걸리고 추워서 목욕도 자주 하지 못하는 상황이었다. 그래서 아버지는 쇠죽을 끓이고 난 가마솥에 물을 데워 거칠거칠하게 튼 내 발을 손수 씻어 주시곤 하셨다.

생각하면 언제나 인자하고 자상했던 내 아버지. 그러나 그 아버지는 언제나 가난했다. 그래서 1남 5녀 하루 세 끼 먹이고 공부 시키려 열심히 일하셔야 했다. 내 논밭이 적어 다른 사람의 세사를 지내 주는 조건으로 논을 부쳐도 힘들기는 마찬가지였다. 오빠가 대학을 가기 위해 타 지역에 있는 인문계 고등학교를 간 후로는 남의 집에 돈을 꾸러 다니셨다. 그것으로도 모자라 그나마 얼마 안 되는 논밭을 팔기도 했다. 아버지가 참 안쓰러워 보였다.

유년의 가을날, 문득 잠에서 깬 나는 창호지 뒷문에 있는 그림자를 보았다. 감나무, 사철나무, 난초 잎과 이름 모를 풀들의 모습이 너무나 선명하게 그려져 있었다. 황홀해하며 그것을 가까이 보려고 몸을 일으키다가 갑자기 아버지의 손이 만져졌다. 아, 그런데 패고 모나고 거칠거칠하지 않은가! 그 순간 내 눈에 세상의 눈물들이 다 모여들었다. 가슴에서 뭉툭한 무언가가 솟아올랐다. "아버지, 불쌍한 우리 아버지! 내가 커서 꼭 호강시켜 줄게."라고 중얼거리며 입을 막고 소리 없이 한참을 울었다.

그 일이 있은 후로 나는 열심히 공부해서 대학에 갔다. 그리고 결혼했다. 그러나 내가 생각했던 대로 아버지를 호강시켜 드리진 못했다. 혼자 아르바이트도 하고 장학금을 받아 학비를 벌고 스스로 자금을 마련해서 결혼까지 했지만, 아버지께 제대로 뭔가를 해 드리지 못한 것이다. 원래 계획은 서른에 결혼하는 것이었는데 그보다 2년 일찍 결혼한 이유는 결혼하면서 아버지께 대출을 받아서라도 돈을 좀 드리고 싶어서였다. 그러나 빚으로 시작하면 힘들지 않겠느냐는 남편의 말에 그마저도 실행하지 못했다.

그리고 칠순. 아버지의 칠순에는 정말 근사하게 잔치도 해 드리고 용돈도 듬뿍 드려야지 했는데 그것도 제대로 이루어지지 않았다. 겨우 제주도에 여행을 보내 드린 것밖에는. 그 후 아버지에게 닥친 백혈병 진단과 항암치료! 아버지는 수술이 잘되었다가 다시 다른 곳으로 전이되어 고생하시다 결국 돌아가셨다. 돌아보면 온통 죄송함과 후회뿐이다.

나는 항상 아버지의 이야기를 책으로 쓰리라 결심하고 있었다. 그래서 먼저 아버지를 생각하며 〈유년의 약속〉이라는 산문시를 썼다.

"문득 잠 깨어 바라본 창호지 뒷문에 달빛그림 걸려 있습니다. 어머니 자존심 지켜 주던 커다란 장독대 위엔 동네 아이들 졸업식 단골로 사랑받던 사철나무며 가난한 집 아이들 소중한 먹거리 대어 주던 감나무며 백 년에 한 번 피어 행운을 준다는 난초 꽃잎과 이름 모를 풀꽃에 앉아 울어 대는 귀뚜리까지 뒤꼍의 풍경들 고스란히 그리어 있습니다.

바람결 따라 살랑이는 모습 어찌나 예쁘던지 가까이 가려는데 스치듯 만져지는 나무껍데기 하나, 여기저기 패고 모나고 울퉁불퉁 거칠고 메마른 그것이 아버지 손임을 알아 버린 유년의 나는 심장이 터져 버린 듯했습니다.

'아버지, 내가 호강시켜 줄게.'

잠 깨실까 한 손으로 입 막고 다른 한 손 꺼내 새끼손가락 부르르 떨며 그의 손가락에 고리 걸었습니다.

어느새 쉰을 바라보는 나는 그날처럼 달빛 환할 때면 아버지가 그립습니다. 거칠고 모난 손이라도 잡아 보고 싶은데 당신은 멀리 본향으로 올리었고 지나간 시간 돌아오지 않으니 지키지 못한 약속 가슴에 안고 그저 서럽게 서럽게 웁니다."

아버지가 돌아가시고 3년 동안은 정말 눈물을 달고 다녔다. 맛있는 음식을 보거나 좋은 것을 보면, '우리 아버지 이런 것 드셔 보셨나?', '이렇게 아름다운 것 보셨나?' 하는 생각이 들었다. 행여나 파릇한 은행잎이 가로등 불빛이나 햇빛을 받아 더 파랗게 느껴질 때면 아버지에 대한 그리움은 슬픔으로 변해 나를 짓눌

렀다. 지금은 아버지와 한 이별의 슬픔이 어느 정도 희석되었지만 돌아가시고 10년까지는 참 힘들었던 것 같다.

나는 내 아버지가 늘 자랑스러웠다. 내가 어릴 때는 주말 아침마다 동네 청소를 했는데 주로 학생들이 그 일을 맡았다. 동네 이장이셨던 아버지는 힘들게 청소한 아이들의 수고와 고마움을 알아주셨다. 청소한 아이들에게 학용품을 사서 나누어 주시며 칭찬해 주셨는데 그 모습이 정말 크게 느껴졌다. 아버지는 배움에 대한 갈망을 항상 갖고 계셨다. 아버지가 육십이 넘으신 나이에 동네 어른들 중 최초로 자동차 운전면허를 따신 것이 그렇게 자랑스러울 수가 없었다.

내가 사랑하고 나를 사랑해 주신 아버지. 사는 게 가난하고 힘들어도 아버지는 간절히 바라는 꿈 두 가지를 갖고 계셨다. 첫 번째 꿈은 장학재단 운영이다. 큰언니는 대학시험에 합격하고도 돈이 없어서 스스로 포기했고, 둘째 언니와 내 바로 밑의 동생은 야간 중·고등학교와 야간 고등학교를 졸업했다. 나도 야간 고등학교를 가려다 중학교 때 선생님이 등록금을 대 주셔서 일반 고등학교를 다닐 수 있었다. 이것을 지켜본 아버지는 배우고 싶어 하는 자식들을 제대로 지원해 주지 못한 것에 대한 미안함과 한스러움을 가지고 계셨던 것 같다.

두 번째 꿈은 입양아를 키우는 것이었다. 6남매를 다 키워서 보내고 나니 노년에 적적한 마음과 옛 추억들이 많이 떠오르셨는지 그렇게 정하신 것이다.

비록 아버지는 가셨고 세월은 흘렀지만 그의 꿈과 사랑은 대를 이어 내 가슴에 살아 있다. 꿈을 꾸는 자는 결코 죽지 않는다. 포기하지 않는 한 꿈은 이루어진다! 그의 꿈은 이제 사랑을 제일 많이 받았던 셋째 딸의 꿈이 되었다. 그의 이름으로 된 장학재단 만들기, 입양아를 키우지는 못하지만 입양아를 위한 후원금을 내거나 단체 만들기! 거기에 아버지의 사랑과 추억을 담은 책을 쓰는 일이 하나 더 추가되었다. 그렇게 아버지의 꿈은 내 가슴에 생생하게 살아 있다.

자식에 대한 그의 사랑, 인간에 대한 그의 사랑과 꿈을 내가 꼭 이루어 드릴 것이다. 보이는가! 그의 꿈이 대를 이어 살고 살아서 딸의 가슴과 손에 의해 현실이 되는 것이. 이제 불타는 작은 가슴을 뚫고 독수리가 날개 치며 올라가듯 세상 밖으로 당당하고 힘차게 날아오르리라.

"아버지, 당신이 내 아버지여서 너무 고맙고 감사합니다. 사랑합니다. 내 아버지."

상(上)또라이 선생님의
'책 낳기 프로젝트' 실행하기

장희윤 중학교 국어 교사, 자녀교육 멘토, 국어교육 전문가, 1318 라이프 코치

이화여자대학교 사범대학을 졸업한 후 대기업 교수 기획자로 역량을 발휘하다가 퇴사했다. 현재는 청소년들을 위한 교육에 헌신하고 있다. 파주의 한 소규모 학교에서 중학생들과 치열한 일상을 보내는 국어 교사로 살아가며, '결미사전(결혼도 안한 미혼의 사춘기 전문가)'이라는 블로그를 운영 중이다. 저서로는 《2016 고졸 검정고시 국어》, 《2016 고졸 검정고시 도덕》이 있다.

나는 중학교 3학년 아이들의 담임이다. 작년에 가르쳤던 아이들을 그대로 데리고 올라가게 되었다. 가르쳤던 아이들을 다시 지도한다는 것은 기쁜 일이면서도 책임이 막중해지는 일이다. 작년 학교에 왔을 때만큼은 아니지만 아이들은 여전히 나를 신기한 생명체로 본다.

친절하면서도 단호한 성격, 장난스러우면서도 진지한 언행, 그리고 창의적인 수업 방식. 나를 만나는 아이들은 "선생님 진짜 또라이 같아요."라고 말한다. 나는 그런 아이들에게 웃으면서 "어디 선

생님한테 그런 말을 하니? 선생님은 그냥 또라이가 아니라 상(上) 또라이야!"라며 자신 있게 말한다. '또라이'라는 말이 나쁜 의미가 아니라 '특별한 사람'이라는 의미라는 것을 알고 있기 때문이다.

사실 학교에 오기 전까지 나의 또라이 기질을 어떻게 하면 숨길 수 있을지 많이 고민했다. 다년간의 사회 경험을 통해 '모난 돌이 정 맞는다'라는 것을 알고 있기 때문이었다. 그래서 되도록 튀지 않으려고 노력했고 사람들 속에서 평범하게 살 수 있는 방법을 늘 생각했다. 그런데 교사로 학교에 오면서 나는 절대 평범할 수 없다는 생각을 하게 되었다.

일반적으로 교사는 사범대를 나와 임용고시나 자체 시험을 보고 학교에 오게 된다. 그런데 나는 사범대를 나왔지만 대기업 사원으로 사회생활을 시작했고, 학교가 아닌 강사로서 가르침을 경험했다. 그러면서 인터넷 강의도 시작했고, 내 이름으로 된 검정고시 수험서도 출간했다. 교사 이전의 경험이 너무 다양해서 아이들에게 해 줄 말도 많고, 하고 싶은 말도 많다. 그러니 아이들은 일반적으로 생각하는 교사와 나를 다르게 볼 수밖에 없다.

또한 성격도 일을 만드는 성격인지라 끊임없이 아이들을 위한 이벤트를 제조하기 위해 노력한다. 진로 탐색 수업에서는 다양한 진로를 탐색할 수 있도록 체험학습을 찾아서 아이들을 인솔한다. 특수분장사나 피큐어 아티스트를 초청해 새로운 직업의 세계를 접하도록 이끌어 나가기도 한다.

그리고 수업 중에는 'Slow Reading(슬로 리딩)', '거꾸로 골든 벨', 'UCC 촬영 및 VIP 시사회' 등을 열어서 아이들이 끊임없이 활동하도록 지도한다. 아이들은 내 수업을 해야 할 일이 많지만 행복한 국어 수업으로 인식한다. 이렇게 독보적인 행보를 보이니 또라이 국어 선생님이 될 수밖에 없다.

이런 내가 작년 12월부터 새로운 프로젝트를 준비하고 있다. 이름하여 '상(上)또라이 선생님의 책 낳기 프로젝트'. 동료 선생님의 작은 말 한마디가 이 프로젝트를 가동하게 하는 씨앗이 되었다.

언젠가 학교에서 나와 가장 친하면서 내가 제일 존경하는 선생님이신 임영훈 선생님께서 농담 끝에 나에게 "도대체 장 선생은 가진 게 뭐가 있어?"라고 물으셨다. "그래요, 저는 남편도 없고 자식도 없습니다! 처자식이 있어서 좋으시겠어요!"라고 되받아쳤지만 순간 울컥하며 눈시울이 뜨거워졌다. 왜냐하면 그 말씀을 듣고 내가 가지고 있는 객관적인 조건이 어떤지 돌아보게 되었기 때문이다. 서른다섯, 미혼 여성 그리고 기간제 교사. 내가 남 앞에서 내세울 수 있는 조건이 변변치 않다는 생각에 문득 초라하고 서글픈 마음이 들었다.

20대 초반에는 대한민국 최고의 명문 여대를 다닌다는 자부심이 있었고, 20대 중·후반에는 대기업 자회사에서 일한다는 자부심이 있었다. 그러나 회사를 그만두고 임용고시에 뛰어들고 나서부터는 내내 실패와 좌절의 연속이었다. 더 이상 임용에만 매달릴 수는 없다는 생각에 강사생활을 시작하며 공부를 병행했지만 결실을 맺지 못했다. 그렇게 힘들고 우울한 나날들을 보내다가, 작년에 운 좋게 지금의 학교와 인연을 맺으며 교직생활을 시작하게 된 것이다.

돌아 돌아 오게 된 학교여서 그런지 힘들었지만 행복하고 보람 있었다. 하지만 내 삶은 여전히 정착하지 못한 삶이었고, 가진 것이 없었다. 취업과 결혼이라는 숙제를 여전히 해결하지 못한 채 결혼적령기를 놓친 노처녀 취급을 받는 것이 나에게는 큰 절망으로 다가왔다.

특별한 서른다섯을 맞이하기 위해 '뭔가 터닝 포인트가 될 만한 일이 없을까' 고민하던 나에게 불현듯 몇 달 전 가입했었던 〈한책협〉이 떠올랐다.

나는 2017년 9월 어느 날, 어떤 경로였는지는 모르겠지만 〈한책협〉에 가입하게 되었다. "성공해서 책을 쓰는 것이 아니라 책을 써야 성공한다."라는 문구를 모토로 삼는 이상한 카페였다. 〈한책협〉에 가입하고 얼마 되지 않아, 〈1일 특강〉에 참석하지 않겠냐는 전화를 받았다.

학교 다닐 때 글 좀 쓴다고 자부했던 나도 감히 책 쓰기는 엄두를 내지 않았었다. 그런데 〈한책협〉에서는 다양한 연령층의 사람들이 아주 쉽게 책을 내고 그 후기를 공유하고 있었다. 그 모습을 볼 때마다 내심 '〈1일 특강〉이라도 가 보고 싶다'라는 열망이 들기도 했다. 하지만 바쁘기도 하고 조금 부담이 되기도 했던 터라 "다음에 한번 참여할게요."라고 둘러대며 전화를 끊었다.

그런데 불현듯 2017년 12월 그 마지막 달에 〈한책협〉이 떠오른 것이다. '내가 지금 약점이라고 생각하는 이것들도 책을 쓴다면 강점이 될 수 있지 않을까?'라는 생각이 들었다. 책을 쓴다면 인생의 터닝 포인트를 마련할 수 있을 것 같았다. 나는 곧바로 〈1일 특강〉을 신청했다.

2017년 12월 3일, 〈1일 특강〉에 참여하고, 곧바로 〈책 쓰기 과정〉에도 등록했다. 7주간의 〈책 쓰기 과정〉을 통해 김태광 대표 코치님과 여러 코치님들의 도움으로 원고를 완성했다. 올해 내 이름으로 된 개인저서를 출간할 계획이다.

2018년, 서른다섯이라는 나이에 나는 아이 대신에 책을 낳기로 했다. 책을 통해 교사로서의 전문성을 높이고 '장희윤'이라는 비범한 사람을 세상에 알릴 것이다. 그리고 첫 저서를 출간한 후, 국어 공부에 대한 방향을 제시해 주는 저서를 집필할 것이다. 상또라이 선생님의 책 낳기 프로젝트는 오늘도 계속된다.

또라이들의 전성시대 3

초판 1쇄 인쇄 2018년 6월 12일
초판 1쇄 발행 2018년 6월 19일

지 은 이 **김태광·허갑재 외 53인**
펴 낸 이 **권동희**
펴 낸 곳 **위닝북스**
기 획 **김태광**
책임편집 **유관의**
디 자 인 **김하늘 이혜원**
교정교열 **우정민**
마 케 팅 **강동혁**

출판등록 **제312-2012-000040호**
주 소 **경기도 성남시 분당구 수내동 16-5 오너스타워 407호**
전 화 **070-4024-7286**
이 메 일 **no1_winningbooks@naver.com**
홈페이지 **www.wbooks.co.kr**

ⓒ위닝북스(저자와 맺은 특약에 따라 검인을 생략합니다)
ISBN 979-11-88610-63-1 (03190)

이 도서의 국립중앙도서관 출판도서목록(CIP)은 서지정보유통지원시스템
홈페이지(http://seoji.nl.go.kr)와 국가자료공동목록시스템(http://www.nl.go.
kr/kolisnet)에서 이용하실 수 있습니다.(CIP제어번호: CIP2018017098)

위닝북스는 독자 여러분의 책에 관한 아이디어와 원고 투고를 설레는
마음으로 기다리고 있습니다. 책으로 엮기를 원하는 아이디어가 있으신 분은
이메일 no1_winningbooks@naver.com으로 간단한 개요와 취지, 연락처
등을 보내주세요. 망설이지 말고 문을 두드리세요. 꿈이 이루어집니다.

※ 책값은 뒤표지에 있습니다.
※ 잘못 만들어진 책은 구입하신 서점에서 교환해 드립니다.